本课题受教育部人文社会科学研究一般项目资助

（批准号：19YJA770014）

ZHONG YING JIN DAI SHUI ZHI BIAN GE BI JIAO YAN JIU

中 英

近代税制变革比较研究

｜滕淑娜｜

著

九州出版社
JIUZHOUPRESS ｜全国百佳图书出版单位

图书在版编目（CIP）数据

中英近代税制变革比较研究 / 滕淑娜著. -- 北京 ：
九州出版社，2024. 5. -- ISBN 978-7-5225-2990-5

Ⅰ. F812.422；F815.613.2

中国国家版本馆CIP数据核字第20241Q6N39号

中英近代税制变革比较研究

作　　者	滕淑娜　著	
责任编辑	郝军启	
出版发行	九州出版社	
地　　址	北京市西城区阜外大街甲 35 号（100037）	
发行电话	(010)68992190/3/5/6	
网　　址	www.jiuzhoupress.com	
印　　刷	北京九州迅驰传媒文化有限公司	
开　　本	720 毫米 ×1020 毫米　16 开	
印　　张	17.25	
字　　数	320 千字	
版　　次	2024 年 7 月第 1 版	
印　　次	2024 年 7 月第 1 次印刷	
书　　号	ISBN 978-7-5225-2990-5	
定　　价	68.00 元	

序　言

　　财税问题是现代民族国家的核心问题，人们通过税制可以加深对一国经济、政治、文化、社会结构和社会政策等的认识。对此，熊彼特曾说："公共财政无疑是观察一国社会的最好的起始点之一，一国国民的思想、文化、社会结构和政府的政策行为等都在它的财政史中得到体现。"[①] 对于税制的重要性，侯建新教授认为："一个政府的税收制度的信息含量是相当丰富的，也是至关重要的，税收制度是政府的核心制度之一。税收由谁决定，向谁征收，收取多少，是经济问题，也是政治问题；是权利义务问题，也是公权力与私权利的界定问题。从后者的意义上讲，税制史也是政府形态的演变史。"[②] 由此可见，研究一国的经济、政治、文化、社会结构等问题，就有必要了解该国的税制情况。

　　19世纪中期以后，中英两国都处于社会转型时期，就英国而言，19世纪中期，英国基本上完成了工业革命，实现了现代化，由此，税制体系也需要进行相应的调整和变革。与英国不同，鸦片战争之后，晚清政府的税制虽然也进行了一系列改革，但晚清政府的税制变革却是在中国丧失了大部分国家主权、逐步沦为半殖民地半封建社会的大背景下进行的，可见，晚清政府的税制改革中既有对原有封建传统税制的继承，又有对西方现代税制的介绍和引进；既有被动的调整，也有或多或少主动求变的成分。因此，对19世纪中期至20世纪初期中英两国的税制进行比较研究有助于从整体上更加深入地了解中英两国税制的差异和趋同，认识不同的社会制度、社会文化、国家经济实力、国际环境等因素对税制的重要影响。

---

　　① Patrick K. O'Brien, "The Political Economy of British Taxation, 1660-1815", *The Economic History Review*, Volume 41, No.1（February 1988）, p.1.
　　② 顾銮斋:《中西中古税制比较研究》，北京：社会科学文献出版社2016年版，序二，第1—2页。

在学界研究中，比较研究具有十分重要的意义，对此，美国著名史学家巴林顿·摩尔曾说："比较研究有助于人们提出很有价值的，有时是意义全新的问题。"①国内著名史学家马克垚先生提倡用中国史的眼光研究世界史。侯建新教授也曾说过："我是从中国问题出发研究西欧历史的……"②基于以上，本课题选取了19世纪中期至20世纪初期中英两国的税制进行比较，是因为此阶段中英两国不仅都处于社会转型时期，而且，两国在经济、政治、军事、财政、文化等领域多有交叉，因此，有必要对此阶段中英两国的税制变迁进行比较研究。课题主要从国内外学界研究状况、税制理论、赋税结构、赋税用途等几个方面进行阐述，内容结构安排如下：

第一章 学界研究综述。梳理国内外学术界对中英两国税制的研究状况、特点、趋向及存在的问题等，有助于从总体上把握学界的研究情况，为本课题的进行奠定基础。

第二章 税制理论变迁比较。论证19世纪中期前后英国税制理论的大体演变路径，阐述19世纪中期至20世纪初期英国"建设性税制"理论的提出及运用。同时，阐述19世纪中期前后中国税制理论的调整和变革，分析"量入为出"和"量出制入"税制基本原则在中英两国的异向发展及产生的影响。通过对中英两国税制理论的比较研究，概括两国税制理论的差异、趋同、调整的特点、成因及其影响。

第三章 赋税结构比较。分析19世纪中期至20世纪初期中英两国赋税结构变迁的背景、演变历程、特点、成因及其影响。论证19世纪中期以来英国赋税结构由间接税为主向直接税为主的演变，同时比较这一时期中国赋税结构的调整，分析中英两国赋税结构调整的异途同源特点，阐述不同的社会制度、社会结构、国际环境等因素对国家税制结构的重要影响。

第四章 赋税用途变迁比较。阐述19世纪中期至20世纪初期中英两国赋税用途的变迁特点、变迁原因及产生的影响。19世纪中期以后，尤其是19世纪末20世纪初，英国政府开始重视赋税的社会调节功能，强调税收的公平正义，并在实践中以税收手段干预教育、养老、失业、健康、贫富差距扩大等社会问题，奠定了英国福利国家的基础。与英国不同，19世纪中期以后的中国因在列

① ［美］巴林顿·摩尔：《民主和专制的社会起源》，拓夫等译，北京：华夏出版社1987年版，前言第3页。

② 侯建新：《社会转型时期的西欧与中国》，济南：济南出版社2001年版，第448—449页。

2

强的侵略之下，税收的主要功能是偿还赔款、巨额外债及政府军事开支，因此，在税收的社会调节功能上，政府无暇也没有能力关注和实践。由中英两国赋税用途的变迁比较可见税制理论、税制思想及国家经济实力等因素对赋税用途的影响及意义。

最后，做出结论。归纳总结近代中英税制变革比较引起的启示。研究从五个方面论证了 19 世纪中期至 20 世纪初期中英两国税制变迁引发的启示，阐述不同的历史阶段、国内外形势对国家税制的重要影响，强调现代化税制体系建立的基本原则，阐明税制现代化与国家现代化的密切关系。

以上的比较研究，有助于从总体上系统了解近代中英税制变革的基本走向、特点、成因及产生的影响，有助于了解近代中英税制变革的差异和趋同，也有益于今日中国的税制现代化改革。

当然，由于本人水平的局限，再加上比较研究本身的不容易，本书的研究未免有疏漏之处，敬请方家指正。

滕淑娜
2024 年 1 月于济南

目　录

第一章 学界研究综述

19世纪中期至20世纪初期，英国和中国都面临社会转型及如何应对的问题。19世纪中期，英国工业革命基本完成，国家财富大量增长，但同时失业、贫困、健康等社会问题也日益凸显。这些问题的出现一方面与工业革命后政府实行自由放任经济和贸易政策有关，另一方面也反映了传统税制的弊端。为此，英国社会各界进步人士及英国政府纷纷寻求解决问题的办法，由此开启了"建设性税制"改革之路。同时期的中国，封建制度日益腐败，再加上英国、法国、美国等资本主义国家的侵略，在内忧外患的双重压力下，中国封建社会传统的税制日益显示出其弊端，原有的税制不能解决半殖民地半封建社会大背景下的现实需要。有鉴于此，中国先进的知识分子率先引进了西方先进的财税思想，晚清政府为解决自身危机也或主动或被动地进行了税制调整和变革。

对19世纪中期至20世纪初期中英税制变革的比较研究，不仅有助于了解同一时空背景下中英税制变革的异同，还有助于了解不同地域、不同国别下中英两国税制趋同和异向发展的原因、特点和意义。这不仅有重要的学术价值，还有不可忽视的现实意义。

目前，国内外学术界对中国和英国税制变革的研究虽取得了一定成果，但并不均衡。国内外学界对19、20世纪英国税制的研究呈现不均衡和割裂的状态。国外对英国税制的研究起步早，成果丰厚，既有翔实的原始档案资料可依托，还有众多的通史资料、专题史资料及大量学术论文可供参考。与国外研究状况相比，国内对英国税制的研究要薄弱得多，现有的研究主要集中在中世纪和近代早期，对19、20世纪英国税制的研究成果还不多见。不仅如此，国内外学界在对19、20世纪英国税制进行研究时，基本上以区域和国别为研究对象，对英国和中国税制进行比较研究的成果目前仅有顾銮斋教授的《中西中古税制比较研究》等 ① 著述，而这些著述主要集中在中世纪时期。国内外学界对中英两国税制研究的不均衡和割裂可从下述的研究状况梳理中窥见一斑。

第一节　学界对 19、20 世纪英国税制研究述评

英国是世界上第一个完成工业化并实现了现代化的国家，其中，税制发挥了不可忽视的作用。尤其到 19、20 世纪，英国的税制经历了与现代化进程几乎同步的改革，这些改革促进了英国现代化的进一步发展，也开启了英国现代税制建设之旅。在这方面，国内外学术界取得了比较丰富的成果，这些成果为我们的研究奠定了重要基础。

一、国外学界研究状况

在国外，对英国税制和赋税史的研究起步早、资料翔实丰厚。为便于梳理，这里择要从档案资料、通史资料、专题史资料及期刊论文四个方面加以阐述。

第一，档案资料方面。道格拉斯主编的《英国历史文献》② 为我们研究 19 世纪和 20 世纪初的英国税制提供了可靠的资料依托。英国议会文件 ③ 中的国家财政卷（8 卷本总论；12 卷本所得税篇）、货币政策卷、工业革命卷、保险卷等为本书研究提供了不可缺少的原始资料。议会辩论集为本课题的研究提供了非常重要的档案资料。克拉普的《英国经济史档案》④ 从农业、工业、贸易、财政、经济政策和税收等 10 个方面阐述了 1760 年以来英国的经济发展史。其中，第 5 部分财政篇和第 10 部分经济政策和税收篇涉及 19、20 世纪英国的财政和税收问题，为本书研究提供了可资利用的材料。但克拉普的论述重点是 1760 年以来英国经济史的发展历程，因此，对税收的论述所占篇幅不大，论述也不够系

---

① 顾銮斋：《中西中古税制比较研究》，北京：社会科学文献出版社 2016 年版；顾銮斋：《中西中古赋税理论中的一些概念及其界定》，《华东师范大学学报》（哲学社会科学版）2007 年第 1 期；顾銮斋：《从比较中探寻中国中古社会赋税基本理论》，《史学理论研究》2005 年第 4 期；顾銮斋：《由所有权形态看中英中古赋税基本理论的差异》，《文史哲》2005 年第 5 期；顾銮斋：《中西中古社会赋税结构演变的比较研究》，《世界历史》2003 年第 4 期。

② A.Aspinall and E.Anthony Smith,*English Historical Documents,1783-1832*,London:Eyre & Spottiswoode,1959;G.M.Young and W.D.Handcock,*English Historical Documents,1833-1874*,London: Eyre & Spottiswoode,1956;David C.Douglas,*English Historical Documents,1874-1914*,London:Eyre & Spottiswoode,1977.

③ *British Parliamentary Papers*.

④ B.W.Clapp,*Documents in English Economic History*,London:G.Bell & Sons Ltd.,1976.

统和深入。维纳的《1689—1973 年间英国国内政策历史档案》①、福特的《1917—1939 年间的议会档案摘记》② 等也有对 19、20 世纪英国税制的阐述，这些都为本书的研究提供了很重要的资料依托。

第二，通史资料方面。除档案资料外，国外有关英国税制的通史资料也很丰富，择其要者阐述如下：

道沃尔的 4 卷本《英国赋税史》③ 对英国赋税演变历程做了总体介绍，其中包括赋税理论、税种设计、税率高低、赋税结构和征税机关等内容，这对本课题的研究提供了非常有益的帮助。但因此书成书太早，对英国税制的论证仅止于 19 世纪 80 年代，论述略显不足。道格拉斯的《1660 年以来的英国税制》④ 阐述了自 1660 年复辟以来至二战后的英国税收，该著作以时间为顺序对英国的税制进行了梳理，这给我们了解英国的税制变迁提供了非常重要的资料，但该书的缺点是对英国的税制理论及税制对英国政府的政策所产生的影响并无系统论述。里斯的《英国财政简史 1815—1918》⑤ 论述了 1815 至 1918 年间英国的财政税收史演变，为我们了解英国自拿破仑战争结束至一战结束后英国的税制及财政状况提供了有价值的资料。遗憾的是，该书的论述止于第一次世界大战结束，且该书仅对 1815—1918 年间英国的财政做了简单的梳理，论述不够系统、深入。萨宾的《税收简史》⑥ 简明扼要地叙述了从诺曼征服到当代英国的税收历史，但该书因时间跨度较大而未能对每个时期的税收加以详尽说明。

菲斯克的《1688 年革命以来的英国公共财政》⑦ 从英国公共财政和英格兰银行两个层面对 1688 年以来的英国公共财政做了论述。其中，对英国公共财政的论述是从 1066 年诺曼征服开始写起直到 1914 年第一次世界大战爆发止。菲斯克对中世纪的王室财政、战争与贷款、第一次世界大战期间的财政和赋税及政

---

① Joe H.Wiener,*Great Britain:The Lion at Home,A Documentary History of Domestic Policy,1689-1973*, Vol.1,2,New York:Chelsea House Publishers,1974.

② P.Ford and G.Ford,*A Breviate of Parliamentary Papers,1917-1939*,Oxford:Basil Blackwell,1951.

③ Stephen Dowell, *A History of Taxation and Taxes in England*, Vol.2, London: Frank Cass & Co.Ltd., 1965.

④ Roy Douglas,*Taxation in Britain since 1660*,London:Macmillan Press Ltd,1990.

⑤ J.F.Rees.M.A.,*A Short Fiscal and Financial History of England,1815-1918*.London:Methuen & Co.Ltd.,1921.

⑥ Sabine, B.E.V,*A Short History of Taxation*,London:Butterworths & Co (Publishers) Ltd, 1980.

⑦ Harvey E.Fisk,*English Public Finance from the Revolution of 1688*,New York:Bankers Trust Company,1920.

府开支和现代财政体系的建立进行了分析。这为我们了解 20 世纪以前英国的赋税和财政演变提供了很有意义的借鉴。不足的是，菲斯克的这本书成书较早且论述篇幅有限，仅就英国财政和赋税的几个方面进行阐述，不利于我们对英国财政和赋税形成较为系统的认识。

阿克沃思的《1815—1822 年英国财政重建》[1] 对 19 世纪初期英法战争的财政影响进行了分析，论述了战争结束后政府开支的减少、税收缓解、资本税征收及金本位制的恢复等问题。这些为我们了解英法战争结束后 19 世纪初期英国的赋税和财政问题提供了有意义的资料。很遗憾，本书论述的范围只有 7 年，这就很难对 19 世纪英国的赋税和财政问题进行长时段的认识，看不出战争结束后英国赋税演变的规律和特点及对英国经济和社会发展的意义。

丁塞科的《1650—1913 年间欧洲政治转型和公共财政》[2] 对 1650 年至 1913 年间欧洲国家公共财政与政治变迁之间的互动和影响进行了论述，作者对此阶段的赋税收入和支出等问题也进行了分析，为我们理解政治制度对财税的影响及现代财政国家的制度平衡问题提供了有益的借鉴。不足的是，本书只是对第一次世界大战之前欧洲的公共财政和政治变迁进行了分析，这对系统了解 19、20 世纪英国的赋税和政治制度间的互动还不够。希尔斯和费洛斯的《英国政府财政》[3] 从政府财政和行政、货币和贷款三个层面对英国政府财政进行了阐述，其中涉及下议院、财政收入、审计和平衡、英国货币体系等问题，为研究 19 世纪和 20 世纪英国财政和赋税提供了不可缺少的资料。但作者在论及英国财政和行政问题时，仅针对下议院、财政收入、审计和平衡及公共经济问题进行了剖析，对英国赋税的具体情况没有系统介绍。巴克斯顿的《1783—1885 年间的财政和政治——基于历史的研究》[4] 对 1783 年至 1885 年间英国的财政、税收问题做了梳理，其中包括皮特的赋税改革、辉格党执政时期的财政和税收政策、皮尔的财政政策、谷物法、自由贸易、克里米亚战争和美国内战及政府开支和英国经济等问题。巴克斯顿的分析对于研究 18 世纪末至 19 世纪末的英国赋税问

---

① A.W.Acworth , *Financial Reconstruction in England,1815-1822*,London:P.S.King & Son Ltd.,1925.

② Mark Dincecco,Political Transformations and Public Finances, Europe,1650-1913,Cambridge:Cambridge University Press,2011.

③ John W.Hills and E.A.Fellowes,*British Government Finance*,London:Phillip Allan,Columbia University Press,1932.

④ Sydney Buxton,*Finance and Politics-An Historical Study,1783-1885*,Vol.1,2,London:Bradbcry, Agnew,& Co.,1888.

题提供了借鉴,但因该书成书较早,因此未免有观点和史料滞后之嫌。希格斯的《英国财政体系》^①对18世纪80年代至20世纪初英国的财政预算程序、预算和议会财政法案、财政部、审计署及国家贷款等问题进行了论述。这为了解议会财政法案通过的程序及议会和财政部对财政和赋税的控制问题提供了不可忽视的资料。遗憾的是,该书只是对18世纪80年代至20世纪初英国的财政和赋税问题进行了简要阐述,因此不利于系统和全面掌握英国赋税的演变历程。

佩托的《税收:征收与开支,过去和未来》^②从税收收入和支出两方面对19世纪40年代以来英国直接税和间接税改革进行了论述。伊恩·麦克莱恩的《英国财政危机》^③对1888年之前英国的公共财政做了介绍,并且分专题介绍了格拉斯顿、戈申、劳合·乔治和韦伯夫妇的财政和税收思想,麦克莱恩还对健康问题、中央集权和地方分权以及英国财政变化的原因进行了分析。这为了解19世纪后期英国财政和赋税提供了有益的帮助。不足的是,麦克莱恩的论述从英国18世纪开始到21世纪初结束,时间跨度大,因此对19世纪和20世纪英国赋税的论述并不全面和深入。理查德·鲍尼的《1200—1815年间欧洲财政国家的兴起》^④对1200年至1815年间欧洲财政国家的崛起进行了论述,其中涉及英国、法国、西班牙、神圣罗马帝国、低地国家等国家财政崛起的历程,这为本课题的研究提供了一定的借鉴。但因此书是对众多欧洲国家财政历程的阐述,因此,对英国财政的论述不够系统和深入。亚当斯的《幸事与不幸:税收在文明进程中的作用》^⑤就古代至现代东西方主要国家的税制发展及对一国政府的影响进行论证,其中有相当的篇幅论证英国的税制,为我们研究英国的税制提供了可资利用的资料。卡萨利拉和奥布莱恩的《财政国家的兴起——1500—1914年间的全球史》^⑥从全球史的角度对1500—1914年间北大西洋国家(荷兰、比利时等低地国家和法国、英国)、中欧和东欧、南大西洋欧洲国家和地中海国家及亚洲

① Henry Higgs,*The Financial System of the United Kingdom*,London:Macmillan and Co.,Ltd.,1914.

② Morton Peto,*Taxation:Its Levy and Expenditure,Past and Future*,New York:D.Appleton & Co.,1866.

③ Iain McLean,*The Fiscal Crisis of the United Kingdom*,Palgrave Macmillan,2005.

④ Richard Bonney,*The Rise of the Fiscal State in Europe,1200-1815*,New York:Oxford University Press,1999.

⑤ Charles Adams,*For Good and Evil:the Impact of Taxes on the Course of Civilization*,second edition,Madison Books,2001.

⑥ Bartolomé Yun-Casalilla & Patrick K.O'Brien,*The Rise of Fiscal States:A Global History 1500-1914*,New York:Cambridge University Press,2012.

国家的财政和赋税历史进行了阐述。在涉及英国税制时，作者着重分析了 1688 年"光荣革命"至 1914 年第一次世界大战期间英国的赋税情况，这为我们了解光荣革命以来至 20 世纪初英国的赋税问题提供了可借鉴的资料。遗憾的是，作者仅仅就一个时间段内英国的赋税情况进行了简要说明，缺少对英国赋税发展脉络的分析和论证。

桑德福德的《公共财政经济学——英国政府财政收入和开支的经济分析》[1] 从公共财政经济学的角度对 1790 年至 20 世纪 60 年代英国的政府开支和财政收入进行了经济分析，主要探讨了政府的经济功能、公共开支的增长、政府对开支的控制、税收原则、税种及收入和资本分配等问题。不足的是，该书侧重于公共财政经济学，对英国赋税史的演变历程、原因和影响等未能进行系统论述。佩登的《1906—1959 年间英国财政部和公共政策》[2] 对 1906 年至 1969 年间英国财政部的职能做了总体介绍，并以时间为顺序，分别对自由党的财政和社会改革、第一次世界大战、一战结束后英国的财政和赋税问题及第二次世界大战及之后的工党和保守党的财政税收政策进行了阐述。这些论证为了解 19 世纪和 20 世纪英国财政和赋税演变提供了不可或缺的资料。不足的是，作者并未从文化、政治、经济等层面对英国赋税问题进行说明，这很容易导致对英国赋税演变历程的背景缺少系统和深入的认识。

马丁·唐顿的《信任利维坦：1799—1914 年英国税收政治学》[3] 对 1799 年至 1914 年英国的税收和政治间的互动进行了分析，其中主要包括：军事财政国家的局限、所得税的确立、纳税能力和社会结构、格拉斯顿财政立宪的局限性及现代所得税与重塑财政立宪等问题。唐顿的《正义的税收——1914—1979 年的英国税收政治》[4] 则对 1914 年第一次世界大战以来至 1979 年英国的税收变迁历程及税收与英国政治的关系做了阐述。

此外，国外学者还从经济史、社会构成、社会政策等视角对英国 19、20 世纪的税收问题进行了分析。例如，罗德里克·弗拉德和保罗·约翰逊的《现代

---

[1]　C.T.Sandford,*Economics of Public Finance-An Economic Analysis of Government Expenditure and Revenue in the United Kingdom*,Oxford:Pergamon Press,1969.

[2]　G.C.Peden,*The Treasury and British Public Policy,1906-1959*,Oxford:Oxford University Press, 2000.

[3]　Marin Daunton,*Trusting Leviathan-The Politics of Taxation in Britain,1799-1914*,Cambridge: Cambridge University Press,2001.

[4]　Martin Daunton,*Just Taxes-the Politics of Taxation in Britain,1914-1979*,Cambridge:Cambridge University Press,2002.

英国剑桥经济史》[①]、马修斯和费因斯坦的《1856—1973 年间英国经济增长》[②]、米切尔的《英国经济统计摘要》[③]、马丁·唐顿的《财富和福利:1851—1951 年间英国经济和社会史》[④]、罗巴克的《1850 年以来现代英国社会的构成》[⑤]、阿特金森的《英国和欧洲所得及福利国家随笔》[⑥]、赫斯特和艾伦的《英国战时预算》[⑦] 等对 20 世纪英国的财政税收问题都有所涉及，为本书研究提供了可资利用的材料，但因上述学者论证的视角所限，对 19、20 世纪英国赋税史的研究不够系统和深入。

第三，专题史资料。除上述档案资料和通史资料外，对 19 世纪和 20 世纪英国赋税进行专题研究的成果亦是异彩纷呈，所论主题涉及税种、税收的社会调节功能、累进税收原则、财政大臣、财政机构等。例如，谢哈布的《累进税——英国所得税发展的累进原则研究》[⑧] 从 1688 年至 1799 年英国赋税的理论和实践谈起，对 19 世纪和 20 世纪英国的税制改革进行了探讨。其中，着重分析了所得税的起源、发展、变革，所得的区分征收和累进原则的实行等。谢哈布的论述为研究 19 世纪和 20 世纪英国的赋税变迁提供了可资借鉴的资料。不足的是，谢哈布主要侧重对英国 19 世纪和 20 世纪初期所得税的区分征收和累进原则进行论证，对此阶段英国赋税的其他问题，如税制理论、税制结构、赋税用途等问题却很少涉及。亚瑟·琼斯的《拿破仑战争时期的所得税》[⑨] 和埃德温·罗伯特、安德森·塞里格曼的《所得税——关于历史、理论和实践的研究》[⑩] 对英国所得税问题进行了专门论述。休伯特·Hall 的《英国关税史——从远古时

①　Roderick Floud and Paul Johnson,*The Cambridge Economic History of Modern Britain*,Vol.1,2,3,4,5, 6,7,Cambridge:Cambridge University Press,2004.

②　Matthews,Feinstein and Odling-Smee,*British Economic Growth,1856-1973*,Stanford:Stanford University Press,1982.

③　B.R.Mitchell,*Abstract of British Historical Statistics*,Cambridge:Cambridge University Press, 1962.

④　Martin Daunton,*Wealth and Welfare:An Economic and Social History of Britain,1851-1951*,New York:Oxford University Press,2007.

⑤　Janet Roebuck,*The Making of Modern English Society from 1850*,London:Routledge,1982.

⑥　A.B.Atkinson,*Incomes and the Welfare State-Essays on Britain and Europe*,Cambridge:Cambridge University Press,1995.

⑦　F.W.Hirst and J.E.Allen,*British War Budgets*,Oxford University Press,1926.

⑧　F.Shehab,*Progressive Taxation-A Study in the Development of the Progressive Principle in the British Income Tax*,Oxford:Clarendon Press,1953.

⑨　Hope-Jones, Arthur,*Income tax in the Napoleonic Wars*, Cambridge:Cambridge University Press, 1939.

⑩　Edwin Robert ,Anderson Seligman,*The Income Tax: A Study of the History, Theory, and Practice of Income*,third printing.The Law Book Exchange,Ltd.2005.

期到 1827 年》① 和爱德华·休斯的《1558—1825 年的英国行政与财政研究——尤其关注英国盐税史》② 则对英国的关税和盐税问题进行了专门论述。莫内的《富裕与贫穷》③ 则关注税收的社会调节功能，对 19 世纪 60 年代至 20 世纪初英国的贫富差距问题及解决这一问题的办法进行了论证，倡导所得税、遗产税改革，莫内的论述对研究 19 世纪 60 年代后至 20 世纪初英国社会财富分配情况及赋税改革具有重要意义。凯纳斯顿的《财政大臣》④ 对英国财政大臣做了专题研究，作者从政府机关、财政大臣、财政体系、贷款问题、货币问题等方面进行了阐述，为了解中世纪至 20 世纪 60 年代英国财政大臣的历史提供了有意义的借鉴。不足的是，作者在论述时对英国的财政体系问题分析着墨不多，分析不够全面和透彻。罗斯维尔的《财政部——英国制度演进》⑤ 和《1660—1870 年间的财政部》⑥ 则对中世纪以后至 20 世纪 70 年代的英国财政机构——财政部进行了研究，这对了解英国的财政税收机构的变迁有很大的助益。不足的是，作者在时间上仅仅延续到 19 世纪 70 年代，对于系统了解英国财政的运行是一大缺失。

　　第四，期刊论文。除档案资料、通史资料及专题资料外，从不同视角阐述英国税制的论文更是不胜枚举。如：乔治·梅的《英国所得税法的实行》⑦ 对英国为什么能够成功征收附加税的原因进行了分析，为了解英国所得税及超额利润税提供了有意义的借鉴。唐顿的《如何为战争买单：英国的国家、社会和税制，1917—1924》⑧ 就 1917 年至 1924 年间英国一战期间及战后如何通过税收方式支撑战争做了论述，其中涉及了英国税制理论中的"公平"因素及税制结构中的所得税、超额所得税和超额利润税等的变迁。同时，唐顿还就税收在各

　　① Hubert Hughs,*A History of the Custom Revenue in England from the Earliest Times to 1827*,2 Volumes,London,1885.

　　② Edward Hughes,*Studies in Administration and Finance,1558-1825*,Manchester:Manchester University Press,1934.

　　③ Leo George Chiozza Money,*Riches and Poverty*,London:Methuen & Co.,1908.

　　④ David Kynaston,*The Chancellor of the Exchequer*,Lavenham Suffolk:Terence Dalton Ltd.,1980.

　　⑤ Henry Roseveare,*The Treasury-the Evolution of a British Institution*,New York:Columbia University Press,1969.

　　⑥ Henry Roseveare,*The Treasury 1660-1870*,London:George Allen & Unwin Ltd.,1973.

　　⑦ George O.May,"The Administration of the British Income Tax Law",*The Academy of Political Science*,Vol.2,No.1(May,1924).

　　⑧ M.J.Daunton,"How to Pay for the War:State,Society and Taxation in Britain,1917-1924",*The English Historical Review*,Vol.3,No.443(Sep.,1996).

阶级中所引起的不同反映做了解释，为我们了解战争与税制提供了资料。特伦斯·卡伦的《英国税收的决定因素：基于实证的研究》[①]论证了1948年至1981年间英国税制的决定因素，其中分析了政治、经济、通货膨胀等对英国二战后历届政府的税制及政府税收政策的影响，为了解二战前后英国税制的变化及影响税制变迁的因素有了较为系统的认识。阿尔扎·康斯托克的《英国所得税改革》[②]阐述了英国所得税的改革历程，为了解英国所得税的由来及变迁提供了可资借鉴的资料。罗伯特·米尔沃德和萨利·谢尔德的《城市财政问题：英格兰和威尔士的政府开支和财政，1870—1914》[③]阐述了1870年至1914年间英格兰和威尔士的政府开支和财政情况，文章选择了多个不同的地区进行比较，论证了1870年以来至一战前英国的城市财政问题及中央、地方政府的财政税收用途。E.P.汉诺克的《英国城市基层政府的财政和政治，1835—1900》[④]就1835年至1900年间英国的地方财政和政治问题进行了分析。埃德加·克雷蒙德的《战争的代价》[⑤]分析了1915年第一次世界大战的战争花费，为了解战争期间英国税制的变迁提供了背景知识。A.R.普雷斯特的《英国的国民收入，1870—1946》[⑥]就1870年至1946年间英国的国民收入情况进行了系统论述，其中有内容涉及了英国的税制。诸如此类的论文数不胜数，这些文章从不同角度对19、20世纪英国的税收问题进行了阐述，为本书研究提供了重要的资料。

综上所述，国外对19、20世纪英国税制的研究起步早、成果丰富、视角广泛，为国内相关研究提供了可资借鉴的资料。但同时，国外学者的研究尚有薄弱之处，如对英国税制的长时段研究不够，学科交叉研究也略显不足等。

[①] Karran, "The Determinants of Taxation in Britain:An Empirical Test", *Journal of Public Policy*,Vol.5,No.3(Aug.,1985).

[②] Alzada Comstock, "British Income Tax Reform", *The American Economic Review*,Vol.10, No.3(Sep.,1920).

[③] Robert Millward and Sally Sheard, "The Urban Fiscal Problem,1870-1914: Government Expenditure and Finance in England and Wales", *Economic History Review*,New Series, Vol.48,No.3(Aug.,1995).

[④] E.P.Hennock, "Finance and Politics in Urban Local Government in England,1835-1900", *The Historical Journal*,Vol.6,No.2(1963).

[⑤] Edgar Crammond, "The Cost of the War", *Journal of the Royal Statistical Society*,Vol.78,No.3 (May,1915).

[⑥] A.R.Prest, "National Income of the United Kingdom,1870-1946", *The Economic Journal*,Vol.5 8,No.229(Mar.,1948).

二、国内学界研究状况

在国内，与国外研究相比，国内对 19、20 世纪英国赋税史的研究就显得薄弱许多。通过对国内学界相关研究的梳理，我们掌握的情况大致如下：滕淑娜、顾銮斋对 19、20 世纪英国的"建设性税制"改革、关税与自由贸易之争、盐税、税收与政府社会政策等问题进行了分析[①]。张白衣的《英国战时财政论》[②]分析了英国战时财政，阐述英国战时财政的基本思想。财政金融研究所编的《英国战时财政金融》[③]从金融方面叙述第一次世界大战期间英国战时财政制度，以及预算、税制、公债、金融市场、通货膨胀、外汇、银行等问题。财政部税收制度国际比较课题组编写的《英国税制》[④]专门对英国的税制进行了介绍，但其中对税制理论及税制变迁的论述则显得不足。闵凡祥的《国家与社会：英国社会福利观念的变迁与撒切尔政府社会福利改革研究》[⑤]对二战后英国的福利制度尤其是撒切尔政府的社会福利改革做了总体论述，其中有专门章节论述撒切尔政府为应对财政危机而做的税制改革。宋丙涛的《财政制度变迁与现代经济发展——英国之谜的财政效率解释》[⑥]则从财政效率的视角分析了财政制度变迁与现代经济发展之间的关系，其中主要比较了英国和荷兰的财政制度。范立新的《从税收专制主义到税收宪政主义——税收法治的经济学分析》[⑦]用经济学的方法分析了税收法治原则，其中对英国的税收法治原则演变进行了分析。李永斌的《论二战时期英国的战时财政政策》[⑧]从二战时英国的税制理论、税制结构及

[①] 滕淑娜、顾銮斋：《论 19 世纪末 20 世纪初英国"建设性税制"改革》，《史学集刊》2016 年第 6 期；滕淑娜：《论 20 世纪初英国关税改革与自由贸易之争》，《历史教学》（下半月刊）2016 年第 8 期；滕淑娜：《近代以来中英盐税功能变迁比较及启示》，《盐业史研究》2015 年第 2 期；滕淑娜：《近代早期英法税制比较及启示》，《贵州社会科学》2017 年第 3 期；滕淑娜：《英国近代赋税的来源与用途》，《经济社会史评论》2012 年第 6 辑；滕淑娜：《从赋税来源与用途看英国近代议会与税收》，《史学理论研究》2011 年第 2 期；滕淑娜、顾銮斋：《由课征到补贴——英国惠农政策的由来与现状》，《史学理论研究》2010 年第 2 期；滕淑娜：《税制变迁与英国政府社会政策研究》（18—20 世纪初），北京：中国社会科学出版社 2015 年版等。

[②] 张白衣：《英国战时财政论》，北京：商务印书馆 1945 年版。

[③] 财政金融研究所编：《英国战时财政金融》，中华书局 1940 年版。

[④] 财政部税收制度国际比较课题组：《英国税制》，北京：中国财政经济出版社 2000 年版。

[⑤] 闵凡祥：《国家与社会：英国社会福利观念的变迁与撒切尔政府社会福利改革研究》，重庆：重庆出版社 2009 年版。

[⑥] 宋丙涛：《财政制度变迁与现代经济发展——英国之谜的财政效率解释》，河南大学博士学位论文 2007 年。

[⑦] 范立新：《从税收专制主义到税收宪政主义——税收法治的经济学分析》，厦门大学博士学位论文，2003 年。

[⑧] 李永斌：《论二战时期英国的战时财政政策》，湖南师范大学硕士学位论文，2009 年。

赋税用途等方面论证了二战时英国的战时财政政策。徐红的《机构整合与程序
简化:20 世纪后期英国议会财政权的改革举措》[1]论证了 20 世纪 70 年代以后英
国的议会财政权改革情况。李平、董曦明、刘作明的《英国的财政政策及其经
济发展》[2]则对二战后英国的财政政策理论、财政政策演变做了论述。叶供发的
《财政权与历史视野中的英国议会》[3]从财政权在议会上院与下院间的演变阐述
了英国下院逐渐掌控财政权的过程及产生的影响。韩玲慧的《英国财政税收制
度的演变:1597 年至今》[4]中有专门章节论述 20 世纪英国的财政税收制度变迁,
为了解 20 世纪英国的税制情况提供了有意义的借鉴。

　　除上述研究成果外,国内学者还翻译了许多国外学者的相关著作,为本课
题的研究奠定了基础。因著述众多,择其要者列举如下:西班牙学者何塞·路
易斯·卡多佐和佩德罗·莱恩的《为自由国家而纳税——19 世纪欧洲公共财政
的兴起》[5]讲述了 19 世纪初至第一次世界大战前欧洲公共财政的兴起和发展历
程,包括税收制度、财政开支和债务制度等方面。作者的主要目的是叙述欧洲
各国筹集和管理财政的过程,主要包括英国、荷兰、法国等在内的 9 个欧洲国
家。英国学者马丁·唐顿的《信任利维坦:英国的税收政治学（1799—1914）》[6]
是有关 19 世纪英国税收政治学的一部巨著,主要研究国家与国民之间的财政关
联。作者在书中阐述了"漫长的 19 世纪"英国税收制度变化的政治因素,分
析英国国民对国家信任的原因及变化,并且用大量的数据和史料阐述了 19 世纪
英国所得税、遗产税、消费税、关税等税种变化的历程,阐述了在税收问题上
不同政党和社会阶层的矛盾、冲突和共识。有助于我们理解维多利亚女王统治
时期和爱德华七世统治时期英国的政治、经济和税收发展历程。马丁·唐顿的
《公平税赋:1914—1979 年英国税收政治》[7]则讲述了 1914—1979 年间英国税收
政策的变化,作者在本书中讲述的历史在一定程度上也是 1914—1979 年间英国

　　① 徐红:《机构整合与程序简化: 20 世纪后期英国议会财政权的改革举措》,《理论界》2006
年第 11 期。
　　② 李平、董曦明、刘作明:《英国的财政政策及其经济发展》,《南开经济研究》1998 年增刊。
　　③ 叶供发:《财政权与历史视野中的英国议会》,《历史教学问题》1997 年第 6 期。
　　④ 韩玲慧:《英国财政税收制度的演变: 1597 年至今》,《经济研究参考》2009 年第 40 期。
　　⑤ [西]何塞·路易斯·卡多佐、[西]佩德罗·莱恩:《为自由国家而纳税——19 世纪欧洲公
共财政的兴起》,徐静、黄文鑫、曹璐译,上海:上海财经大学出版社 2018 年版。
　　⑥ [英]马丁·唐顿:《信任利维坦:英国的税收政治学（1799—1914）》,魏陆 译,上海:上
海财经大学出版社 2018 年版。
　　⑦ [英]马丁·唐顿:《公平税赋:1914—1979 年英国税收政治》,范泽思、李欣 译,北京:
经济科学出版社 2017 年版。

各方利益间的角逐。通过书中对不同派别、不同阶层、不同政见的描写，分析1914年至1979年间英国税收的变迁历程。克里斯多夫·胡德和罗扎娜·西玛兹的《英国百年财政挤压政治——财政紧缩·施政纲领·官僚政治》[①] 对1900—2015年英国发生的财政挤压事件分五个阶段进行了论述，时间自两次世界大战至21世纪初。此书对于我们了解20世纪30年代以来英国的财政政策及税收变迁提供了很大帮助。理查德·A.马斯格雷夫和艾伦·T.皮考克的《财政理论史上的经典文献》[②] 阐述了埃奇沃思（英国人）、瓦格纳、维克赛尔、林达尔等15位财政理论史上的大学者共16篇经典文献。从时间分布上看，这些文献集中于19世纪晚期到20世纪早期的近半个世纪内，主要内容包括：论税收、论累进税、正义税收等。哈罗德·M.格罗夫斯、唐纳德·J.柯伦的《税收哲人：英美税收思想史二百年》[③] 从税收思想的哲思层面对二百年的英美税收思想史进行了梳理，书中，作者从"理性主义者""机会至上主义者""直接支出税支持者"和"功能主义者"四大流派对不同学者的税收思想进行了阐述。理查德·邦尼的《经济系统与国家财政——现代欧洲财政国家的起源：13—18世纪》[④] 在欧洲国家的比较框架内分析了13世纪到18世纪欧洲国家财政制度和赋税制度的演化。劳伦斯·詹姆斯的《大英帝国的崛起与衰落》[⑤]、克拉潘的《现代英国经济史》[⑥]、道格拉斯·诺思的《经济史中的结构与变迁》[⑦]、诺思和托马斯的《西方世界的兴起》[⑧]、配第的《赋税论》[⑨]、斯密的《国民财富的性质和原因的研究》（上下卷）[⑩]、

---

① [英]克里斯多夫·胡德、罗扎娜·西玛兹：《英国百年财政挤压政治——财政紧缩·施政纲领·官僚政治》，沈国华 译，上海：上海财经大学出版社2019年版。

② [美]理查德·A.马斯格雷夫、艾伦·T.皮考克：《财政理论史上的经典文献》，刘守刚、王晓丹 译，上海：上海财经大学出版社2015年版。

③ [美]哈罗德·M.格罗夫斯、唐纳德·J.柯伦：《税收哲人：英美税收思想史二百年》，刘守刚、刘雪梅 译，上海：上海财经大学出版社2018年版。

④ [美]理查德·邦尼：《经济系统与国家财政——现代欧洲财政国家的起源：13—18世纪》，沈国华译，上海：上海财经大学出版社2018年版。

⑤ [英]劳伦斯·詹姆斯：《大英帝国的崛起与衰落》，张子悦、谢永春译，北京：中国友谊出版公司2018年版。

⑥ [英]克拉潘：《现代英国经济史》上下卷，姚曾廙译，北京：商务印书馆2014年版。

⑦ [美]道格拉斯·诺思：《经济史中的结构与变迁》，陈郁、罗华平 译，上海：上海三联书店，上海人民出版社，1994年版。

⑧ [美]道格拉斯·诺思，罗伯特·托马斯：《西方世界的兴起》，厉以平、蔡磊译，北京：华夏出版社1999年版。

⑨ [英]威廉·配第：《赋税论》，马妍 译，北京：中国社会科学出版社2010年版。

⑩ [英]亚当·斯密：《国民财富的性质和原因的研究》（上、下卷），郭大力、王亚南译，北京：商务印书馆2009年版。

马歇尔的《经济学原理》①、乔治的《进步与贫困》②、摩根的《牛津英国通史》③、熊彼特的《经济分析史》④等从不同视角对19、20世纪英国的财政和税收问题进行了分析，这些都为本课题的研究提供了很大助益。

综上所述，在有关19、20世纪英国赋税问题的研究中，国外研究开始的时间早，所涉范围广，成果丰富。与国外的研究相比，国内的研究要薄弱得多。就目前已有的学术成果看，史学界的研究主要集中于中世纪和近代早期，对19、20世纪英国税制的研究不多见。对现当代英国税制的研究则主要集中在财政学、税收学领域。国内学界在这一研究领域的薄弱为本书研究提供了空间。

第二节　学界对晚清税制研究述评

与国内学界对英国税制研究的薄弱相比，国内学术界对晚清中国财政和赋税问题的研究则要丰富得多，既有翔实可靠的档案资料，又有众多学术论著，还有大量的博硕论文和期刊论文。相反，国外学界对晚清税制的研究则相对薄弱。

一、国内学界研究状况

第一，档案及资料汇编资料方面。国内学界对19世纪中期至20世纪初期中国税制的研究有丰厚的档案资料作为依托，例如，中国第一历史档案馆的《朱批奏折》⑤，中华书局出版的《清代档案史料丛编》⑥，中华书局出版的《清末筹备立宪档案史料》⑦《清实录》⑧《清史稿》⑨《清文宗实录》（卷九七）⑩《清德宗实录》（卷五二三）⑪以及刘锦藻的《清朝续文献通考·国用考·用额》⑫，王铁

---

① ［英］阿弗里德·马歇尔：《经济学原理》，廉运杰 译，北京：华夏出版社2010年版。
② ［美］亨利·乔治：《进步与贫困》，吴良健、王翼龙 译，北京：商务印书馆2010年版。
③ ［英］肯尼斯·O.摩根：《牛津英国通史》，王觉非等译，北京：商务印书馆1993年版。
④ ［美］约瑟夫·熊彼特：《经济分析史》，第3卷，朱泱 译，北京：商务印书馆1994年版。
⑤ 《朱批奏折》，中国第一历史档案馆。
⑥ 《清代档案史料丛编》，中华书局陆续出版。
⑦ 《清末筹备立宪档案史料》，北京：中华书局1979年版。
⑧ 《清实录》，北京：中华书局，1986年影印本。
⑨ 《清史稿》，北京：中华书局，1977年点校本。
⑩ 《清文宗实录》卷九七，北京：中华书局，影印本，1986年版。
⑪ 《清德宗实录》卷五二三，北京：中华书局，影印本，1987年版。
⑫ 刘锦藻：《清朝续文献通考·国用考·用额》，杭州：浙江古籍出版社2000年版。

崖的《中外旧约章汇编》①、贺长龄的《皇朝经世文编》② 等为研究晚清中国税制提供了翔实的档案资料和汇编资料。

第二，通史方面。在通史方面，对晚清财政税制的研究最早可追溯到19世纪末。1897年，上海广学会出版了英国人哲美森（时任上海领事）的《中国度支考》③，此书首次介绍了中国的各项税项，包括常关税、海关洋税、新关洋税、土药税、杂税等，是专门叙述清朝尤其是晚清财政的书籍。哲美森的《中国度支考》史料价值是研究晚清税制非常重要的资料，被刘锦藻赞为"外人信为无误"的研究资料，由此说明《中国度支考》不可忽视的史料价值。

进入20世纪后，对晚清财政税制的研究著作更为广泛和集中。例如，吴廷燮的《清财政考略》（1914年铅印本）④ 被认为是中国人整体研究清朝税制的第一部著作。20世纪30年代初出版的刘秉麟的《中国财政小史》⑤、吴兆莘的《中国税制史》⑥ 都对清代的税制有所论述，其中包括对田赋、丁赋、盐税、常关税、海关税、厘金等的说明，这些著述是研究晚清税制的重要参考资料。新中国成立后，国内学界对晚清财税的研究关注不够，直到20世纪80年代后，对晚清税制的研究再起热潮，成果可谓丰富。例如，何烈的《清咸同时期的财政》⑦ 对咸同时期的财政收入、支出、奏销制度等进行了深入研究。左治生的《中国近代财政史丛稿》⑧ 对清代后期的财政收入、支出、管理等进行了系统论述。20世纪80年代孙翊刚、董庆铮主编的《中国赋税史》⑨、北京经济学院财政教研室编写的《中国近代税制概述》⑩、陈支平的《清代赋役制度演变新探》⑪、殷崇浩的《中国税收通史》⑫ 等都从整体上对清代的税制进行了阐述。20世纪90年代后，

① 王铁崖：《中外旧约章汇编》，北京：生活·读书·新知三联书店1957年版。
② 贺长龄：《皇朝经世文编》卷二六，台北：文海出版社1972年版。
③ [英]哲美森撰：《中国度支考》，林乐知译，上海：上海广学会1897年版。
④ 吴廷燮：《清财政考略》，出版社不详，1914年版。
⑤ 刘秉麟：《中国财政小史》，北京：商务印书馆1931年版。
⑥ 吴兆莘：《中国税制史》，北京：商务印书馆1937年版。
⑦ 何烈：《清咸同时期的财政》，台湾："国立编译馆"1981年版。
⑧ 左治生：《中国近代财政史丛稿》，成都：西南财经大学出版社1987年版。
⑨ 孙翊刚、董庆铮：《中国赋税史》，北京：中国财政经济出版社1987年版。
⑩ 北京经济学院财政教研室：《中国近代税制概述》，北京：北京经济学院出版社1988年版。
⑪ 陈支平：《清代赋税制度演变新探》，厦门：厦门大学出版社1988年版。
⑫ 殷崇浩：《中国税收通史》，北京：光明日报出版社1991年版。

郑学檬的《中国赋役制度史》^①、何平的《清代赋税政策研究》^②等对清代的赋役、赋税制度、赋税政策等进行了论证；21世纪以来，周育民的《晚清财政与社会变迁》^③、周志初的《晚清财政经济研究》^④把财政与社会经济的互动紧密结合起来加以阐述，其中主要分析了晚清财政管理体制的变迁、晚清的财政规模及晚清的税负情况等。彭泽益的《十九世纪后半期的中国财政与经济》^⑤对十九世纪后半期中国的财政与经济进行了论证，阐述了19世纪后半期中国的税制变迁。费正清、刘广京的《剑桥中国晚清史》^⑥、何平的《清代赋税政策研究：1644—1840》^⑦则对鸦片战争之前清朝的赋税政策进行了论述，这为我们对比1840年列强侵略后中国税制的变迁裨益良多。陈锋的《中国财政经济史论》^⑧中有专章阐述晚清中国的财政经济状况。张翔迅等的《历代赋税变革与管理》^⑨中对清朝后期中国赋税的特点、赋税的征收与管理等问题进行了阐述。陈锋的《中国财政通史——清代财政史》^⑩对清代财政史进行了系统分析。

第三，专门史方面。国内学界对晚清财政税制的专题研究成果丰富，涉及面广。主要集中在对厘金、关税、盐税等领域。自20世纪初以来，主要的代表作有：在厘金问题上，王振先的《中国厘金问题》^⑪是国内学者研究厘金问题的第一部著作。罗玉东的《中国厘金史》^⑫则是20世纪上半叶具有代表性的专门研究厘金问题的专著。除专著外，国内学界对晚清厘金、子口税等的论文也很丰富，例如，周育民的《晚清的厘金、子口税与加税免厘》^⑬、王翔的《从"裁

① 郑学檬：《中国赋役制度史》，厦门：厦门大学出版社1994年版。
② 何平：《清代赋税政策研究》，北京：中国社会科学出版社1998年版。
③ 周育民：《晚清财政与社会变迁》，上海：上海人民出版社2000年版。
④ 周志初：《晚清财政经济研究》，济南：齐鲁书社2002年版。
⑤ 彭泽益：《十九世纪后半期的中国财政与经济》，北京：人民出版社2010年版。
⑥ 费正清、刘广京：《剑桥中国晚清史》，北京：中国社会科学出版社1985年版。
⑦ 何平：《清代赋税政策研究：1644—1840》，北京：中国社会科学出版社1998年版。
⑧ 陈锋：《中国财政经济史论》，武汉：武汉大学出版社2013年版。
⑨ 张翔迅、王肖芳、胡公启、李茜：《历代赋税变革与管理》，郑州：河南人民出版社2012年版。
⑩ 陈锋：《中国财政通史》，第七卷《清代财政史》，长沙：湖南人民出版社2015年版。
⑪ 王振先：《中国厘金问题》，北京：商务印书馆1927年版。
⑫ 罗玉东：《中国厘金史》，北京：商务印书馆1936年版。
⑬ 周育民：《晚清的厘金、子口税与加税免厘》，上海市历史学会年会论文集《中国史论集》1986年版。

厘认捐"到"裁厘加税"》①、戴一峰的《论晚清的子口税与厘金》②等,都对晚清厘金的变迁进行了分析。

在盐税问题上,专门的研究成果也比较丰富。例如,20世纪初陈沧来的《中国盐业》③、欧宗佑的《中国盐政小史》④、曾仰丰的《中国盐政史》⑤等对晚清的盐税、盐政问题进行了专门研究。20世纪80年代以来,陈锋的《清代盐政与盐税》⑥也对清朝的盐政和盐税及盐厘等问题进行了详细分析。

在对关税问题的专门研究方面,20世纪初陈向元的《中国关税史》⑦、马寅初的《中国关税问题》⑧等都对晚清中国的关税问题进行了专门研究。1949年新中国成立后,国内学界对晚清税制的研究成果不多,在关税方面,彭雨新的《清代关税制度》通过对清代关税制度的演进,阐述了关税制度对国民经济的影响,论述了近代中国关税制度的半殖民地半封建特点及对中国财税体制的危害。对此,彭雨新认为:"通过清代关税制度的研究,可以明白中国封建社会末期原有关税制度在当时闭关政策对外贸易中所表现的基本特质及其对国民经济的影响;可以明白鸦片战争以后中国半殖民地半封建社会形成中,中国关税在外国侵略者控制下所起的作用","帝国主义者为了加强对华的商品侵略和投资侵略,更进一步攫夺中国的海关行政权和侵占中国的关税支配权,造成长期间外人控制中国财政大权的恶劣形势。"⑨

20世纪80年代后,陈诗启、叶松年、汤象龙、戴一峰等都对近代中国的海关和关税问题进行了专门论证。例如,陈诗启的《中国近代海关史问题初探》⑩《中国近代海关史·晚清部分》⑪、叶松年的《中国近代海关税则史》⑫、汤象龙的《近代中国海关税收分配统计》⑬《中国近代海关税收和分配统计:

① 王翔:《从"裁厘认捐"到"裁厘加税"》,《近代史研究》1988年第3期。
② 戴一峰:《论晚清的子口税与厘金》,《中国社会经济史研究》1993年第4期。
③ 陈沧来:《中国盐业》,北京:商务印书馆1929年版。
④ 欧宗佑:《中国盐政小史》,北京:商务印书馆1931年版。
⑤ 曾仰丰:《中国盐政史》,北京:商务印书馆1937年版。
⑥ 陈锋:《清代盐政与盐税》,郑州:中州古籍出版社1988年版。
⑦ 陈向元:《中国关税史》,上海:世界书局1926年版。
⑧ 马寅初:《中国关税问题》,上海:商务印书馆1930年版。
⑨ 彭雨新:《清代关税制度》,武汉:湖北人民出版社1956年版,第44页。
⑩ 陈诗启:《中国近代海关史问题初探》,北京:中国展望出版社1987年版。
⑪ 陈诗启:《中国近代海关史·晚清部分》,北京:人民出版社1993年版。
⑫ 叶松年:《中国近代海关税则史》,上海:上海三联书店1991年版。
⑬ 汤象龙:《近代中国海关税收分配统计》,北京:中国财政经济出版社1992年版。

1861—1910》①、戴一峰的《近代中国海关与中国财政》②等对近代中国（包括晚清中国）的海关、关税、财政等问题进行了探讨。进入 21 世纪后，倪玉平的《清代关税：1644—1911 年》③对 1644 年至 1911 年的清代关税变迁进行了专门论述，提出了清朝从"财政国家向国家财政"演变的重要论断。在关税问题上，作者认为：清代关税的变迁反映了清代财政制度的发展，阐明了清朝如何从一个传统的经济向现代经济过渡的历程，论证了清朝如何从"税收国家"向"财政国家"转变。另外，倪玉平的《清朝嘉道关税研究》④专门就嘉道年间的关税问题进行了论证。倪玉平教授的研究是 21 世纪国内学者研究关税问题的代表性著作，为学界的研究提供了可资借鉴的资料。姚永超、王晓刚的《中国海关史十六讲》⑤、武堉幹的《中国关税问题》⑥、胡公启的《晚清关税制度与对外贸易的关系研究》⑦都对晚清中国海关主权的丧失、关税的收入与分配、收回关税主权的斗争等问题进行了阐述。

在外债和赔款方面，也有不少学者进行了阐述，其中涉及晚清中国外债与税制变迁的关系等。这方面的论著主要有：许毅的《清代外债史论》⑧对清朝的外债历史进行了相关阐述，其中也包括论证了晚清税制变革与外债之间的互动关系，这对于从外债视域了解晚清中国的税制变革有非常重要的意义。徐义生的《中国近代外债史统计资料（1853—1927）》⑨则对 1853—1927 年间中国近代的外债情况进行了统计说明，这对本课题的研究颇有助益。

在财政支出方面，学者们的研究成果也很丰富。例如，申学锋的《晚清财政支出政策研究》⑩专门对晚清的财政支出问题进行了论证，作者以财政支出为切入点，从晚清财政支出政策的视角透视近代中国财政与社会经济间的互动，为本课题的研究提供了有益帮助。

在税收思想史方面，国内学界对晚清税制的研究还体现在对税收思想史的

① 汤象龙：《中国近代海关税收和分配统计：1861—1910》，北京：中华书局 2005 年版。
② 戴一峰：《近代中国海关与中国财政》，厦门：厦门大学出版社 1993 年版。
③ 倪玉平：《清代关税：1644—1911 年》，北京：科学出版社 2017 年版。
④ 倪玉平：《清朝嘉道关税研究》，北京：北京师范大学出版社 2010 年版。
⑤ 姚永超、王晓刚编著：《中国海关史十六讲》，上海：复旦大学出版社 2014 年版。
⑥ 武堉幹：《中国关税问题》，太原：山西人民出版社 2014 年版。
⑦ 胡公启：《晚清关税制度与对外贸易的关系研究》，北京：中国财政经济出版社 2020 年版。
⑧ 许毅：《清代外债史论》，北京：中国财政经济出版社 1996 年版。
⑨ 徐义生：《中国近代外债史统计资料（1853—1927）》，北京：中华书局 1962 年版。
⑩ 申学锋：《晚清财政支出政策研究》，北京：中国人民大学出版社 2006 年版。

梳理上。在这方面，最早的研究成果当属李权时的《中国经济思想小史》①，李权时对中国经济思想的演进历程进行了梳理，这为我们的研究提供了可依靠的资料。赵丰田的《晚清五十年经济思想史》②对晚清五十年的经济思想历程进行了阐述，开研究晚清经济思想之先河，赵丰田在论述中提出的"增岁入说""厚俸禄说"和"行预算说"非常具有启示意义。胡寄窗、谈敏的《中国财政思想史》③，谈敏的《中国财政思想史教程》④，孙文学、王振宇、齐海鹏的《中国财政思想史》⑤对中国的财政思想变迁做了说明。夏国祥的《近代中国税制改革思想研究》⑥对近代中国的税制改革思想进行了阐述。孙文学、刘佐主编的《中国赋税思想史》⑦，付志宇的《中国税收思想发展论纲》⑧则对中国赋税思想做了相关论述。另外，付志宇教授的《近代中国税收现代化思想进程的历史考察》⑨从清末、北洋政府时期、国民政府前期、国民政府后期时段对近代中国税收现代化的思想进程进行了历史考察，认为这四个时期分别是近代中国税制现代化的发端、奠基、成型和嬗变四个阶段，其中，清末是近代中国税制现代化的发端阶段。在著作中，付志宇教授认为近代中国税制现代化是近代中国在外来挑战历史背景下中国政府的主动求变，这一求变的过程是渐进式的。这一著作对于从思想史角度系统了解近代中国的税收现代化进程提供了非常有益的帮助，但因该书的切入视角是思想史，因此，在阐述近代中国税制问题时未免不够详细和深入。

第四，其他涉及晚清中国财税的论著。除通史资料、专题史资料外，还有众多涉及晚清中国财税制度的相关论著，因其数量众多，择其要者陈述如下：例如，汪敬虞的《19世纪西方资本主义对中国的经济侵略》⑩从经济视域出发对19世纪西方资本主义国家对中国的侵略状况进行了阐述，其中涉及晚清中国税

① 李权时：《中国经济思想小史》，上海：世界书局1927年版。
② 赵丰田：《晚清五十年经济思想史》，哈佛燕京学社1939年版。
③ 胡寄窗、谈敏：《中国财政思想史》，北京：中国财政经济出版社1989年版。
④ 谈敏：《中国财政思想史教程》，上海：上海财经大学出版社1999年版。
⑤ 孙文学、王振宇、齐海鹏：《中国财政思想史》，上海：上海交通大学出版社2008年版。
⑥ 夏国祥：《近代中国税制改革思想研究》，上海：上海财经大学出版社2006年版。
⑦ 孙文学、刘佐：《中国赋税思想史》，北京：中国财政经济出版社2006年版。
⑧ 付志宇：《中国税收思想发展论纲》贵阳：贵州人民出版社2002年版。
⑨ 付志宇：《近代中国税收现代化进程的思想史考察》，成都：西南财经大学出版社2015年版。
⑩ 汪敬虞：《19世纪西方资本主义对中国的经济侵略》，北京：人民出版社1983年版。

制在西方资本主义侵略下的变迁。王韬的《代上广州府冯太守书》①对列强侵略下中国如何富强做了阐述，王韬因此认为商业是促进国家富强之道，因此要鼓励商业，对工商业实行轻税政策。另外，王韬的《代上苏抚李宫保书 // 弢园尺牍》②阐述了晚清中国厘金问题的危害，主张废除厘金制。马建忠的《富民说 // 适可斋记言》③《复李伯相札议中外官交涉仪式洋货入内地免厘禀 // 适可斋记言》④也主张要发展工商业，实行有区别的关税保护政策，主张革除厘金的弊端，以使国家富强。郑观应的《盛世危言·厘捐》⑤主要阐述了晚清中国的厘金问题和关税问题，提出要裁撤厘金，保护关税，取消协定关税，自行制定关税税则。严复则是辛亥革命以前对中国税制认识最全面最深刻的思想家，严复翻译了亚当·斯密的《国富论》(译名：《原富》)⑥，对斯密的税制四原则赞赏有加，同时又根据中国的实际情况提出了自己的税制思想。侯厚培的《中国近代经济发展史》⑦对近代中国的财税问题进行了阐述，尤其是对晚清币制改革着墨甚多，可谓国内系统研究近代经济史的第一部著作。王开玺的《晚清政治新论》⑧对晚清中国的财政危机、税制变革、财政收支变迁等问题进行了分析。倪玉平的《出入与异同：清代经济史论稿》⑨从漕运、关税、盐税、财政、思想文化等几个方面对清代经济财政问题进行了专题分析，作者认为，虽然近代中国的财政体制与欧洲各国差异很大，但清朝的财政体制演变轨迹并非偏离世界近代化转型的主流道路之外，这一观点打破了"欧洲中心论"的思想，为学界的研究开拓了新视野。倪玉平教授还提出了清代中国财税思想经历了由传统的"量入制出"向"量出制入"原则的转变。此外，倪玉平的《晚清史》⑩、朱浒的《百年清史

---

　　① 王韬：《代上广州府冯太守书 // 弢园文录外编：卷 10》，北京：生活·读书·新知三联书店1998 年版。

　　② 王韬：《代上苏抚李宫保书 // 弢园尺牍》，北京：生活·读书·新知三联书店 1998 年版。

　　③ 马建忠：《富民说 // 适可斋记言》，卷 1，北京：中华书局 1960 年版。

　　④ 马建忠：《复李伯相札议中外官交涉仪式洋货入内地免厘禀 // 适可斋记言》，卷 4，北京：中华书局 1960 年版。

　　⑤ 郑观应：《盛世危言·厘捐》，北京：华夏出版社 2002 年版。

　　⑥ 严复：《原富》，北京：北京时代华文书局 2014 年版。

　　⑦ 侯厚培：《中国近代经济发展史》，上海：上海大东书局 1929 年版。

　　⑧ 王开玺：《晚清政治新论》，北京：商务印书馆 2018 年版。

　　⑨ 倪玉平：《出入与异同：清代经济史论稿》，北京：科学出版社 2019 年版。

　　⑩ 倪玉平：《晚清史》，北京：人民出版社 2020 年版。

研究史》①、刘增合的《嬗变之境：晚清经济与社会研究疏稿》②等都对晚清的财税问题进行了分析。陈旭麓的《近代中国社会的新陈代谢》③、万志英的《剑桥中国经济史：古代到19世纪》④、张志勇的《赫德与晚清外交》⑤中都有对晚清关税、贸易、不平等条约等问题的阐述。

此外，还有众多的期刊论文⑥，从多层次、多角度对晚清税制进行了研究。

二、国外学界研究状况

相对于国内学界研究的状况而言，国外对晚清中国税制的研究比较薄弱。其中，英国学者莱特的《中国关税沿革史》⑦对中国的关税演变历程等问题进行了论证。国外对晚清中国税制的研究主要集中在日本学者的著述中。例如，日本学者日野勉的《清国盐政考》⑧对清朝的盐政、盐税问题进行了专门论述。而吉田虎雄的《中国关税及厘金制度》⑨对中国税关的设置、税关的沿革、常关税和海关税的征收进行了系统论述，其中特别论及晚清的关税及厘金变革，书中附录的"海关税率表"为学者们的研究提供了丰富的资料。高柳松一郎的《中

---

① 朱浒：《百年清史研究史》，经济史卷，北京：中国人民大学出版社2020年版。
② 刘增合：《嬗变之境：晚清经济与社会研究疏稿》，北京：中国社会科学出版社2017年版。
③ 陈旭麓：《近代中国社会的新陈代谢》，北京：中国人民大学出版社2015年版。
④ 万志英：《剑桥中国经济史：古代到19世纪》，崔传刚 译，北京：中国人民大学出版社2018年版。
⑤ 张志勇：《赫德与晚清外交》，北京：中华书局2021年版。
⑥ 彭立峰：《晚清财政思想史研究》，西北大学博士学位论文，2009年；郭军芳：《从清末清理财政看近代财政体制的萌芽》，浙江大学硕士学位论文，2005；梁义群：《庚子赔款与晚清财政的崩溃》，《社会科学辑刊》1992年第3期；张神根：《清末国家财政、地方财政划分评析》，《史学月刊》1996年第1期；邓绍辉：《晚清赋税结构的演变》，《四川师范大学学报》（社会科学版）1997年第4期；赵梦涵：《两次鸦片战争与中国财政》，《山东大学学报》1998年第3期；戴一峰：《晚清中央与地方财政关系：以近代海关为中心》，《中国经济史研究》2000年第4期；申学锋、张小莉：《近十年晚清财政史研究综述》，《史学月刊》2002年第9期；陈锋：《20世纪的清代财政史研究》，《史学月刊》2004年第1期；陈锋：《20世纪的晚清财政史研究》，《近代史研究》2004年第1期；蔡国斌：《论晚清的财政搜刮》，《武汉大学学报》（人文科学版）2009年第1期；丁英顺：《赫德与晚清复进口税》，《税收经济研究》2011年第5期；申建民：《试论厘金制对晚清财政的影响》，《齐鲁学刊》2012年第4期；韩祥：《晚清财政规模估算问题初探》，《中国经济史研究》2014年第3期；侯彦伯：《从财政透明化评价清末海关兼管常关》，《中山大学学报》（社会科学版）2018年第3期；倪玉平：《晚清财政收的近代化转型——以同治朝的关税财政为例》，《武汉大学学报》（哲学社会科学版）2018年第4期；邓小章：《近代中国国家转型为什么不能成功——以晚清财政为分析视角》，《安徽行政学院学报》2019年第3期等。
⑦ ［英］莱特：《中国关税沿革史》，姚曾廙 译，北京：商务印书馆1963年版。
⑧ ［日］日野勉：《清国盐政考》，东亚同文会1905年版。
⑨ ［日］吉田虎雄：《中国关税及厘金制度》，东京北文馆1915年版。

国关税制度论》①、木村增太郎的《中国厘金制度》②、冈本隆司的《近代中国与海关》③等对近代中国（包括晚清）的海关、关税、厘金等问题进行了专门研究。重田德的《清代社会经济史研究》④则对清代中国的社会经济历史进行了阐述。滨下武志的《中国近代经济史研究——清末海关财政与通商口岸市场圈》⑤以清末海关财政与通商口岸市场圈为研究切入点，对清末财政与海关、海关与贸易统计等问题进行了系统论述。

综上所述，国内外学术界对近代英国税制和中国税制都有比较好的研究，但总体上看仍有许多不足，择其要者列举如下：

第一，国内学术界对英国税制的研究主要集中在中世纪和近代早期，对19世纪中期以后近代英国税制的研究相对薄弱，仅有几篇文章和一部探讨近代英国税制变迁与政府社会政策的专著。

第二，国外学术界对英国税制的研究则重点从财政与宪政、财政与国家形成及财政与文化等视角进行论证，对英国税制理论、税制结构和赋税用途变迁的研究则薄弱得多。

第三，国外学术界对中国税制的研究主要以断代史的形式出现，对中国税制变迁及其与文化、国家权力等各种要素之间的互动分析涉及很少。

第四，国内外学术界对近代英国税制和中国税制的研究基本上是分开进行的，但实际上，19世纪中期以后，中英税制之间已有诸多关联，因此，需要给予更多关注和研究。

综上，尽管国内外学术界对近代中英税制的研究取得了一定的成果，但对近代以来中英两国税制的比较研究尚未涉足。由此，选择19世纪中期至20世纪初期中英近代税制变革比较研究作为研究对象有着重要的学术价值和意义。

---

① ［日］高柳松一郎：《中国关税制度论》，上下，李达 译，太原：山西人民出版社2015年版。
② ［日］木村增太郎：《中国厘金制度》，东京东亚事情研究会1926年版。
③ ［日］冈本隆司：《近代中国与海关》，名古屋大学出版会1999年版。
④ ［日］重田德：《清代社会经济史研究》，岩波书店1975年版。
⑤ ［日］滨下武志：《中国近代经济史研究——清末海关财政与通商口岸市场圈》（上），高淑娟、孙彬 译，南京：江苏人民出版社2008年版。

第三节　国内外学界研究的特点、趋向及存在的主要问题

综上可见，国内外学界对19、20世纪中英税制的研究呈现研究视角广泛、研究问题多样的特点，而且研究呈现由单一性向多学科、多领域交叉的趋向，更加重视税收的社会功效。但同时，学界对19、20世纪中英税制的研究还存在研究不平衡、学科间割裂、长时段研究不足及系统研究薄弱等主要问题。

一、研究特点、趋向

1.研究视角广泛。由上述对19、20世纪中英税制的研究状况梳理可见，学界对此阶段中英税制的研究视角宽广，既有史学视角，又有政治学、财政学、税收学、社会学视角。就国外而言，道沃尔、道格拉斯、里斯、萨宾、谢哈布、罗斯维尔、莱特、滨下武志等从史学领域对不同时段中国和英国的税制进行了阐述，其中既包括通史又包括专题史，这些学者的研究为了解不同时期中英税制的演变历程及变迁特点和影响提供了非常有意义的资料。综上，国内外学界对19、20世纪中英两国税制的研究涉及领域多、视角广，这为学界的研究提供了非常有意义的借鉴。

2.研究问题多样化。由上述研究综述可见，国内外学界对19、20世纪中英税制的研究所涉问题多样，既有对中国和英国赋税通史的阐述，又有对具体税种、税收政策、赋税理论、赋税功能等问题的分析。综上可见，学界对19、20世纪中英两国税制的研究不仅视角广泛，而且研究问题多样化，这为我们更加全面地了解英国税制提供了不可缺少的资料。

3.研究趋向。由前文研究状况梳理可见，国外学界对19、20世纪中英两国税制的研究呈现由单一性向多样化、多学科交叉转变，更加重视税收的社会功能的发挥。例如，19世纪晚期、20世纪的著述大多侧重从史学角度对不同时期中英税制的历史变迁、赋税结构、税种等问题的论证。国内学界的研究目前虽成果不多，但也呈现出研究视角日益宽广、研究领域逐渐扩大、研究方法开始重视学科间交叉的趋势。

二、存在的主要问题

1.国内外学术研究的不平衡。由国内外学界的研究状况梳理可见，国外学

界对 19、20 世纪中英两国税制的研究不仅起步早，而且成果丰富。既有大量可靠的档案资料，又有大量的通史资料、专题资料和数不胜数的期刊论文。相比而言，目前国内对 19、20 世纪英国税制的研究还很薄弱，研究成果不多，且现有的成果在学科间的分布也很不平衡，史学方面的著述主要集中在中世纪和近代早期，国内更多的成果主要体现在财政学和税收学领域，且主要是对当代的英国税制进行阐述，对早期和近代的英国税制着墨很少，这样容易导致知识体系的割裂，不利于从整体上把握英国税制。相反，国内对晚清中国税制的研究则比较成熟，成果丰富，而国外的研究成果却相对薄弱。由此可见，国内外学界对 19、20 世纪中英两国税制的研究呈现不均衡状态。

2. 学科间割裂性明显。由学界对 19、20 世纪中英两国税制的研究梳理可见，学者们对两国税制的研究大都局限于自己的研究领域，学科间的交叉还不充分，学科的割裂性比较明显。

3. 长时段系统研究的缺失。国内外学界对 19、20 世纪中英两国税制的研究基本上集中于对某一时段某一问题的阐述，从长时段对英国税制的由来和现状进行研究的成果还未见。

4. 对税制本身研究不系统、不完整。目前，国内外学界对 19、20 世纪中英两国税制的研究要么侧重于史学，要么侧重于政治学或财政学、税收学、社会学等学科，论述的内容或侧重税制理论，或侧重税收原则、税收结构、税种设计、赋税用途、赋税征管等，对英国税制进行多学科多领域系统研究的成果还比较薄弱。

综上所述，国内外学界对 19、20 世纪中英两国税制的研究既取得了较为丰厚的成果，同时又存在需要注意的问题。在对学界研究成果、研究特点和趋向、存在的主要问题进行梳理和分析的基础上，可为学界的研究提供一些思考。

首先，要重视系统研究。对 19、20 世纪中英国税制的系统研究应该既包括对过去、现在的长时段梳理，又包括对税制理论、税收结构、税种设计、税收征管、税收原则等问题的综合研究，还应包括对税收与政治、税收与经济、税收与社会政策、税收与政党、税收与国家治理体系和治理能力等问题之间关系的系统分析和论证。如此，可全面、系统、深入地把握英国税制。

其次，要加强学科间交叉研究。目前，跨学科交叉研究越来越为学界所重视，对 19、20 世纪中英税制的研究不应仅局限于某一学科，应该加强不同学科之间在同一领域、同一问题上的交叉研究以使研究更加系统和深化。这既包括跨学科横向交叉研究，又包括纵向交叉研究，一横一纵相结合，促使学界对 19、20 世纪中英税制研究的综合发展。

再次，要强化学术研究的社会实用性。学以致用是学术研究的宗旨，学术研究体现现实关怀，要强化研究的社会实用性。因此，要重视对中英两国税制由来和现状的梳理，以从过去的史实中探索对社会发展有益的规律、经验和教训，由此将研究的学术性与社会实用性较好地结合起来。

最后，要加强国内外合作研究。在全球化的大背景下，对英国税制的研究也不应仅仅停留在国内或一国之内，而是应走出国门，加强研究的国际交流与合作。这一方面能促进彼此学术研究的交流和互鉴，另一方面又能通过学术交流加强国家间的联系与合作。

总之，对 19、20 世纪中英两国税制的研究应在已有研究的基础上，打破国家、地域、学科等的局限性，加强学科交叉研究、强化研究的国际交流与合作，强化研究的系统性。同时，还要注意英国税制研究的社会实用性，通过对两国税制的研究，可为中国的税制改革和现代化税制的建立提供一些借鉴和思考。

第二章　税制理论变迁比较

19 世纪中期至 20 世纪初，在新的形势要求下，中英两国的税制都进行了相应调整和变革，这既包括税制理论的变迁，也包括赋税结构、赋税用途、税收征管等方面的变化。其中，税制理论是具有指导意义的重要内容，因此，对 19 世纪中期至 20 世纪初期中英两国税制变迁的比较研究当以比较两国税制理论为先。

何为"税制理论"？国内研究赋税史的专家顾銮斋教授如此定义："一定的赋税行为或财政活动，总有一定的思想给予指导。这种思想经过一定的重复、贯彻和修正，便逐渐外化为理论，成为实践活动所遵循的基本原则。这种理论可有层次之分，其中，经过累世传承而贯穿整个社会，并反映这个社会赋税制度基本特征和基本精神的那个层次，我们称为赋税基本理论。"[1] 由顾銮斋教授对赋税基本理论的定义可见，赋税基本理论的形成是一个历史过程，在中英历史演进的过程中，两国的赋税理论都经历了调整和变革。在英国，其税制理论经历了中世纪的"共同利益""共同需要"和"共同同意"的赋税基本理论、近代早期的重商主义赋税基本理论、古典政治经济学赋税基本理论、"建设性税制"改革赋税基本理论（新古典政治经济学赋税理论）、凯恩斯赋税理论、供应学派的赋税理论等的变迁。在具体的赋税理论实践中，英国一直奉行"量出制入"的基本原则。而在中国，学界虽基本未有赋税基本理论的提法，但实际上，中国的赋税基本理论自封建社会确立起就因其高度集权的皇权专制制度而决定了其赋税理论自古代至近代一直奉行"宗法制、家天下和王土王臣说"。[2] 所谓"普天之下，莫非王土，率土之滨，莫非王臣"[3] 就是中国传统税制理论的基本特

---

[1]　顾銮斋：《中西中古税制比较研究》，北京：社会科学文献出版社 2016 年版，第 39 页。

[2]　参见顾銮斋：《中西中古税制比较研究》，北京：社会科学文献出版社 2016 年版，第 54 页。

[3]　《诗·北山》，十三经注疏本。

点。在赋税具体理论的运行实践中，鸦片战争之前的历代封建政府都奉行"量入为出"的赋税原则，但自 19 世纪中期以后，在列强的侵略下，中国传统的"量入为出"赋税原则开始逐渐被打破，出现了"量出制入"的赋税指导思想。19 世纪中期以后中国的赋税基本理论和赋税基本原则开始向现代转变，具有半殖民地半封建性及西方现代税制的双重特点。通过比较研究，可对中英两国税制理论的差异、趋同等有更加深入的了解。

第一节　19 世纪中期至 20 世纪初期的英国赋税理论

19、20 世纪，英国税制历经中世纪和近代早期的变革，逐步建立起现代税制体系。其中，税制理论现代化是英国现代税制体系建立的指导思想。英国税制现代化改革开始于 19 世纪末 20 世纪初，此前，英国的税制理论经历了由中世纪的国王"靠自己过活"①的赋税基本理论到近代早期重商主义赋税基本理论的变迁，这些变迁为 19、20 世纪英国现代税制理论的形成奠定了非常重要的基础。

一、19 世纪中期以前英国的赋税基本理论概述

1. 中世纪国王"靠自己过活"①的赋税基本理论

中世纪时期，在封君封臣制度下，英国国王虽然兼具封君和国君的双重身份，但因那时民族国家的意识还较为淡薄，国王作为国君对国家进行管理远远不及作为封君的作用更些。那时，全国性的征税尚未形成常态，若有征税，也是因战争或其他因素而临时开征。此种情况，正如历史学家汤普逊所言："正确地说，在封建的盛世，公共征税是不存在的。甚至国王也是'依靠自己的收入而生活'，也就是说，他们是依靠王室庄园的收入，而不是依靠赋税的进款。"② 由此，中世纪时期，英国国王的生活基本上是"靠自己"，而不是靠征收全国性的税收。有的学者将中世纪国王"靠自己过活"的赋税基本理论称为国

---

① 参见顾銮斋：《中西中古税制比较研究》，北京：社会科学文献出版社 2016 年版；施诚：《中世纪英国财政史》，北京：商务印书馆 2010 年版；于民：《坚守与改革——英国财政史专题研究》，北京：中国社会科学出版社 2012 年版等。

② [美]汤普逊：《中世纪经济社会史》（下册），耿淡如 译，北京：商务印书馆 1963 年版，第 391—392 页。

王财政自理原则。[1]

所谓国王"靠自己过活"或国王财政自理原则，是指在封君封臣制下国王作为封君主要依靠自己的领地收入和其他封建特权收入而生活。其中，王室领地收入是国王"靠自己过活"的主要来源。在封君封臣制下，国王除了将一部分土地分封给众多封臣外，自己还保有一部分土地来自我经营，这部分土地就是王室领地。马克垚先生将之称为"王领"（royal demesne 或 crown lands），是国王作为全国最高封君所拥有的自营地。中世纪英国国王从王领获得的收入主要包括地租、任意税以及临时王领带来的各种收入。因为国王从自己的自营地（王领）获得的收入是其以全国最高封君的身份而获得的，因此，这部分收入被称为国王的"正常收入"。与"正常收入"相对的当然就是国王的"非正常收入"（或称"特别收入"）了，是指国王以国君身份向全体国民征收的赋税收入，这部分赋税收入国王不能任意开征，必须在战争等"紧急"情况下，以"共同需要""共同利益"对征税理由做出说明并与相应的代议机构协商，最后获得"共同同意"后方可征收。

中世纪时，国家除应付对外战争外并无太多其他事务需要处理，国王靠自己的收入基本上能够生活。然而，随着各国商品经济的发展、国家职能的逐步扩大、开支的增长等，国王靠自己的收入已不能维持生活，需要不断向议会提出征税和拨款的请求。由此，"国王靠自己过活"的原则逐渐被打破。[2] 对此，J.A.熊彼特、M.J.布拉迪克和P.K.奥布莱恩等都认为，现在形成的过程，其实质是一种从"领地收入"国家（以国王的王领收入为主）到"税收收入"国家（议会批准）转变的过程。[3] 这一过程的完成是近代以后的事情了。进入近代以来，随着民族国家的形成、政府开支的扩大及对外战争的进行，中世纪时期的赋税理论已不能适应新的形势需要。尤其是1688年"光荣革命"后至18世纪末，议会在理论上掌握了赋税大权，"他们手里捏着扎紧国王钱袋的那根绳子"。

---

[1] 张殿清：《国王财政自理原则与英国赋税基本理论——都铎王朝末期突破国王财政自理原则的实证考察》，载《华东师范大学学报》（哲学社会科学版）2007年第1期。

[2] 参见张殿清：《国王财政自理原则与英国基本赋税理论——都铎王朝末期突破国王财政自理原则的实证考察》，《华东师范大学学报》（哲学社会科学版）2007年第1期；施诚：《论中古英国"国王靠自己过活的原则"》，《世界历史》2003年第1期。

[3] J.A.Schumpeter, "The Crisis of Tax State", *International Economic Papers*, Vol.4, 1954; P.K. O'Brien and P.A.Hurt, "The Rise of a Fiscal State in England:1485-1815", *Historical Research*, Vol.68, 1993; M.J.Braddick, *The Nerves of the State: Taxation and the Financing of the English State, 1558-1714*, Manchester University Press, 1996.

"那根绳子"就是议会的批税权。由此，国王要征收"非正常"税收，并不能任意而为，而是要与相关代议机构协商，以"共同利益"和"共同需要"为理由，并获得议会的"共同同意"后方可征税。这是中世纪欧洲各国赋税制度的核心内容和基本理论。近代以来，在赋税的征收问题上，议会逐渐处于主导地位，近代英国公共财政体制逐渐形成。在这一过程中，重商主义赋税基本理论逐渐居主导地位。

2. 近代早期重商主义赋税基本理论

重商主义产生于15世纪，全盛于16世纪、17世纪，衰落于18世纪下半叶。重商主义分为早期重商主义（14世纪至16世纪中叶）和晚期重商主义（16世纪下半期至18世纪）。早期重商主义倾向于在国家贸易活动中采取"多卖少买"原则，主张利用国家行政手段禁止金银出口，以使金银尽可能保留在国内。对此，恩格斯曾讥讽地指出，他们"就像守财奴一样，双手抱住他心爱的钱袋，用嫉妒和猜疑的目光打量着自己的邻居"[2]。因此，早期重商主义亦被称为货币差额论。与早期重商主义不同，晚期重商主义虽然也坚持"少买多卖"的原则，但并不反对货币输出，认为只要能在国家对外贸易中保持顺差，使更多的货币流入国内，增加国家财富即可，此重商主义我们称为贸易差额论。

在重商主义影响下，托马斯·孟[3]、斯图亚特等从不同角度阐述了各自的重商主义赋税理论和观点，主要包括赞成关税保护、提出税收平等、赞成税收法治原则等。

①托马斯·孟的赋税论

托马斯·孟（Thomas Mun,1571—1641）是英国晚期重商主义最著名的代表人物，其重商主义理论及税收思想集中在他的代表作《英国得自对外贸易的财富》（原名:《论英国与东印度公司的贸易》[4]），此书是晚期重商主义的主要代表作，是包括英国在内一切实行重商主义国家的政治、经济等方面的基本准则。托马斯·孟认为:"对外贸易是增加我们的财富和现金的通常手段，在这一点上我们必须时时谨守这一原则:在价值上，每年卖给外国人的货物，必须比我们

① 蒋劲松:《议会之母》，北京:中国民主法制出版社1998年版，第5页。
② 《马克思恩格斯全集》，第1卷，北京:人民出版社1956年版，第596页。
③ 又译为托马斯·曼。
④ 《英国得自对外贸易的财富》是托马斯·孟对《论英国与东印度公司的贸易》（1621年出版）彻底改写后于1664年出版的。

消费他们的为多。"① 由此可见,托马斯·孟重商主义理论的核心是国际贸易差额论,在税收问题上,托马斯·孟赞成关税保护政策,认为国家要采取有力政策和措施保护关税,以奖励输出,限制输入。对此,托马斯·孟认为:"对于国产品不要课以过重的关税也是很必要的,这样免得使外国人嫌这些商品价格昂贵而影响了销路。尤其是输入的外国货物,凡是又要再运出去的,就应该予以照顾,否则这样的贸易(可以替公共财富带来很多好处),非但不能繁荣起来,而且还难以立足。但是这种外来货物,如果是要在本国消费的,那就可以征课得重一些……"② 不仅如此,在托马斯·孟的赋税思想中,他还特别强调赋税的平等原则:"我还要说的仅仅是加添一条应该遵守的必不可缺的规则:就是当我们必须筹集较多从经常的赋税而来的款项时,我们就应该按平等的原则办事,方可避免遭人民憎恨;因为除非他们的献纳是大家所认可的,否则他们是决不会心悦诚服的。要达到这个目的,创立议会制度乃是政府的一种高明政策……要知道,一个国王之所以被人视为强大过人,与其说是在于他的钱柜里存着的大量财富,还不如说是在于他有许多既富裕而又心悦诚服的臣民。"③ 托马斯·孟的这一赋税思想体现了英国自中世纪以来的赋税基本原则,为近代英国议会财政体制的建立奠定了一定的思想基础。托马斯·孟的重商主义和税收理论对英国18世纪政府的经济及赋税思想产生了重要影响。对于此书的价值,马克思曾给予很高的评价:"该书代表了重商主义体系对于自身的母体系的自觉的自我脱离。这一著作在100年之内,一直是重商主义的福音书。因此,如果说重商主义具有一部划时代的著作,充当某种'入门标牌',那么这就是托马斯·曼的著作。"④

②斯图亚特的重商主义赋税思想

斯图亚特·密尔(1806—1873)是英国后期重商主义的集大成者,其代表作是《政治经济学原理》。在其论著中,斯图亚特对赋税的起源、本质、赋税征收的原则和赋税的分类进行了论述。关于赋税的起源,斯图亚特认为:"赋税的根源在于古代社会富人的生活靠隶属的劳动与徭役维持,因为那时的经济社会

① [英]托马斯·孟:《英国得自对外贸易的财富》,袁南宇 译,北京:商务印书馆2014年版,第5页。
② [英]托马斯·孟:《英国得自对外贸易的财富》,袁南宇 译,北京:商务印书馆2014年版,第13页。
③ [英]托马斯·孟:《英国得自对外贸易的财富》,袁南宇 译,北京:商务印书馆2014年版,第78-80页。
④ 《马克思恩格斯选集》,第3卷,北京:人民出版社1995年版,第577页。

是封闭的。以后，自由思想解放了隶属关系，这样，导致了工商业新秩序的形成，并进而促成了社会经济繁荣。换言之，没有法律和纪律就不会有工商业的繁荣。因此，为了维持持久的法律与纪律，保障国家权力、安全和独立，势必需要充分的赋税和军备。"而赋税必须使人民的年收入公平分配，不妨碍产业的发展和能够抵御外敌的侵犯，以便不妨碍纳税人的再生产。由于货币经济的发达，财富得以自由转移。从财富平衡的原理出发赋税是有必要产生的。关于赋税的本质，斯图亚特认为：所谓赋税，就是"用作支付经费支出的，通过立法机关法律程序或同意，对国家与个人课征得以果实、劳动或货币为表现形式的一定的贡献"。有关赋税的征收原则，斯图亚特从三个方面加以阐述：一、法定主义原则，即赋税的征收必须经过立法机关的同意方可征收的税收法定主义原则；二、最低限度原则，即对生活必需品不能课以赋税，而对超过生活必需品的那部分课税亦必须有一个最低限度，否则会破坏国家的税源；三、消费比例原则，即征税必须根据消费者的消费比例征收。对于赋税的分类，斯图亚特将赋税划分为三类：比例税，即按同一比例缴付税金的赋税；累进税或任意税，即按财产和收益数额的增加而递增课征的赋税；对人的赋税，即对个人劳动课征的赋税。[①]

综上所述，以托马斯·孟和斯图亚特为代表的重商主义者都认为货币是国家财富的主要标志，国家获取货币的方式是商品的多出少进，在对外贸易中处于贸易顺差地位。为此，重商主义者赞同实行关税保护，赞成税制结构形成以消费税和关税等间接税为主的税制结构，反对之前实行的以土地税、财产税、人头税等直接税为主的税制结构。重商主义赋税理论对 16、17 世纪及 18 世纪初期西欧各国的赋税理论及税制结构产生了重要影响。18 世纪以后，伴随着资本主义迅速发展，重商主义思想逐步瓦解，资产阶级古典经济学派兴起并对英国的赋税理论产生了影响。

二、19 世纪中期以后古典政治经济学税收理论

英国不同时期赋税基本理论的变迁反映了国内外形势对税制变革提出的新要求，这些新的要求不断推动英国税制现代化的起步、建立、完善和发展。19 世纪中期以后，英国适逢古典政治经济学的兴盛时期，自由放任的经济和财税

---

① [英]约翰·斯图亚特·穆勒：《政治经济学原理》，上下卷，金镝、金熠 译，北京：华夏出版社 2009 年版，第 699—762 页。

思想占据主导地位。英国古典政治经济学的主要代表是威廉·配第、亚当·斯密和斯图亚特·密尔。斯密于 1776 年发表了《国民财富的性质和原因的研究》（《国富论》）标志着英国古典政治经济学的诞生。然因 18 世纪后期英国正处于重商主义时代，斯密所倡导的自由主义思想并未被英国政府所重视并实行。直到 19 世纪 40 年代《谷物法》废除后，英国才真正实行了自由主义经济政策，由此，在赋税理论上也体现出自由放任的思想倾向。

1. 威廉·配第的赋税理论和赋税思想

配第（William Petty,1623—1687）是英国资产阶级古典经济学的创始人，马克思曾称他为"政治经济学之父"[①]。配第的代表作是《赋税论》和《政治算术》。在《赋税论》中，配第对国家的公共经费问题进行了阐述，他认为，国家的公共经费主要包括：军费、政府职员的行政开支、司法费用、宗教费用、教育支出、救济费、维护公共设施费用等。配第认为，国家的公共经费应首先用在保卫本国和平与安全上面："一个国家的公共经费首先用于防卫领土、领海，捍卫国内、国外和平以及维护国家尊严不受他国损害。我们把这一部分经费称为军费。"[②] 除了国家军费开支外，配第还对政府官员的行政开支等做了论述，尤其强调国家应加大对教育、孤儿、失业人员及因各种原因丧失劳动能力的人及穷人的扶助和救济。在教育支出上，配第认为："另一项公共经费是各类学校和大学的费用，尤其是对国民进行阅读、写作和算术等诸方面的教育投入……目前的学校和大学教育多半是由个别人出资兴办的，他们肯在这上面花钱、花时间也只是出于个人的考虑。不过，如果他们因此而为那些天资聪颖、才智过人的精英们提供各种可能的帮助，进而帮助他们去探索、发现自然界的运行规律，那么他们的个人行为毫无疑问是值得颂扬的。从这个意义上讲，教育应该享用公共经费。"[③] 配第还特别强调应注意用公共经费扶助社会的弱势群体："还有一类公共经费用于抚养孤儿，包括那些无家可归和被遗弃的孩子。同时，那些因各种原因而失去劳动能力的人以及失业的人也应得到生活的保障。""根据上天的法则，任何人都不应该挨饿，上天为每个人准备了食物。因此，任何人都应该被允许得到公众的接济，我们更应该用公共经费来赡养他们。"[④] 另外，

---

① 《马克思恩格斯全集》第 23 卷，北京：人民出版社 1972 年版，第 302 页。

② [英]威廉·配第:《赋税论》，马妍译，北京：中国社会科学出版社 2010 年版，第 3 页。

③ [英]威廉·配第:《赋税论》，马妍译，北京：中国社会科学出版社 2010 年版，第 4 页。

④ [英]威廉·配第:《赋税论》，马妍译，北京：中国社会科学出版社 2010 年版，第 4—5 页。

配第还对国家赋税收入、公共经费增加或减少的各种原因、如何才能减少导致国民不甘心承担赋税的原因、征税的方法、原则及各种税种等问题进行了阐述。在国家赋税收入方面，配第将赋税分为税外收入和税收收入两种：所谓税外收入，主要是指王室领地收入和封建特权收入。这一收入在中世纪及其后一段时期曾是国王独立生活的主要收入来源，但随着英国经济的发展、国家职能的扩大等因素的变化，国王仅靠税外收入已无法维持生活。"光荣革命"后英国近代公共财政制度的建立使国王的税外收入逐渐被并入国家公共税收之内，成为议会控制的赋税收入的一部分。所谓赋税收入，是指由议会批准的税收收入，这部分收入是国家财政及国家职能得以运作的主要物质基础。对此，配第分析了各种名目的税收：关税、人头税、彩票、罚款、独占、什一税、地租、房产税等。在论及如何才能减少导致国民不甘心承担赋税的原因时，配第强调税收公平、国民信任及税权的重要性。为此，配第强调："不管赋税多么沉重，只要政府一视同仁，对所有人都按照合理的比例征收，那么人们都不会因为承担了赋税而使自己的财富减少……""纳税人感到最为不满的，是对他们课征的赋税金额超过对他们的邻居课征的税额。"[①]"当人们想到从他们那里征收上来的赋税被花在消遣娱乐、举办盛大的集会，或者被用于粉刷凯旋门等事情上的时候，他们就会产生不满。"[②]"征税权含糊不清，这既是导致国民不愿缴税的重要原因，又是迫使国王采取严厉手段征税的原因。"[③]由此可见，配第提出了税收平等公平、简便和节约的税收原则，对亚当·斯密的税收思想产生了重要影响。配第还认为国民的信任和认同是国家征税是否合法、是否顺利的重要因素，提出征税权清晰划分和规定的重要性，这些都为19、20世纪英国税收现代化变革奠定了基础。

2.亚当·斯密的税收四原则

斯密是18世纪英国古典政治经济学的主要代表人物，作为古典政治经济学的先驱者，斯密在经济和税收思想上倡导自由主义，反对国家重商主义的税收观念，批评重商主义指导下国家在关税问题上的行政干预，反对关税壁垒和贸易保护。斯密强调："以高率关税或绝对禁止，限制从外国输入国内能够生产的货物，国内生产此等货物的产业，即多少可以确保国内市场的独占。禁止从

① [英]威廉·配第:《赋税论》，马妍译，北京：中国社会科学出版社2010年版，第23页。
② [英]威廉·配第:《赋税论》，马妍译，北京：中国社会科学出版社2010年版，第24页。
③ [英]威廉·配第:《赋税论》，马妍译，北京：中国社会科学出版社2010年版，第25页。

外国输入活家畜与盐渍食品的结果，英国牧畜业，遂确保了国内屠肉市场的独占。谷物输入的高率关税（在收获中平时，即等于禁止的高率关税），给了谷物生产者以同样的利益。外国羊毛输入的禁止，同样有利于羊毛制造家。丝制造业所用的材料，虽全系外国产，但接近亦取得了同样的利益。麻布制造业虽尚未取得，但亦有阔步前进以冀取得同种利益的倾向。还有许多其他种类的制造业，同样在英国取得了或几乎取得了有害同胞的独占权。英国所绝对禁止输入或在一定条件下禁止输入的货物，其种类之繁多，在一般不很熟知关税法的人，简直是不易猜测的。"这种国内市场的独占，往往会对于享有独占权的特种产业，予以大奖励，是毫无可疑问的；往往会违反自然所向，使社会上有较大部分的劳动及资财，流入这特殊用途，亦是毫无可疑问的。"① 为此，斯密反对《航海法条例》，认为"航海法不利于国外贸易，不利于由外国贸易致国于富。一国在对外国的通商关系上，当然以买贱卖贵为有利益。买价求其最廉，卖价求其最昂，那与个别商人的处境，是完全一样的。但要买贱，则自由贸易最为适宜。何则？贸易的完全自由，将鼓励一切国家，以他们所需的物品，输入他们的国内。如要卖贵，亦同样以自由贸易为最适宜。……外国人如果因为受我们禁止，或被我们课取高率关税，致不能来此售卖，亦必致不能来此购买。……如是，与贸易晚清自由的时候比较，我们不仅在购买外国货物时，要买得更贵，而且在售卖本国货物时，要卖得更廉。"② 由此可见，斯密反对对外国商品征收高额关税，主张自由贸易。同时，斯密还反对对生活必需品征税，主张税收征收时要关照穷人。

不仅如此，在赋税问题上，斯密对国家财政支出、收入和税收的基本原则都做了详细的论述。在国家的财政支出问题上，斯密将其分为两类："一国每年支出的费用，不但有国防费，国君养尊费，且有国家宪法未规定何等特定收入的其他必要政费；这些费用的开支，有两个来源，第一，特别属于君主或国家，而与人民收入无何等关系的资源；第二，人民的收入。"③ 在论赋税问题中，斯密将个人一己的收入来源归为三类：地租、利润与工资。斯密认为："个人一己的

① ［英］亚当·斯密：《国民财富的性质和原因的研究》（下卷），郭大力、王亚南 译，上海：上海三联书店 2009 年版，第 21 页。

② ［英］亚当·斯密：《国民财富的性质和原因的研究》（下卷），郭大力、王亚南 译，上海：上海三联书店 2009 年版，第 30 页。

③ ［英］亚当·斯密：《国民财富的性质和原因的研究》（下卷），郭大力、王亚南 译，上海：上海三联书店 2009 年版，第 311 页。

收入，结局是出于三个不同的源泉，即，地租、利润与工资。每种赋税，归根结底，又定是由这三者之一，三者之二，或三者全部支出。因此，我将竭尽所能，论述以下各点：第一，论税之要加于地租者，第二，论税之要加于利润者，第三，论税之要加于工资者，第四，论税之不分彼此，加于这三项收入者。"[1] 斯密对每一种赋税都进行了相应阐述。同时，斯密还提出了一般赋税的四种原则，作为国家征税的前提，即平等、确实、便利、节省。就平等原则而言，斯密主张量能课税，根据每个人不同的能力平等课税。"一国国民，各须在可能范围内，按照比例于各自的资力，即按照比例于各自在国家保护下享得的收入，提供国赋，维持政府。……所谓赋税的平等不平等，就看对于这种原则的尊重或轻忽。凡百赋税，结局仅由地租、利润、工资三者之一负担了，其他二者不受影响，那必然是不平等的。"[2] 在赋税的确实原则上，斯密强调："各国民应当完纳的赋税，须是确定的，不得随意变更。完纳的日期，完纳的方法，完纳的额数，皆当让一切纳税者及其他的人，一一清楚明白。……根据一切国民的经验，我相信，赋税虽再不平等，其病民尚小，赋税稍有不确定，其病民实大。"[3] 在赋税的便利原则上，斯密强调："各种赋税完纳的日期及完纳的方法，须予纳税者以最大便利。"[4] 在赋税的征收上，斯密强调节省的重要性，认为："一切赋税的征收，须设法使民之所出，尽可能地等于国之所入。"[5]

　　3.斯图亚特·密尔的税收思想

　　与斯密一样，约翰·斯图亚特·密尔也是英国古典政治经济学的主要代表者，密尔强调自由竞争在世界上的重要性，认为："除非有某种更大的利益诉求，否则所有对自由放任的偏离肯定都是有害的。"[6] 密尔的代表作是 1848 年出版的《政治经济学原理》，此书堪称维多利亚时代中期的自由主义手册："简而言之，

---

　　① ［英］亚当·斯密：《国民财富的性质和原因的研究》（下卷），郭大力、王亚南 译，上海：上海三联书店 2009 年版，第 317 页。

　　② ［英］亚当·斯密：《国民财富的性质和原因的研究》（下卷），郭大力、王亚南 译，上海：上海三联书店 2009 年版，第 317 页。

　　③ ［英］亚当·斯密：《国民财富的性质和原因的研究》（下卷），郭大力、王亚南 译，上海：上海三联书店 2009 年版，第 317—318 页。

　　④ ［英］亚当·斯密：《国民财富的性质和原因的研究》（下卷），郭大力、王亚南 译，上海：上海三联书店 2009 年版，第 318 页。

　　⑤ ［英］亚当·斯密：《国民财富的性质和原因的研究》（下卷），郭大力、王亚南 译，上海：上海三联书店 2009 年版，第 318 页。

　　⑥ ［美］伊曼纽尔·沃勒斯坦：《现代世界体系》，第四卷，吴英 译，北京：社会科学文献出版社 2013 年版，第 115 页。

自由放任主义应该具有普遍意义：任何脱离它的行为，除非出于某种大善，否则必定是一种邪恶。"由此可见密尔的自由主义政策主张。对此，肯尼斯·O.摩根认为："这套理论假定：国家应该靠边站。穆勒[①]等人把'国家'与社会对立看待，是基于个人可以而且应该独立行事的假设。个人主义、自尊、自立及自愿组建合作性社团，这些都是维多利亚时代中期自由主义的要旨。因此，经济应该是自我调节的。"[②]

　　在赋税原则上，密尔基本赞同斯密的税制四原则，不同的是，密尔对平等原则的认识与斯密的不同。斯密认为平等原则是国民纳税的多少应与各个国民享受政府利益的多少相适应，而密尔则主张按平等牺牲原则求得课税平等与最小牺牲，认为税收平等的原则不能仅仅用受益标准来衡量，而应当用"全体最少牺牲"的标准，来分配税收负担，以实现税收公平。[③]所谓"全体最少牺牲"，其基本原理是指在一定条件下，全体纳税人对于国家课税的负担总是一个定量，如果纳税人甲负担过轻，必然是纳税人乙负担过重的结果。倘若要在各个纳税人之间实现平等纳税，则应当使各个人的纳税牺牲均等，这样才能使社会全体的牺牲最少。由此，密尔强调课税的公平。"正如政府应该一视同仁地对待个人或阶级的要求那样，政府也应该做到将税收压力同等地加在每个人或阶级的身上（而不管具体的税收牺牲大小如何）。这样的课税方式，给全体带来的牺牲最小……因此，作为政治准则的税收平等，意味着牺牲相等。它的意思是，在要求每个人都为政府开支做贡献时，应使每个人对自己的缴税份额感到的不便，与其他任何人对自己的缴税份额感到的不便相同。这一标准，与其他完美的标准一样，不可能完全实现；但是，在任何政治讨论中，我们首先要知道完美的标准到底是什么。"[④]同时，密尔也主张采取比例税制原则征税，不赞成累进税原则。密尔认为，累进税"极具争议，就算它是真理，它的真理性也尚未达到可以成为税收原则基础的地步"[⑤]。在直接税与间接税问题上，密尔是西方学者中

---

　　①　学界对密尔的又一译法，本书为统一起见，统称为密尔。

　　②　[英]肯尼斯·O.摩根：《牛津英国史》，方光荣 译，北京：人民日报出版社 2020 年版，第435 页。

　　③　许建国、蒋晓蕙、蔡红英：《西方税收思想》，北京：中国财政经济出版社 2016 年版，第89 页。

　　④　[美]哈罗德·M.格罗夫斯、唐纳德·J.柯伦：《税收哲人：英美税收思想史二百年》，刘守刚 刘雪梅 译，上海：上海财经大学出版社 2018 年版，第 36 页。

　　⑤　[美]哈罗德·M.格罗夫斯、唐纳德·J.柯伦：《税收哲人：英美税收思想史二百年》，刘守刚 刘雪梅 译，上海：上海财经大学出版社 2018 年版，第 37 页。

最早将税收划分为直接税和间接税的人。密尔不太赞同直接税，认为由直接税供给国家经费开支，就会使国民税负加重。但是，他并不主张废除直接税，而是希望通过提高财政支出的效率来减轻直接税的负担。[①] 与直接税相比，密尔更支持间接税，认为间接税利大于弊，间接税的征收时间和征收方法更为便利。密尔主张以间接税作为国家税收收入的来源，直接税仅在国家紧急需要时才开征。另外，密尔认为政府要通过制定规则和程序确立对税制的宪法约束，设定国家能够获取的税收上限。对此，马丁·唐顿认为：在大多数时间中的大多数情况下，"财政宪法"被视为建立了一个解决争议的标准，就像在板球和足球比赛中的规则一样，规定了什么算得分跑，达到什么分数才能赢得比赛。这些规则包括选举权的界定以及国会有权改变税收、监督支出和审计政府支出过程。[②]

综上，以亚当·斯密和约翰·密尔为主要代表的古典政治经济学家主张自由放任的经济理论，认为国家应当尽可能少地干预社会生活，政府不应设置关税壁垒、实行贸易保护政策，而应当让商品自由流通，以促进工商业的发展。同时，在税制原则上都强调要遵循平等、确实、便利和节俭的原则；赞成按比例征税，反对累进税制；反对直接税，赞成间接税；反对对国民的生活必需品征税，赞成对奢侈品征税；强调国家要通过制定规则约束税收的征管和开支等。古典政治经济学的税收思想为英国税制现代化奠定了基础，其提出的平等、确实、便利和节省四原则不仅对英国现代税收原则的确定产生了重要影响，而且还传入近代的中国，为严复所推崇并将之引入中国。但到19世纪70年代后，伴随着英国国内外形势的变化，古典政治经济学的税制思想已不能解决旧有和新产生的社会问题，不能适应新的形势需要。由此，英国政府重新思考，提出了"建设性税制"改革理论并将之运用到英国税收改革的实践中，开启了英国税制现代化改革之旅。

三、19世纪末20世纪初英国的"建设性税制"改革思想

19世纪末20世纪初，英国在享受巨大的帝国荣誉的同时，还面临着一系列社会问题。比如贫困、失业、社会财富分配不均等，这些问题在英国急于发

---

① 许建国、蒋晓蕙、蔡红英：《西方税收思想》，北京：中国财政经济出版社2016年版，第91页。

② [英]马丁·唐顿：《信任利维坦：英国的税收政治学》（1799—1914），魏陆 译，上海：上海财经大学出版社2018年版，第9页。

展国家经济时未能引起政府的高度关注。到 19 世纪末 20 世纪初，上述问题日益严重，由此，要求政府干预和解决上述社会问题的新古典政治经济学兴起，他们主张政府用税收杠杆作为调节、缓解贫困、失业、财富分配不均的重要武器。有鉴于此，"建设性税制"改革思想应运而生并对政府的税制改革和社会政策调整产生了重要影响。19 世纪末 20 世纪初的遗产税、所得税改革、"人民预算"的通过等都是"建设性税制"改革思想在实践中的重要表现。"建设性税制"改革为英国积累了较多的社会财富，亦为政府社会政策的实施积聚了大量可以运用的资金，20 世纪初，《养老金法案》《国民保险法案》等一系列涉及养老、失业、健康、教育等的社会政策出台，这是英国政府运用国家力量推行社会政策、实行社会控制①的有益实践，是政府用软权力②解决社会问题的重要尝试，为国家现代化和政府管理社会提供了非常有意义的借鉴。

1."建设性税制"改革的内涵

19 世纪末 20 世纪初，伴随着工业革命带来的社会财富分配不均及失业、贫困等社会问题的加剧，英国的统治阶级开始认识到不能仅仅依靠市场的自动调节解决这些问题，必须发挥政府的干预作用，其中最有效的手段是赋税。在这样的背景下，"建设性税制"改革思想产生并付诸实践。

所谓"建设性税制"改革，是指税收除了为国家筹得财政收入外，还是调节社会财富再分配、缓解社会不公正的重要手段。主要表现在 19 世纪末 20 世纪初遗产税、所得税和土地税的变革中，英国由此确立了直接税为主的税制结构，确立了累进征税原则。直接税的累进性质更符合时代的发展及税制现代化的要求。同时，对超过一定数额的所得还要征收超额所得税，这也体现了英国税制更加趋向现代化的特点，其税制更加公平。19 世纪末 20 世纪初，英国的税制经历了从理论到实践的变革。这些变革为政府开辟了财源，为政府一系列社会政策的实施奠定了理论基础和物质基础。

从理论上讲，19 世纪末 20 世纪初，英国在税制理论上经历了由古典政治经济学到新古典政治经济学的转变（有的学者认为是从自由主义到新自由主义的转变）。19 世纪 70 年代之前，英国在经济上奉行自由放任主义经济政策，由

---

① 陈晓律：《以社会福利促社会控制——英国的经验》，载《经济—社会史评论》，第四辑，北京：生活·读书·新知三联书店 2008 年版，第 13—22 页。

② 社会控制的方式可分为"硬"和"软"两种，"硬权力"表现为暴力；"软权力"则代表社会福利等一系列非暴力手段。

此政府在税制及社会政策上的观念是尽量少征税和最小政府干预。那时英国的税制很少用于调节社会财富再分配及解决社会问题，税收的主要作用是为政府提供收入。19世纪70年代后，尤其是19世纪末20世纪初，伴随着失业、贫困及贫富差距等社会问题的日益严重，英国的有识之士及政府认识到必须发挥政府的强力干预作用，而且要用税收的杠杆作用缓解上述问题。持有这种思想的学者我们称为新古典政治经济学家，其所提出的理论我们称为新古典政治经济学。其主要代表有阿弗里德·马歇尔、庇古和美国学者亨利·乔治等。

2.“建设性税制”改革的主要代表及其思想

第一，马歇尔的财税思想。马歇尔（1842—1924）是19世纪末20世纪初著名的经济学家，是英国剑桥学派的创始人，其代表作是《经济学原理》。在《经济学原理》“绪论”中，马歇尔指出：“贫困是否必然的问题给予经济学以最大的关心。”“公平问题不能完全由经济学来解答。因为这个答案部分要靠人类本性的道德和政治能力来解决。”[①]马歇尔强调社会公平问题的重要性。他认为：“审慎的态度并不意味着默认现时财富分配不均。许多世纪以来，经济科学越来越相信极端贫困和巨大财富并存没有实际的必要，从而，在伦理上是不对的。财富不均虽说没有像遭到指责的那样厉害，但的确是我们经济组织的一个严重缺点。通过不会伤害人们的主动性，从而不会大大限制国民收入的增长而能减少这种不均的那种方法，显然对社会有利。”[②]至于税收的公平问题，马歇尔主张对所得和财产尤其是非劳动所得和继承财产课以重税并实行累进税制，将富人的收入集中一部分于国家手中，以提高社会总体福利水平。

第二，庇古的税收思想。庇古（A.C.Pigou,1877—1959）是英国剑桥学派的主要代表者之一。1912年，庇古写了《财富与福利》一书，1920年该书改名为《福利经济学》，由此，创建了福利经济学的完整体系。庇古也由此被称为“福利经济学之父”。庇古从市场机制造成的收入不平等和货币边际效用递减率出发进行分析，认为政府要把富人的钱拿给穷人以解决收入公平问题。庇古认为：“由于纳税后所得收入分配的不公平，大批大批的生产资源被用来满足富人的挥霍……而大批大批的人们却食不得饱，衣不得暖，没有适当的居住条件，受不

---

① ［英］阿弗里德·马歇尔:《经济学原理》，廉运杰 译，北京：华夏出版社2010年版，第5页。

② ［英］阿弗里德·马歇尔:《经济学原理》，廉运杰 译，北京：华夏出版社2010年版，第558页。

到充分的教育。生产资源在必不可少的和锦上添花的东西之间分配不当……也就是说，资源被用来满足不迫切的需要，而不是去满足更迫切的需要。"① 庇古由此提出征收遗产税和累进税的建议，并倡导政府从事社会公共设施建设，如建立免费学校、提供低价住宅等。

与马歇尔和庇古主张进行遗产税改革不同，美国学者亨利·乔治则主张征收统一的土地税，通过这种单一税的征收解决社会的贫困和不公问题。乔治的代表作《进步与贫穷》对英国19世纪后期的赋税思想影响深远。

第三，亨利·乔治的税制思想。亨利·乔治是美国著名的哲学家和经济学家，1879年，乔治的著作《进步与贫穷》出版。在书中，作者提出了问题，如：为什么在这块财富能使人人富足，并富足有余的土地上会存在如此不平等的情况呢？为什么堆积如山的财富会与如此严重和可耻的匮乏联结在一起？为什么在如此充分富裕之中，健壮的男人找不到工作？为什么妇女因饥饿而虚弱无力，小孩子消耗青春年华在脚踏纺织机上做苦工呢？② "现在这个世纪以生产财富能力的巨大增加为特征。……这个事实——贫困及其伴随物正是以形成物质进步趋向的条件而出现在社会中已证明了，已经达到某种进步阶段的任何地方，其存在的社会困难不是出于局部的环境，而是以这种或那种方式，由进步本身造成的。只要现代进步所带来的全部增加的财富只是为个人积累巨大财产，增加奢侈和使富裕之家和贫困之家的差距更加悬殊，进步就不是真正的进步，它也难以持久。这种情形必定会产生反作用。塔楼在基础上倾斜了，每增加一层只能加速它的最终崩坍。对注定必然贫穷的人进行教育，只是使他们骚动不安；把理论上人人平等的政治制度建筑在非常显著的社会不平等状况之上，等于把金字塔尖顶朝下竖立在地上。"③ 如何解决这个问题，乔治认为征收地价税是最公平的方式。乔治的思想影响很大。正如一个非常出名的历史学家所写的那样："自乔治后，无论是贝拉米还是格洛伦德都是1886至1900年间真正的将社会主义付诸实践的纯理论家。"④

① [英]庇古:《社会主义与资本主义的比较》，谨斋 译，北京：商务印书馆1963年版，第14—15页。

② [美]亨利·乔治:《进步与贫困》，吴良健 王翼龙 译，北京：商务印书馆2010年版，第2页。

③ [美]亨利·乔治:《进步与贫困》，吴良健 王翼龙 译，北京：商务印书馆2010年版，第15—17页。

④ Roy Douglas,*Taxation in Britain since 1660*,London:Macmillan Press Ltd.,1999,p.76.

在乔治思想的影响下，英国人开始思考如何才能缓解进而解决社会的贫困及贫富分化现象。约瑟夫·张伯伦即深受乔治理论的影响，认为应重视税收的社会调节功能。他向有产者发出呼吁："我认为，将来我应该会更多地听到有产者承担社会义务和责任的话题，而不是老生常谈的有产者的权利问题。"[1]张伯伦认为，有产者应更多地承担社会责任，改变过去传统观念中的一切从权利出发的初衷，全力保障社会公正，配合政府在财政方面"劫富济贫"的政策取向。劳合·乔治的"人民预算"即是受此影响。此后，自由党通过增加直接税，特别是遗产税和累进所得税的征收，利用税收重新配置资源。

综上所述，19 世纪 70 年代以后，主张通过税收方式调节社会财富分配、解决社会不公问题已成为经济学家们所倡导的主导思想。在这种财税思想的影响下，英国的税制以 19 世纪 70 年代为分水岭，出现了与 19 世纪 70 年代之前不同的特点。马歇尔、庇古及乔治的税制理论及思想对英国政府起了很重要的影响。英国政府认为："如果让经济力量任意起作用的话，那时的社会就要面目全非了。"[2]为此，在实践上，威廉·哈考特进行了遗产税改革，阿斯奎斯区分了劳动所得和非劳动所得，劳合·乔治提出了著名的"人民预算"，这可以说是"建设性税制"改革理论在实践中的重要表现。

综上，19 世纪中期以后，尤其是 19 世纪末 20 世纪初，在"建设性税制"改革理论指导下，英国政府对税制进行了一系列改革，通过这些改革，强化了税收法治，调整了税收结构，优化了税收用途，凸显了税收的社会调节功能。20 世纪后，以"建设"为主线并根据形势需要多次调整其税制理论，使其更加现代化。

第二节　晚清中国的税制理论

与英国不同，19 世纪中期至 20 世纪初（学界也称此阶段是中国的晚清时期），因外国列强的侵略，中国逐步沦为半殖民地半封建社会。因此，这一时期中国的赋税理论既保留了封建传统的税制理论，同时也开始介绍和引入西方现

---

[1]　郭家宏、王广坤：《论 19 世纪下半期英国的财税政策》，《史学月刊》2011 年第 8 期，第 79 页。

[2]　[英]阿萨·勃里格斯：《英国社会史》，陈叔平 译，北京：中国人民大学出版社 1991 年版，第 346 页。

代的税制理论。但因当时中国的特殊社会状况，中国晚清税制理论中对西方现代税收理论的认知大多还处于介绍阶段，在实践中真正推行的不多。后因1911年辛亥革命的爆发，晚清税制现代化改革的尝试被中断，民国时期，中国的税制开始逐渐现代化。

一、中国封建传统的税制理论

与英国"共同利益""共同需要""共同同意"的赋税基本理论不同，受高度集中的皇权专制制度的影响，中国封建社会传统的税制理论是"普天之下，莫非王土；率土之滨，莫非王臣"。皇权一人独大，掌握一切税收大权。这种状态一直持续了2000多年。因此，在中国老百姓的观念中，皇帝征税、臣民纳税都是天经地义的，税权的概念在中国封建社会老百姓的心中是没有的，至多在赋税沉重时有"苛政猛于虎"的愤慨和揭竿而起的反抗。权利和同意这样的概念和理论是从来没有被认识到的，自然也就不会有税权、同意这样的赋税理论。

二、近代西方现代税收理论的介绍和引入

鸦片战争后，伴随着列强的侵略，中国封建传统的税制理论在继续保留原有的特点之外，又加入了新的因素，那就是近代西方现代化税收理论和税收思想的推介和引入，由此在一定程度上推进了中国税制理论的转型。但因受多种因素的影响，晚清对西方税制理论的继承主要局限于翻译和介绍阶段，尚未形成整体的解决方案。尽管如此，晚清政府及社会各阶层对西方税制理论的推介和引入给中国传统的税制理论注入了新鲜血液，这主要体现在重商派、洋务派、维新派及清末立宪的税收思想中。

1.重商派对近代西方现代税收理论的倡导

19世纪中期以后，中国出现了一批倡导发展工商业、改革税制弊端的重商主义思想家和经济学家。这些人中大部分有国外学习经历，对西方资本主义有切身体会，受资本主义的影响，他们认为近代中国屈辱地位的改变需要依靠工商业，国家要在经济生活中发挥干预作用，而要促进中国资本主义工商业的发展，就需要对传统的税制及税制的弊端进行改革。其主要代表有王韬、马建忠、郑观应、薛福成、陈炽等，这些重商派思想家提出轻征工商业赋税、改革厘金弊端、争取关税自主、建立促进资本主义工商业发展的现代化税制思想。

第一，在发展商业、贸易及轻征工商税方面。为发展商业、繁荣贸易，重

商派提出了轻征工商税的主张。对此，王韬在借鉴西方税制的基础上，提出要重视商业的发展，强调："贸易之道广矣哉，通有无、权缓急、征贵贱、便远近，其利至于无穷，此固尽人而知者也。"[①]而要促进商业和贸易的发展，首要的是要建立有利于工商业和贸易发展的税制，为此，王韬认为应对商贾实行轻税政策，"商不重征、贾不再榷"，如此才会"各勤其业，争出吾市，则下益上富，其财岂有匮乏哉"。[②]马建忠则首先指出贸易对国家富强的重要作用，认为"治国以富强为本，而求强以致富为先"，对西方各国"考其求富之源，一以通商为准"。通商要出口大于进口才能获利，"通商而出口货溢于进口者利，通商而进口货溢于出口者不利"。马建忠认为扩大对外贸易是促进中国富强的重要渠道，"欲中国之富，莫若使出口货多，进口货少。出口货多，则已散之财可复聚。进口货少，则未散之财不复散"。[③]

第二，在改革厘金弊端或裁撤厘金方面。太平天国农民起义后，清政府传统的"奏销制度"因战争不能正常运转。为筹集军费计，清政府于1853年开征厘金税，厘金税的种类繁多、税率不一、税负沉重，不仅严重阻碍了国内工商业的发展，而且加重了老百姓的负担，弊端百出。对此，王韬主张裁撤厘金，革除厘金的弊端。马建忠、薛福成、郑观应等重商派思想家也主张裁撤厘金，革除其弊端。

第三，在争取关税自主、实行关税保护问题上。鸦片战争之后，中国逐渐失去了关税自主权，实行协定关税（实由列强主宰）。众所周知，关税事关国家主权，起到保护国家主权和利益不受侵害的作用。但近代的中国关税和海关因列强的侵略和掌控而失去了这一功能，严重损害了中国的国家主权和国家利益。对此，马建忠提出要实行有区别的关税保护政策，认为，对于出口货物要实行轻税政策，而对于进口货物则要征收重税。不仅如此，还应针对不同的进口货物区分征税，税率从5%到30%不等。除主张实行关税保护、区别征收进口税外，马建忠还主张关税自主，反对协定关税，强调关税平等的重要性，要求对洋商和华商同等课税。

郑观应也强调保护关税的重要性，认为中国的海关由外国人掌握对中国不

---

① 王韬：《代上广州府冯太守书 // 弢园文录外编：卷10》，北京：生活·读书·新知三联书店1998年版。

② 王韬：《代上苏抚李宫保书 // 弢园尺牍》，北京：生活·读书·新知三联书店1998年版。

③ 马建忠：《富民说 // 适可斋记言》，卷1，北京：中华书局1960年版。

利，反对外人操纵中国海关总税务司，提出改革关税征管制度，收回海关的行政管理权。陈炽也主张关税自主，但与王韬、郑观应、马建忠的观点不同，陈炽主张贸易自由，反对重征进口税，认为进口税中不利于工商业的发展。

由上述重商派的税制思想可见，重商派思想家们为强国计，主张发展资本主义工商业，实行关税自主，裁撤厘金，改革中国传统税制的弊端等。这些为近代中国税制现代化提供了新思路，有利于促进中国税制由传统向现代的变革。

2.洋务派对近代西方现代税收理论的引入

19世纪60到90年代，为维护自身统治，统治阶级内部的一部分官员意识到要"求强""求富"必须实行变革，由此在中国掀起了洋务运动。在税制问题上，洋务派也进行了一系列探索，陈述了各自的税制思想。其中，以曾国藩、左宗棠、郭松焘、李鸿章、张之洞和盛宣怀等为主要代表，他们的税收思想虽各有侧重，但都主张学习西方税制，发展工商业，实现自强和求富的目的。概而言之，洋务派的税制思想大致有如下几个主要方面：

第一，强调工商税的重要性，主张减轻工商税，以"商战"兴国。鉴于近代中国积贫积弱的社会状况，洋务派的官员提倡学习西方的重商主义思想，强调工商税的重要性，主张政府减轻工商税，正确处理好利和义的关系。对此，曾国藩曾在其代表作《挺经》中说："大抵军政吏治，非财用充足，竟无从下手处。自王介甫以言利为正人所诟病，后之君子例避理财之名，以不言有无、不言多寡为高。实则补救时艰，断非贫穷坐困所能为力。叶水心尝谓，仁人君子不应置理财于不讲，良为通论。"曾国藩认为，国家应当与外国进行贸易往来，以获取更多财政收入，增强自身国力并与外国竞争。"吾以耕战二字为国，泰西诸洋以商战二字为国，用兵之时，则重敛众商之费；无事之时，则曲顺众商之情。众商之所请，其国主无不允。其公使代请于中国，必允而后已。众商请开三子口，不特便于洋商，并取其便于华商者。中外贸易，有无交通，购买外洋器物，尤属名正言顺。"[1]左宗棠也赞成发展工商业以增加国家财政收入、实现国家富强的税收政策，他说："轮船成则漕政兴，军政举，商民之困纾，海关之税旺，一时之费，数世之利也。"[2]李鸿章也主张发展工商业以自强求富："欲自

---

① 曾国藩:《挺经·虞实》，北京：中国言实出版社2014年版，第176页。

② 左宗棠:《左文襄公全集·书牍卷一》，刻本，光绪十六至十八年，第285页。

强必先裕饷，欲浚饷源，莫如振兴商务。"①

第二，提出要处理好税收在利国和利民问题间的关系。洋务派在倡导西方重商主义税制思想的基础上，还提倡要处理好税收在利国和利民间的关系。对此，郭松焘曾以英国为例进行说明，他表示："英国行政求便民，而因取民之有余以济国用，故其所设各官，皆以为民治事也，而委曲繁密，所以利国者，即寓于便民之中。""其国家与其人民交相比倚，合而同之。民有利则归之国家，国家有利则任之人民"，"西国赋税十倍于中华，而民无怨者"。郭松焘对西方的重商主义思想大加赞赏，认为，"泰西富强之业，资之民商，而其治国之经，权衡出入之数，期使其国所出之产，销路多而及远。国家用其全力护持之，岁计其所需以为取民之制"。②为此，郭松焘还提出要改良政治为发展工商业提供制度保障，他说："西洋立国，在广开口岸，资商贾运转，因收其税以资国用，是以国家大政，商贾无不与闻者"，官民之间，"无不通之情"，而中国"官民之气隔阂太甚。言富强者视以为国家本计，与百姓无涉；百姓又各怀挟私意，觑其利而侵冒之"。③

除上述提倡发展工商业、主张协调好税收在利国和利民间的关系外，洋务派的税制思想中还设立免税自由港、开征印花税、裁厘加税等主张。洋务派的主张是统治阶级寻求自我挽救的努力和尝试，在一定程度上促进了近代中国税制现代化的发展。

3.维新派对近代西方现代税收理论的号召

19世纪末以严复、康有为等为代表的资产阶级改良主义在中国掀起了一场自上而下的维新变法运动，维新派主张采行西法，改革政治制度，发展民族经济、革新税制等主张。其中，以严复的税收思想最为典型。严复在继承英国古典政治经济学税制理论的基础上，又结合中国的实际，提出了自己的税制主张，这点可从严复与亚当·斯密的税制思想比较窥见一斑。

第一，在税制理论上。如前所述，中国自秦建立起高度集中的中央集权专制制度后，皇帝、国家与政府三位一体，奉行"普天之下，莫非王土；率土之滨，莫非王臣"的治国理念。这一理念又渗透到税制理论中，成为中国古代皇

① 李鸿章：《议复梅启照条陈折//李文忠公全集：奏稿卷三十九》，上海：商务印书馆1921年版，第35页。
② 郭松焘：《郭松焘日记：第三卷》，长沙：湖南人民出版社1982年版，第345页。
③ 郭松焘：《郭松焘奏稿》，长沙：岳麓书社1983年版，第39页。

帝征税、臣民纳税的依据，这种理论必然会造成赋税名目繁多、税负沉重、征收随意等弊端，此弊端到19世纪末愈益严重。对此，严复给予严厉抨击："中国自秦以来，无所谓天下也，无所谓国也，皆家而已。一姓之兴，则亿兆为之臣妾。其兴也，此一家之兴也，其亡也，此一家之亡也。天子之一身，兼宪法、国家、王者三大人物，其家亡，则一切与之俱亡，而民人特奴婢之易主者耳，乌有所谓长存者乎。"①对中国和英国国家、政府官员与公民的关系，严复亦颇为欣赏英国："西洋之言智者曰：'国者，斯民之公产也，王侯将相者，通国之公仆隶也。'而中国之尊王者曰：'天子富有四海，臣妾亿兆。'臣妾者，其文之故训犹奴虏也。"②严复特别推崇英国由议会掌握税收大权的税制理论："国会既开，而王与有众，为日中之交易。王得赋财也，而民得其所欲有之权利，为例故，无变更，此议院始变之形式也。""故民权之成，亦以渐耳。上有所诺于民而不可食，有所约于民而不可负，食且负，民得据所守而责之，此民权之所以成也。"③严复认为人民缴纳赋税的义务与统治者保卫人民、治理社会的义务是对等的交换关系，如果统治者失职，人民可不必履行纳税义务，这点与英国的税制理论有共通之处。

当19世纪末严复将斯密的《国富论》译成《原富》时，在《原富》有关税制的描述中即反映了严复对斯密赋税思想的推崇。但同时我们亦应注意：因严复是生活在以孔孟之道为代表的传统文化中，所以，严复的税制理论思想中不免有迂腐的印记。如，他在推崇西方平等税制理念的同时，还用治人者和治于人者的观点解释中国皇帝征税的合理性及臣民纳税的不可逃避性。"盖自有论税以来，无如是之精要，而当于人心之公者矣。夫赋税贡助所以为国民之公职者，其义盖本于分工。民生而有群，徒群不足以相保，于是乎有国家君吏之设。国家君吏者，所以治此群也。治人者势不能以自养，于是乎养于治于人之人……故惟国家君吏有治众驭兵之权，亦惟国家君吏有责税发役之政，外此则残贼也。"④由上可见严复赋税思想中的落后因素。为此，有学者认为："以孔孟之道为代表的传统文化既是滋养他成长的摇篮，又是笼罩他墓地上空的阴霾。"⑤

---

① 王栻主编：《严复集》，第4册，北京：中华书局1986年版，第948—949页。

② 王栻主编：《严复集》，第1册，北京：中华书局1986年版，第36页。

③ 王栻主编：《严复集》，第4册，北京：中华书局1986年版，第922—935页。

④ ［英］亚当·斯密：《原富》，下册，严复译，北京：商务印书馆1981年版，第686页。

⑤ 陈越光、陈小雅：《摇篮与墓地——严复的思想和道路》，成都：四川人民出版社1985年版。

第二，在税制原则上。亚当·斯密在《国富论》中提出了著名的税制四原则，即：一、平等原则（The subjects of every state ought to contribute towards the support of the government, as nearly as possible, in proportion to their respective abilities. That is, in proportion to the revenue which the respectively enjoy under the protection of the state…In the observation or neglect of this maxim consists, what is called the equality or inequality of taxation.）[1] 意即，每个国民都应该在可能的范围内按照各自的能力纳税，也就是说，每个国民都应该按照在国家保护下享受的利益多少纳税。斯密认为，所谓赋税的"平等"抑或"不平等"，就看这一原则能否得到尊重还是被忽视。对斯密的这一税制原则，严复在《原富》中大加赞赏，将斯密的平等税制原则译为"平"。在他为平等原则所作的按语中，严复说："凡赋必视民力……抑将谓赋者以所受之保护多少为差，如斯密氏之自解，而以为最公者，则妇人孺子，国家之怀保最深……窃以谓欲通斯密氏所标之四例。必先明赋所从出，必有其余之一例而后可。"[2] 严复的这一表述体现了他的"赋在有余"的税制思想。同时，我们亦能看出严复税制思想中的人文关怀情愫，如他主张轻征赋税："国家责赋在民必有道矣。国中富民少而食力者多，必其一岁之入有以资口体供事畜而有余，而后有以应国课。使劳力者之所得，俸然仅足以赡生，则虽桑、孔之心计，秦、隋之刑减，适足启乱而已矣。故曰，民不畏赋，在使之出重而轻。"[3] 严复的这种人文关怀的税制思想与亚当·斯密非常相似，斯密曾说："我不太喜欢对穷人的必要支出带来影响的一切税收。这种税，根据情况的不同，不是压迫直接纳税的人们，便是改由财主加上高利息来缴纳，即改由穷人的雇主作为他们劳动工资的预支部分来缴纳。对穷人的奢侈品，例如对他们喝的啤酒及其他酒类的课税，只要不是过大到引起走私的程度，我非但不反对，反而认为那是节约法令中最好的措施。"[4] 由上可见，严复和亚当·斯密在有关赋税平等原则的思想中有诸多相似之处，他们都强调赋税的平等原则，同时又不忽视其中的人文关怀情愫。二、确实原则（The tax which each individual is bound to pay ought to be certain, and not arbitrary…The

---

[1] Adam Smith,*An Inquiry into the Nature and Causes of the Wealth of Nations.* 雷买利、康蓉审，杨桦 校，西安：陕西人民出版社 2005 年版，第 755—756 页。
[2] [英]亚当·斯密：《原富》，下册，严复译，北京：商务印书馆 1981 年版，第 687—688 页。
[3] [英]亚当·斯密：《原富》，上册，严复译，北京：商务印书馆 1981 年版，第 274 页。
[4] [英]约翰·雷：《亚当.斯密传》，胡企林、陈应年译，北京：商务印书馆 1992 年版，第 313 页。

certainty of what each individual ought to pay is a matter of so great importance, that a very considerable degree of inequality, it appears, I believe, from the experience of all nations, is not near so great an evil as a very small degree of uncertainty. ）① 意即，各国民应当完纳的赋税，必须是确定的，不得随意变更……据一切国家的经验，我相信，赋税虽再不平等，其害民尚小，赋税稍不确定，其害民实大。② 对此，严复在《原富》中译为"信"，即"赋必以信，信于时，信于多寡，信于疏数……故赋不信者，其吏必污，其民必病，欲不污不病，不可得也。信以赋民，国家所不可不谨守而力行之者也。吾尝遍观有国者之赋政，知不平民犹可忍也，至于无信，其民未有能忍之者矣"③。三、便利原则（Every tax ought to be levied at the time, or in the manner, in which it is most likely to be convenient for the contributor to pay it. ）④ 意即"各种赋税完纳的日期及完纳的方法，须予纳税者以最大便利"⑤。严复将之译为"便"，即"赋必便民。征收之时，输纳之法，皆当以最便于出赋之民为祈向"⑥。对税收的确实原则和便利原，严复并无详细论述，只是将亚当·斯密的思想直译过来，可见其对此二原则的赞成之意。四、节省原则（Every tax ought to be so contrived as both to take out and to keep out of the pockets of the people as little as possible, over and above what it brings into public treasury of the state）⑦，意即，"一切赋税的征收，须设法使人民付出的，尽可能等于国家所收入的"⑧。严复将这一原则译为"核"，即，"赋必核实，国之所收，与民之所出，必使相等"⑨。此赋税原则与斯密的原则有相通之处，但有一点要注意，因当时的中国正处于被列强瓜分的状态，再加上清末政府的财政危机及

---

① Adam Smith,*An Inquiry into the Nature and Causes of the Wealth of Nations*. 雷买利、康蓉审，杨桦 校，西安：陕西人民出版社 2005 年版，第 755—756 页。

② [英] 亚当·斯密：《国民财富的性质和原因的研究》（下卷），郭大力、王亚南译，北京：商务印书馆 2009 年版，第 384—385 页。

③ [英] 亚当·斯密：《原富》，下册，严复 译，北京：商务印书馆 1981 年版，第 689 页。

④ Adam Smith,*An Inquiry into the Nature and Causes of the Wealth of Nations*. 雷买利、康蓉审，杨桦 校，西安：陕西人民出版社 2005 年版，第 755—756 页。

⑤ [英] 亚当·斯密：《国民财富的性质和原因的研究》（下卷），郭大力、王亚南译，北京：商务印书馆 2009 年版，第 384—385 页。

⑥ [英] 亚当·斯密：《原富》，下册，严复 译，北京：商务印书馆 1981 年版，第 689 页。

⑦ Adam Smith,*An Inquiry into the Nature and Causes of the Wealth of Nations*. 雷买利、康蓉审，杨桦 校，西安：陕西人民出版社 2005 年版，第 755—756 页。

⑧ [英] 亚当·斯密：《国民财富的性质和原因的研究》（下卷），郭大力、王亚南译，北京：商务印书馆 2009 年版，第 384—385 页。

⑨ [英] 亚当·斯密：《原富》，下册，严复 译，北京：商务印书馆 1981 年版，第 689 页。

弊端，故而严复对清末税制弊端的批判较斯密更甚："大抵中国赋税之事，尽于'取下至多：而纳之府库者寡'二语。"对晚清的包税制和厘金制严复抨击甚多："中国货物之税，几无一而非牙课[①]矣。夫牙课者何？上收一定之额征，凡其有余，则承者之利是已。夫是之谓中饱，是之谓牙侩。而中国税不中饱、官不牙侩者谁乎？夫盐课之大固无论已，他若各口之钞关，各省之厘卡，主之者虽名为官，其实皆牙侩耳。此中国赋税，其大弊所以归于不核。多为沮梗，于国无利，于民大损，一不核也；制为中饱。民出者多，国得者寡，二不核也。此上下之所以交恶，而廉耻之所以益衰，举坐此耳。"[②] "厘金[③]者，天下之弊政也……中国十里一卡，百里一牙，疏密重轻，毫无定制……且赋民无法，则上之所益有限，而下之所损至多。合天下而计之，则国财之耗于无形者不少。"[④]晚清中国的厘金无一不征，税率又高，厘金税的税率一般都在 5% 以上，再加上营私舞弊，国家最终所得无几。据户部奏称"厘金收入十分之中，耗于吏仆者三，耗于官绅者三，此四分，中，又去其正费若干，国家所得无几。"[⑤]

综上，在有关税制原则的认识上，严复抨击了中国封建社会税制的种种弊端，主张税制征收中的"平""信""便""核"，这点与斯密的税制四原则（平等、确实、便利、节俭）基本相同。严复的税制思想为中国现代化税制的建立起了启蒙作用。

第三，在赋税用途上。亚当·斯密认为，赋税的来源有四：一、地租；二、资本；三、工资；四、无区别地加在各种收入上的税（The private revenue of individuals arises ultimately from three different sources; Rent, Profit and Wages. Every tax finally be paid from someone or other of those three different sorts of revenue, or from all of them indifferently）。[⑥]对于这四种税收，我们且来细论严复与斯密的认识：

---

① 牙课原指牙行（居间买卖的商人）所课之税，清末因政府权力萎缩，课税能力减弱，因而税收减少。补救之策，是和地方大商人合作，由商人包税，年缴定额给政府，而政府授权由商人代国家执行税收。行久之后，地方税多由牙侩执行。——参见赖建诚：《亚当·斯密与严复：〈国富论〉与中国》，杭州：浙江大学出版社 2009 年版，第 117 页。

② [英]亚当·斯密：《原富》，下册，严复 译，北京：商务印书馆 1981 年版，第 749 页。

③ 厘金：厘金制，创于咸丰年间，初仅权宜之计，其后变本加厉，百弊众生。

④ 王栻：《严复集》，第 1 册，北京：中华书局 1986 年版，第 76 页。

⑤ 王志瑞：《中国赋税史》，北京：中国财政经济出版社 1998 年版，第 203 页。

⑥ Adam Smith, *An Inquiry into the Nature and Causes of the Wealth of Nations*. 雷买利、康蓉 审，杨桦 校，西安：陕西人民出版社 2005 年版，第 755 页。

第一项：地租税即加在土地地租上的赋税（Tax upon rent, tax upon the rent of land. A tax upon the rent of land may either be imposed according to a certain canon, every district being valued at a certain rent, which valuation is not afterwards to be altered; or it may be imposed in such a manner as to vary with every variation in the real rent of the land, and to rise or fall with the improvement or declension of its cultivation.A land tax which, like that of great Britain, is assessed upon each district according to a certain invariable canon）。① 斯密认为，英国征于土地地租的税收可分为定额征收及按土地生产物的比例征收两种。在英国，土地税的征收属前一种，即是固定的、永久的税，它不随地租的增加而加高。② 而地租是根据土地改良的程度而厘定的。所以，英国土地虽然有了新的改良，但土地税仍然依照旧额，所以，英国农业主及农民的税收负担从未曾有很重，且英国政府还实行了许多惠农政策（如农业补贴、《谷物法》等）。与英国的土地税不同，中国土地税的征收属于第二种，即地租依据土地生产物的比例而征收。正如斯密所言，亚洲（包括中国）君主们特别关心土地的改良，因为他们期待土地生产物能为他们提供足够多的税收（In China, the principal revenue of the sovereign consists in the tenth part of the produce of all the lands of the empire….In Asia, this sort of land-tax is said to interest the sovereign in the improvement and cultivation of land. The sovereign of china is said accordingly to have been extremely attentive to the making and maintaining of good roads and navigable canals, in order to increase both the quantity and value of every part of the produce of the land, by producing to every part of it the most extensive market which their own dominions could afford）。③

第二项：利润税即加在资本收入上的赋税（Tax upon profit, or upon the revenue arising from stock）。

第三项：劳动工资税（Taxes upon the wages of labour）。

第四项：原打算无区别地加在各种收入上的税，即是人头税和消费品税（Taxes, which, it is intended, should fall indifferently upon every different species of

---

① Adam Smith,*An Inquiry into the Nature and Causes of the Wealth of Nations*. 雷买利、康蓉 审，杨桦 校，西安：陕西人民出版社 2005 年版，第 757—758 页。

② [英]坎南：《亚当·斯密关于法律、警察、岁入及军备的演讲》，陈福生、陈振骅 译，北京：商务印书馆 1997 年版，第 251 页。

③ Adam Smith,*An Inquiry into the Nature and Causes of the Wealth of Nations*. 雷买利、康蓉 审，杨桦 校，西安：陕西人民出版社 2005 年版，第 799 页。

revenue.The taxes which, it is intended, should fall indifferently upon every different species of revenue, are capitation taxes and taxes upon consumable commodities)。[①]

对上述四种赋税来源,严复在按语中称:"斯密氏之言税也,总论而外,分四支言之:一曰税于租者,二曰税于赢者,三曰税于庸者,四曰税于杂税。"[②]在论述资本税时,严复不主张对资本本身课税,而赞成只对资本所获利润课税。在论述工资税时,严复的观点与斯密有所不同,严复赞成有条件地征收工资税:"故力役受庸有三宜复,而必不可赋者焉,一曰所以食其功者,二曰所以复其学为是业之费也,三曰所以资其赢病衰老者。庸去是三而外,是谓有余,有余而取之于民生为无伤,分言之者也;亦于国财为不耗,合言之者也。是有余者,则斯密氏第一例所谓力也。"[③]严复对工资税征收的观点与斯密的观点相左,斯密不赞成对工资课税,斯密认为:对工资征税意味着工人的工资要提高,而这势必要由雇主来承担,由此不利于企业的发展及国家财政收入的增长。

由此可见,严复与斯密在税收来源的论述中既对斯密的相关思想赞成有加,同时又有自己的判断,其中更多兼顾了税收中的人文关怀情结。不仅如此,在如何避免逃税的问题上,严复与斯密的观点亦不一致。斯密认为一切皆要归于法律之下,严复则认为不应该靠政府的法令,而应靠人民的自觉。这点又暴露了严复的迂腐及落后。

在对税收用途的论述中,严复与斯密的观点非常相似。斯密认为赋税的主要目的是给国家或社会提供充足的收入,使公务得以进行,[④]即赞成赋税在为国家提供财政收入的同时,还要惠及民众。对此,严复说:"国家之赋其民,非为私也,亦以取之于民者,还为其民而已……"[⑤]严复的话揭示了国家征收赋税的宗旨是取之于民,用之于民,也就是国赋为公,这种观念对封建主义的赋税观念是一大挑战,对中国现代化税制的建立有很重要的引导作用。

综观以上,19 世纪末当中国陷入民族危机的时刻,严复作为为时代忧心的进步人士努力寻求挽救国家危亡、寻求国家富强的"良药"。在这样的背景下,

---

① Adam Smith,*An Inquiry into the Nature and Causes of the Wealth of Nations*. 雷买利、康蓉 审,杨桦 校,西安:陕西人民出版社 2005 年版,第 799 页。

② [英]亚当·斯密:《原富》,下册,严复译,北京:商务印书馆 1981 年版,第 686 页。

③ [英]亚当·斯密:《原富》,下册,严复译,北京:商务印书馆 1981 年版,第 687—688 页。

④ [英]亚当·斯密:《国民财富的性质和原因的研究》(下卷),郭大力、王亚南译,北京:商务印书馆 2009 年版,第 1 页。

⑤ [英]亚当·斯密:《原富》,下册,严复译,北京:商务印书馆 1981 年版,第 724 页。

有留学英国经历且又亲眼见到英国繁荣、强盛事实的严复，将亚当·斯密的《国富论》奉为治世经典，并将之引入中国。在对斯密古典政治经济学介绍的同时，严复非常赞赏斯密有关税制的观点，并在《原富》中加了许多按语进一步表达了自己的观点。其中既有对斯密税制思想的继承同时又有自己的认识。

在对税制理论的表述中，因中英两国自古以来形成的税制理论的差异，斯密更加主张赋税的法律依据，因为英国自中世纪以来就形成了"无议会同意不得纳税"的"王在法下"的税制理论，这一理论经过累世传承而被英国视为不可动摇之真理。中国则不同，因中国自古以来形成的封建专制中央集权政体，皇帝集立法、行政、司法权于一身，这势必导致中国封建社会赋税的诸多弊端。有鉴于此，严复对中国的税制弊端大加抨击，认为应该借鉴英国的税制理论，建立议会掌握税权的赋税制度。但有一点要注意，那就是严复在介绍斯密税制的同时，对如何防止逃税的问题却主张不是依靠政府的法令，而是依靠民众的自觉防止逃税。这又体现了严复思想的保守。

在对税制原则的论述中，严复对斯密的"平等""确实""便利""节省"四原则推崇备至，并将之译为"平""信""便""核"，并在《原富》中加了诸多按语进一步解释。在对赋税来源及用途的论述中，严复和斯密都认为赋税的主要目的是为国家提供财政收入，同时要注意赋税要取之于民、用之于民。但在具体论述中，严复又表达了不同于斯密的观点，比如，在对劳动者的工资课税方面，斯密不主张对工资课税；而严复则不同，严复主张对劳动者的工资征税，只不过他提出了限制条件，即，不对用于生活必需品、教育及治病养老的那部分工资课税，这是严复税收思想中的人文关怀情结。但严复在论述赋税来源的时候其分析国民必须纳税的视角又与斯密不同，斯密是根据每个国民在国家保护下享得的好处的多少而向国民征税；严复则是从治人者与治于人者的不同分工进行阐述的，从中我们又可看到严复思想中的迂腐、落后。不仅如此，斯密在论述税制原则时的第一要义是从个人从国家享受利益的多少论述国家利益的。而严复则更加注重国家的利益，强调国民对国家赋税的纳税义务。此点正如史华兹所言："在《国富论》的全部章节中，斯密对从全社会每个个人的经济利益来考虑的'公众幸福'的关心绝对超过了对国家力量这一目标的关心和考虑。在严复的译著《原富》的按语中，对民生问题的关心也绝不少，但更直接关心的是国家力量问题……严复思想的宗旨是国家的富强。"①

综上,严复在19世纪末介绍斯密的经典著作对当时急于寻求出路的中国可谓一剂"良药"。只是,由于严复所处的时代与斯密所处时代不同,19世纪中后期的中国,经济结构上还是以农业为主,社会上保守意识浓厚,工商业很不发达,民族资本主义和民族资产阶级尚处于初步发展阶段,其无论是在政治地位上还是在经济实力上都还不能与封建的政治经济势力相抗衡。故而,严复在当时的情况下引入西方税制思想在当时的实践中作用不大,是以才有学者说严复"找错了医生,开错了药方"。但我并不认同这一观点,严复在国家危亡时刻将当时世界最先进的英国的治世经典引入中国,无异于给处于黑暗中的中国和国人带来了光明和希望,正是在这一希望指引着后世的国人不断寻找和改革,最终建立了今日有规范、有秩序的现代化税制。

4. 20 世纪初清政府立宪中的税制现代化改革

20世纪初,为挽救自身统治危机,清政府对全国财政进行全面清理,派载泽等五大臣出国考察宪政。在税制方面,1907年清政府颁布了《清理财政章程》,准备建立现代预算制度。1909年提出清理财政的六大措施。1910年,试行全国财政预算,这是近代中国历史上第一个具有现代意义的预算。清末立宪派的这些税制主张及政策对近代中国的税制现代化产生一定影响,但因20世纪初辛亥革命的爆发而未曾付诸实践。

综上,鸦片战争以后,在列强的侵略下,中国逐步沦为半殖民地半封建社会,成为列强攫取利益的对象。在这一背景下,如何维护国家利益、实现国家富强就成为近代中国人的主要奋斗目标。有鉴于此,近代中国的维新派、洋务派、维新派和清末新政中的立宪派纷纷提出了自己的税制主张,这些主张虽因各自的立场不同而有差异,但都赞成要重视工商业发展,减轻商税负担,裁撤厘金,恢复关税自主,以增加国家财政收入与外国列强竞争,这些主张在一定程度上推进了西方先进税制思想在近代中国的传播和发展,为近代中国税制现代化提供了借鉴。遗憾的是,晚清时期上述学派的税制主张并没有形成系统、完整的税制理论,而且在实践中推行得也很少,这未免又在一定程度上迟滞了中国税制近代化的进程。

---

① [美]本杰明·史华兹:《寻求富强:严复与西方》,叶凤美 译,南京:江苏人民出版社 2010年版,第82页。

第三节　量入为出与量出制入：中英税制异向发展比较

"量入为出"和"量出制入"是中英税制的基本原则。在英国，中世纪至近代，"量出制入"虽还仅停留在理念层面，但在赋税实践中却已无数次实行过。在中国，自古代至近代，"量入为出"则是占统治地位的税制基本原则，"量出制入"虽也曾被提出和实行过，但大都是统治者为应对财政困境而采取的临时性措施。考察"量入为出"和"量出制入"在中英两国的不同发展及影响可见，中英两国不同的政治、经济制度、文化特点、法律习惯等对中英税制异向发展的重要影响。

一、"量入为出"和"量出制入"的内涵及历史演变

在中英两国的税制演变历程中，"量入为出"和"量出制入"[①]是两种非常重要的税制原则。[②]所谓"量入为出"，是指根据国家财政收入的情况确定财政支出的数额，以收入确定支出，多收多支，少收少支。所谓"量出制入"则是指政府根据支出的规模确定财政收入的数额，支出多则赋税增加，支出少则赋税相应地要减少。对此，顾銮斋教授认为："'量出制入'是指有出则有入，无出则无入，或有出则有征，无出则无征，具有'即征即用'的特点。"[③]历史上，"量入为出"和"量出制入"都曾是中英两国非常重要的税制原则，然，因两国国情的差异，"量入为出"和"量出制入"在中英呈异向发展状态。

在中国，自古代至近代，"量入为出"始终是占主导地位的赋税基本原则，

---

① 国内有学者称之为"量出为入"。中国学界关于"量出为入"和"量出制入"的内涵观点不一，大部分学者将二者等同，个别学者则认为"量出为入"和"量出制入"是有区别的，甚至是大不相同的。如，蒋大鸣认为，"量出为入"与"量出制入"虽仅一字之差，但二者的语义却有严格区别。"量出制入"中的"制"是控制、节制的意思，而"量出为入"中的"为"则只是根据国家财政支出需要来安排收入。因此，"量出为入"和"量出制入"的内涵是大为不同的，二者不能互相等同。——参见蒋大鸣：《"量出为入"与"量出制入"考辨》，《财政》1987年第1期；张晋武：《"量出为入"辩正》，《河北学刊》1995年第2期。

② 顾銮斋教授称之为赋税具体理论，周柏棣则将之看作会计制度，郭道扬则称之为财计理论、财政思想。——参见顾銮斋：《中西中古赋税理论中的一些概念及其界定》，《华东师范大学学报》（哲学社会科学版）2007年第1期；周柏棣：《中国财政史》，上海：上海人民出版社1980年版；郭道扬：《中国会计史稿》上册，北京：中国财政经济出版社1988年版。

③ 顾銮斋：《中西中古赋税理论中的一些概念及其界定》，《华东师范大学学报》（哲学社会科学版）2007年第1期，第5页。

为历届统治者所遵循。"量入为出"最早被提出是西周时期。《礼记·王制》曾记载："冢宰制国用，必于岁之杪，五谷皆入，然后制国用。用地大小，视年之丰耗，以三十年之通制国用，量入以为出。"① 这是中国古代对"量入为出"赋税基本原则的最早表述。战国时期，管仲进一步强调了"量入为出"的重要性，认为，"取于民有度，用之有止，国虽小必安。取于民无度，用之不止，国虽大必危。"② 西汉初，刘邦坚持实行"量入为出"原则。《汉书》曾记载："上于是约法省禁，轻田租，十五而税一，量吏禄，度官用，以赋于民。"③ 至唐代初期，唐太宗也基本上坚持"量入为出"的赋税基本原则，《旧唐书·食货志》曾有记载："先王之制，度地以居人，均其沃瘠，差其贡赋，盖敛之必以道也。量入而为出，节用而爱人，度财省费，盖用之必有度也。是故既庶且富，而教化行焉。"④ 安史之乱后，因财政困难，宰相杨炎遂提出了"量出制入"的赋税改革基本原则："凡百役之费，一钱之敛，先度其数而赋于人，量出以制入。"⑤ 这是中国赋税史上第一次明确提出"量出制入"的赋税基本原则。但因"量入为出"自提出之日起就被政府奉为"仁政"的标志，因此，杨炎的"量出制入"原则提出后即遭到陆贽的反对，陆贽坚决主张"量入为出"："生物之丰败由天，用物之多少由人，是以圣王立程，量入为出，虽遇灾难，下无困穷。理化既衰，则乃反是，量出为入，不恤所无。"⑥ 到宋代，统治者仍然坚持"量入为出"的赋税原则。王安石就非常强调"量入为出"的重要性，主张"因天下之力，以生天下之财，取天下之财，以供天下之费。"⑦ 到明代，明太祖朱元璋仍然强调"凡居处食用，必念农之劳，取之有制，用之有节，使之不苦于饥寒。若复加之横敛，则民不堪命矣"⑧，坚持奉行"量入为出"的税制原则。清初，统治者基本上承袭了明代"量入为出"的税制原则，以减赋节用。然而，到近代，尤其是晚清时期，在内忧外患下，传统的"量入为出"已远远不能满足开支所需。由此，晚清政府开始重视并提出"量出制入"的必要性和可行性，这标志着晚清政府"量出制入"税制原则登上历史舞台的开始。晚清时期"量出制入"与其说是

---

① 《礼记·王制》，十三经注疏本。

② 《管子·权修》。

③ 《汉书·食货志》。

④ 《旧唐书·食货志》。

⑤ [后晋]刘昫：《旧唐书·杨炎传》，第118卷，北京：中华书局1975年版。

⑥ [唐]陆贽：《翰苑集》，卷22，上海：上海古籍出版社1993年版。

⑦ 《王临川集·上仁宗皇帝言事书》。

⑧ 《明史纪本末·开国规模》。

对唐代杨炎"量出制入"税制原则的继承，还不如说是对西方财政理论（尤其是英国）的学习和引进。在"西学东渐"下，一批资产阶级改良派思想家受西方财税思想的影响，提出了"量出制入"的税制原则。王韬是中国近代史上提出"量出制入"税制原则的第一人，在考察英国财税制度时，王韬曾说："英国所征田赋之外，商税为重。其所抽虽若繁琐，而每岁量出以为入，一切善堂经费以及桥梁道路，悉皆拨自官库，借以养民而便民，故取诸民而民不怨，奉诸君而君无私焉"。① 此后，"量出制入"不断被宣传和倡导，就连晚清政府都不例外。例如，1873 年，内务府称："广储司银库例内尚无糜费，实因例外各款递有增加，量入为出实不敷用。"②1880 年，户部等认为："国家理财一政，行之无事之时较易，行之军兴之际实难。……发捻平后，西路、海防两处，用尤浩繁，一岁所入不足一岁之出，又十五六年矣。"有鉴于此，晚清时期，"量出制入"税制原则再次被提出和付诸实践，虽然这一原则仍然没有占主导地位，但"量出制入"的提出却促进了中国税制近代化的发展，推动了中国近代由"国家财政"向"财政国家"的转型，③ 为中国税制原则的现代化发展奠定了基础。时至今日，"量入为出"和"量出制入"已成为中国市场经济发展和现代化税制建设进程中不可忽视的两种基本税制原则，二者相互结合，互相促进，推动了中国税制现代化进程的发展。

与中国不同，在英国税制发展史中，从来就不曾有过"量入为出"的税制原则，英国赋税的征收从来都是有"出"才有"入"，无"出"则无"入"。因此，"量出制入"才是英国税制原则的基本指导思想。

综上，中国自西周以来就一直视"量入为出"为美德和仁政，视"量出制入"为苛政。"财政上开源之说，最为儒家所忌，且修改古人之陈法，更为儒家所切齿。"④ "量出制入"原则之所以会被提及和偶尔采用，则是因为传统的"量入为出"很难满足政府日益扩大的各项开支需求不得已而为之。与中国不同，"量出制入"则始终是英国政府所坚守的税制基本原则，这一原则在早期虽然并未见于文献表述，但在实践中却被历代英国国王和政府所坚持，成为英国税制的基本理念。

---

① 王韬:《弢园文录外编》，郑州：中州古籍出版社 1998 年版，第 178 页。

② 中国第一历史档案馆：录副档，同治十二年四月十四日内务府折。

③ 倪玉平:《从国家财政到财政国家——清朝咸同年间的财政与社会》，北京：科学出版社 2017 年版。

④ 刘秉麟:《近代中国外债史稿》，武汉：武汉大学出版社 2007 年版，第 277 页。

二、"量入为出"和"量出制入"在中英异向发展的原因

中英两国的不同国情决定了"量入为出"和"量出制入"的不同走向。概括而言，中英两国赋税基本理论、财产所有权、文化及经济发展水平的差异是导致"量入为出"和"量出制入"在中英异向发展的重要因素。

第一，中英两国赋税基本理论不同。中英两国的赋税基本理论自古代以来因国情、文化等差异而不同。就英国而言，早自中世纪始，英国国王就要"靠自己过活"[①]，所谓国王"靠自己过活"，是指国王主要依靠自己的王室领地和封建特权收入过活，这部分收入被称为国王的"正常收入"。除"正常收入"外，国王若要征税，取得"非正常收入"，即税收，就必须有正当而合理的理由并取得议会和纳税人的同意，这就是我们所熟悉的"共同利益""共同需要"和"共同同意"的赋税基本理论。这点早在1215年的《大宪章》中即有明确规定，除以下三种税金外（即国王被俘要缴纳的赎金、国王的长子被封为骑士和国王的长女出嫁），国王不得征收盾牌钱和协助金。若要征收，则要经过王国共同协商。协商的方式是以书信的形式逐个告知大主教、主教、男修道院院长、伯爵、大男爵在规定的时间（一般是开会前40天）和规定的地点召集会议协商。开会的原因也会在信中说明。[②]此后，《大宪章》又被反复确认多次。到13世纪议会产生后，议会逐渐控制了税权，国王要征收全国性的赋税则必须取得议会的同意。不仅如此，在赋税征收额上，国王也要与议会和纳税人协商，协商的结果是，要么纳税人直接拒绝国王的征税要求，要么国王在一定程度上妥协，降低税额。至近代，尤其是1688年"光荣革命"后，1689年的《权利法案》更是确立了议会至上和王在法下的君主立宪制，《权利法案》再次明确规定了不经议会同意国王不得擅自征税的赋税基本理论："凡未经议会允许，假借国王特权，或供国王使用而任意征税，超出议会允许的时间或方式，皆属违法。"[③]《权利法案》再次明确了英国国王要征税需遵循"同意"的原则，这是英国近代税制和国家公共财政确立的重要标志。此后，英国税制中"同意"的赋税基本理论经过累世传承而沿袭至今，成为英国赋税的基本理论。在"同意"的赋税基本理

①　张殿清教授称其为"国王财政自理原则"——参见张殿清：《国王财政自理原则与英国赋税基本理论——都铎王朝末期突破国王财政自理原则的实证考察》，《华东师范大学学报》（哲学社会科学版）2007年第1期。

②　Harry Rothwell，*English Historical Documents,1189-1327*,London:Eyre & Spottiswoode,1975，p.318.

③　Andrew Browning,*English Historical Documents,1660-1714*,Eyre & Spottiswoode,1953,p.123.

论下,"量出制入"也就呈现出与赋税基本理论一致的特征。

在中国,自古代至近代,中国赋税的基本理论因高度集权的皇权专制制度决定了其基本特点,即"宗法制、家天下和王土王臣说"①。所谓"普天之下,莫非王土,率土之滨,莫非王臣"②即是对封建社会中国赋税基本理论的经典表述,在这一赋税基本理论下,国王对全国的人、财和物拥有绝对的控制权,自然也包括税权,皇帝或官府征税从不征求纳税人的意见。受这种赋税基本理论的制约,"量入为出"始终占主导地位,为历代统治者所尊奉并被儒家思想所颂扬。孔子赞同"量入为出"税制原则,认为这符合统治者实行"仁政"的理念,可以用财政收入的有限性来约束统治者的奢侈和浪费。此后,"量入为出"就成为轻税、节用和仁政的重要标志为历代统治者所尊奉并居主导地位,而"量出制入"则被视为苛政为统治者所厌弃。

第二,中英财产所有权的规定和体现不同。在中国皇权社会中,皇帝将所有的国民和土地视为自己的私产。对此,王毓铨认为:"民众的人身都是属于皇帝的,所以皇帝可以役其人身,税其人身,迁移其人身,固着其人身。只要他身隶名籍,他就得为皇帝而生活而生产而供应劳役。……在古代中国的编户齐民中,自由和独立的事实是不存在的,可能连这两个概念也没有。"③在这样的专制体制下,中国的农民不仅没有私有财产权,而且也没有拒绝纳税的权利,甚至农民自己都从不曾对自己的税权提出过质疑。由此,中国的皇帝可以按照自己的喜好决定是遵循"量入为出"还是实施"量出制入"的税制原则。

与中国不同,英国国民拥有神圣不可侵犯的私有财产权,国王或政府对国民征税实际上是对国民一部分私有财产的剥夺。因此,在英国赋税史上,国民的财产所有权与税权是密切相关的,这点自中世纪时期就有明显表现。中世纪时期,财产所有权主要包括土地和各类农工商等动产的所有权,赋税的主要来源也是上述各种收入,其中,农工商等动产收入是主要的。这些赋税是以国民牺牲自己财产权的一部分获得的,所以,国王要获得上述赋税,就要付出一定的牺牲或以一定的条件交换,给国民以补偿。由此,纳税人趁机提出税权及税权的归属问题也就很必然了。

第三,中英两国文化的差异。封建社会的中国,社会制度的基本特征是高

---

① 参见顾銮斋:《中西中古税制比较研究》,北京:社会科学文献出版社2016年版。

② 《诗·北山》,十三经注疏本。

③ 杜树章:《中国皇权社会的赋税研究》,北京:中国财政经济出版社2009年版,第72页。

度集权的皇权专制制度，这一制度背后的决定因素是中国传统文化根深蒂固的影响。在中国传统文化中，以孔子为代表的儒家思想是中国传统文化的代表。自"量入为出"税制具体理论首次被提出后，孔子就对其大加赞赏、大力推崇，奉"量入为出"为"仁政"，提倡政府奉行此原则。孔子认为，"量入为出"赋税具体理论的实行可以实现"节流"和"藏富于民"。孔子的这一主张受到中国历代统治者的推崇。此外，在儒家"三纲五常"的思想和文化影响下，国民对皇帝和自己的"权利"与"义务"没有明确的认识。中国封建社会国民认为，皇帝是拥有一切权力的最高统治者，他拥有全天下的人、财和物，因此，皇帝征收赋税也是理所当然的，税项的确立、税率的高低和税额的确定等皆由皇帝一人决断。至于国民自身，则只有纳税的责任和义务，而没有抗税的权利。所以，回顾中国赋税的发展历程可见，从未见中国封建社会的国民对皇帝的征税权提出过质疑，也从未见国民对自己的税权提出过要求。

与中国不同，自中世纪以来，同意、契约、分权等原则就已经成为英国文化中必不可少的因素。以中世纪以来习惯法的遵循和实行为例，早在罗马法中就已经有"涉及众人之事应由众人决断"的规定，而集体决议则一直是日耳曼人的传统。罗马法的"众人之事由众人决断"及日耳曼的集体决议传统在中世纪的历史沿革中被保留下来，再加上经院哲学家的论述和认可，就成为包括王室在内的各利益集团都认可的理论。对此，埃利斯·桑德斯说："英格兰先后经过了罗马人、不列颠人、丹麦人、盎格鲁-撒克逊人及诺曼人的统治。在这一进程中，王国及他们的国王们基本上沿用了长期已有的习惯而进行不间断的统治。"[①] 可以说，源自罗马法和日耳曼人习惯的"同意"原则，再加上中世纪封君封臣制下封建法对"同意"的规定，中世纪"共同同意"原则便成为国王、贵族、骑士、市民、教士、商人等利益群体一致认同的赋税基本理论。在"同意"的赋税基本理论下，"量出制入"自然也就成为基本理论制约下的赋税具体理论而为英国所遵循。

第四，中英两国经济发展水平的差异。在古代和近代中国，农业是中国经济发展的基础，"以农立国"是统治者的基本治国理念。因此，那时中国财政收入的主要来源是农业的收入，即田赋收入。由此，田赋、盐税和关税收入被称为封建中国政府财政收入的三大支柱，工商税和关税所占比重很小。倪玉平将

---

① Ellis Sandoz, *The Roots of Liberty:Magna Carta,Ancient Constitution and the Anglo-American Tradition of Rule of Law,* Columbia and London:University of Missouri Press,1993,p.11.

之定义为"农业型财政":"这一时期的指导思想是'量入为出',基本保持略有盈余的状态。财政收入以地丁钱粮为大宗,占全部收入的一半以上,手工业税、商业税所占比例极小;财政开支方面,则以军饷、河工、皇室开支为大项。国家对财政的管理,是以满足基本开支为需要的,很少考虑利用财政来调节社会经济发展,引导部门产业发展,简言之,可以将其概括为传统的、保守的农业型财政。"[①]中国这种以农业收入为主的田赋收入因农业发展水平和农业生产水平的限制而难以有所突破。这是因为,在以农业为主的经济中,国家财政收入是以粮食等实物为主的田赋收入,这部分收入因受农作物生长周期和农作物产量的限制而弹性较小,因农业收入基本是固定的、可预测的,因此,这部分收入缺乏弹性,也由此限制了政府的税制原则基本上采取"量入为出",而非"量出制入"。

与中国不同,英国自中世纪中后期以来,其财政收入的主要来源已不再是农业税,而是工商税逐渐取代农业税而成为主体性税种,到16、17世纪,西方王权空前强大,税制业已完备。随着英国对农业课税的下降,政府必然将课税重心转移到其他税项,依据当时的具体条件,这种税项只能是以关税为主体的商税。此后,随着商品经济的发展,商税最终成为税收的主体并最终占主导地位。[②]以关税为例,自都铎王朝至斯图亚特王朝,英国的关税收入大幅增长,据统计,1590年,英国的关税收入为50 000镑,1604年为127 000镑,1613年为148 000镑,1619年为284 000镑,1623年为323 000镑,1635年为350 000镑。[③]由此可见,到斯图亚特王朝统治时期,仅关税收入大幅增长,构成政府财政收入的大部分。近代以来,伴随着英国商品贸易和资本主义经济的发展,"以商立国"成为英国经济发展的指导思想。英国这种以商业收入为依托的财政收入结构比中国以农业收入为主的财政结构具有更大的弹性和增长空间,因此,以商税为主的财政收入结构自然也就不必恪守"量入为出"的税制原则了,相反,英国政府可以根据支出的情况来安排收入,由此,"量出制入"就成为英国

---

① 倪玉平:《从国家财政到财政国家——清朝咸同年间的财政与社会》,北京:科学出版社2017年版,第1页。

② 顾銮斋:《西欧农业税现代化之旅》,《经济—社会史评论》,第二辑,天津:天津师范大学出版社2006年版;顾銮斋:《中西中古社会赋税结构演变的比较研究》,《世界历史》2003年第4期;滕淑娜、顾銮斋:《由课征到补贴——英国惠农政策的由来与现状》,《史学理论研究》2010年第2期。

③ S.Dowell, *A History of Taxation and Taxes in England*, Vol.1, p.195.

占主导地位的税制基本原则了。

综上所述，自古代至近代，因中英两国在赋税基本理论、财产所有权、文化及经济发展水平上的差异，导致了两国税制具体理论的异向发展。在中国，"量入为出"为历代统治者所尊奉成为占主导地位的赋税基本原则，"量出制入"只不过是应急之需；在英国，"量出制入"则始终是政府所遵行的唯一的税制原则。"量入为出"和"量出制入"税制原则在中英的异向发展对两国的国家体制的发展产生了重要影响。

三、"量入为出"和"量出制入"对中英国家体制的影响

"量入为出"和"量出制入"在中英税制演变过程的不同发展历程和地位对两国的国家体制产生了不可忽视的影响。

第一，"量入为出"和"量出制入"对中英政治体制的影响。在英国，自中世纪以来，英国国王在征税时其权力就是有明确规定和限制的。封君封臣制度下，英国国王除依据封君的身份获得封臣的税收外，其他封建非常税和国税的征收都要与相关代议机构协商并获得纳税人同意。尤其自13世纪议会产生后，议会逐渐控制了税收大权。至近代，纳税人或议会通过所掌控的税权，敲开了国家权力的大门，有力地促进了英国议会君主制的形成。1688年"光荣革命"后，1689年的《权利法案》又对国王的税权限制和议会对税权的掌控做了明确的法律规定。"量出制入"税制原则对国王税权的制约和议会税权的确定促进了英国议会君主制度的形成，并在很大程度上促进了英国文明的发展和税收法定原则的确立，这种原则在经历了中世纪后被继承和发展，为近代各国议会代议制国家体制的建立奠定了基础。与英国不同，古代至近代的中国，皇权从来都不曾受税权制约，皇帝如何征税、征多少税等与赋税相关的问题皆由皇帝一人做主，其他官僚机构及其成员都是为皇帝服务的，是皇帝治国的代理人而已。由此，是采用"量入为出"还是"量出制入"的税制原则也由皇帝一人掌控，若统治者想要保持"节用""爱人"和"藏富于民"的"仁君"形象，他往往会遵行传统的"量入为出"的税制原则；但当统治者面临政局动荡不稳、财政困窘之时，传统的"量入为出"已不能满足财政支出的急剧增长之需，统治者便会根据财政支出的情况采用"量出制入"的税制原则。如此，"量入为出"也好，"量出制入"也罢，都不曾由纳税人主导，更无任何代议机构曾为纳税人争取税权。由此，中国的皇权专制政治制度更是日益加强，这点与英国税制促

进了议会君主制政治制度的形成有着根本的不同。

第二，"量入为出"和"量出制入"对国家代议机构和法律体系的影响。在英国，"量出制入"税制原则促进了英国议会中心原则和税收法定原则的确立。所谓议会中心原则，是指赋税的征收、支出等都要经议会同意并以法律形式加以确定。因此，有学者认为："议会成为国王和国民财富之间能够打开蜜罐的最强有力的控制者。"① 与议会中心主义原则相匹配，议会对税权的控制是通过宪法和法律的规定体现出来的，这就是税收法定原则。税收法定是指赋税的征收和纳税的进行都要依法而行，政府不可随意、任意课征，纳税人亦要依法纳税。也就是说，赋税定于宪法和法律，无法就无税，宪法和法律是政府制税、用税的依据和保障，若没有法律保障，任何个人和机关的征税行为都属非法。在这一关系中，法律又是由议会创制的，所以，议会中心主义和税收法定原则也是税权及其归属问题中的应有之义。综观中世纪欧洲各国赋税的演变历程，各国国王在赋税问题上都不可随意为之，赋税的征收、税种的设置、税率的高低、税额的确定等都要依法而行，非个人任意为之。中国则不同，因受"普天之下，莫非王土，率土之滨，莫非王臣"基本治国理念的影响，皇权专制中国的赋税制度与英国的赋税制度之间有着本质的不同。英国赋税的征收基本是用于公共目的和公共开支，皇权社会中国的赋税制度却具有鲜明的私家性特点。由此，"量入为出"和"量出制入"的税制基本原则都不能对王权形成约束，赋税的征收也从不曾对皇权有任何限制，因此，在古代至近代的封建中国，从不曾存在制约王权的代议机构，也从不曾出现为纳税人利益与王权相抗衡的任何政治组织，更不用说用法律来制约皇帝的税收大权了。

第三，"量入为出"和"量出制入"对纳税人"同意原则"的影响。税收是国家（政府）为实现公共财政职能而通过专门机构对一国居民或非居民的财产或行为征收的一部分收入。由于税收是"人民须拿出自己一部分私的收入，以补充国家公的收入"②，对此，孟德斯鸠说："所谓国家的收入指的是每一位公民所付出的自己一部分的财产，其目的在于保证公民剩余财产的安全，或者愉悦地支配这些财产。"③ 这种对公民财产的保障是通过对税权的约束来实现的。纳

---

① J.R.Maddicott,*The Origins of the English Parliament,924-1327*,Oxford:Oxford University Press, 2010,p.172.

② [英] 亚当·斯密：《国富论》，下册，郭大力、王亚南 译，上海：上海三联书店2009年版，第317页。

③ [法] 孟德斯鸠：《论法的精神》，彭盛译，北京：当代世界出版社2008年版，第102页。

税人主权是税权制约的题中应有之义，纳税人对财产所有权的掌握和私有财产不可侵犯的原则是纳税人主权的基本前提。在此前提下，英国形成了自中世纪以来国王征税要取得国民或代议机构同意的赋税基本理论。中世纪欧洲各国国民对财产权的维护和对国家税收权的控制促进了议会君主制的形成，同时，这一制度又为公民的财产权提供了制度保证，二者相辅相成，缺一不可。这在英国的税收实践中得到了体现。历史实践中，近代以来，英国以财产权控制税权的方式开启了税收现代化之旅。在中国，在"家天下和王土王臣"说的制约下，老百姓（纳税人）无任何权力可言，税权自然也包括其中。因此，综观中国古代至近代的赋税演变历程可见，因受皇权专制体制和"三纲五常"儒家传统文化的影响，中国的老百姓从不曾对自己的税权提出过要求，也从不曾对皇帝的税权提出过质疑，尽管他们也常常因苛捐杂税而反抗和起义过，但作为一种对自己财产权的合理保护和争取，他们从不曾作为一个群体在理论上阐述过和争取过。由此，"同意"的赋税基本理论也就从不曾在中国古代至近代的税制理论和税收实践中出现和实行过。

综上所述，自古代至近代的中国和英国，"量入为出"和"量出制入"税制原则对两国的国家体制产生了不同的影响。在英国，"量出制入"促进了议会君主制的形成，确立了议会至上和王在法下的原则，促进了税收法定原则的实践，保障了纳税人利益至上原则的实行等。可以说，"量出制入"税制原则促进了英国税制现代化的发展和近代国家公共财政体制的形成。与英国不同，"量入为出"和"量出制入"在中国则呈现出完全相反的发展趋势，在高度集中的皇权专制制度下，古代至近代的中国并未形成对王权进行制约的相关政治制度和法律保障，也未能形成对纳税人利益进行保护的任何机制。虽然在晚清时期，因内外交困及西方文化的影响，晚清政府也进行过一些税制改革，"量出制入"的税制原则虽曾经被提出和实行过，但那时的"出"却不似英国的"出"，英国的"出"大多是为公共利益而实行的公共开支，是有限制的；晚清时期的"出"则主要是战争赔款、政府开支等，不仅数额急剧增长，且税目任意增加，税率随意上调，无公共性和法律制约性可言。中英两国"量入为出"和"量出制入"的不同背景、异向发展及对国家体制的不同影响给我们以深刻的启示。

四、"量入为出"和"量出制入"在中英异向发展引起的思考

"量入为出"和"量出制入"在中英两国的不同演变历程及产生的影响对今

天中国的税制改革和税制现代化建设有着不可忽视的借鉴意义，对于今天中国的现代化税制变革产生了非常有借鉴意义的几点启示。

第一，税制原则的条件适用性。"量入为出"和"量出制入"在中英两国税制发展中的不同背景、历史地位和产生的影响是大不相同的，这说明，一个国家的税制采取何种税制基本原则从来就不是凭空而来的，而是受一定的条件制约。其中，国家经济发展水平的差异是基础性因素。中世纪至近代，因英国的经济发展自中世纪后期始就开始了由农业税为主向以工商税为主的转变，到近代，伴随着资本主义的发展，英国经济更是呈现以工商业和对外贸易为主要依托的发展大势。由此，英国的赋税收入也开始了由农业税为主向工商税为主的转变，工商税与农业税的一大区别是其收入更灵活、更有弹性，国家的赋税支出也因此可以"量出制入"，赋税的征收更多地体现出开源的特点。与英国不同，自古代至近代，中国的经济特征是自给自足的小农经济，国家财政收入的主要来源是农业，与工商业相比，农业收入因其生产力水平和农业自身发展特点的制约而相对固定，弹性较小、灵活性不大。因此，那时中国政府财政收入的主要来源是农业税，自然，政府的税制基本原则也就会采行"量入为出"了。"量入为出"是政府根据"入"的情况决定"出"的规模，这就使赋税制度呈现定额化的特点，缺乏弹性。"量入为出"的税制基本原则被提出后一直在中国古代至近代的赋税史上占主导地位，只是到了近代，尤其是晚清以后，因内外交困的窘境，晚清政府才开始提出和重视"量出制入"的税制原则，但那只是应对财政困境的权宜之计，从来不曾真正成为那时中国税制原则的常态。由此可见，"量入为出"和"量出制入"采行与否、如何实施都与该国的经济发展水平密不可分，具有鲜明的条件适用性。

第二，税制原则的制度约束性。"量入为出"和"量出制入"税制原则的发展和实施还受到国家制度的约束，不同的制度对税制原则的发展和演变产生的影响大不相同。中世纪至近代，英国的政治制度发展趋势是逐渐由封君封臣制向议会制君主立宪制的转变。无论是封君封臣制下，还是议会君主立宪制下，在赋税的问题上（包括制税权、用税权和赋税审计权），国王的税权是受制约的，议会的税权呈现逐渐扩大直至最终完全掌控的趋势。由此，国王或议会征税不仅要有正当而合理的理由，而且要得到纳税人的同意。如此，国王或议会征税时，要遵循有"出"才有"入"，无"出"则无"入"的税制基本原则，"量出制入"亦因此成为英国"同意"赋税基本理论指导下的税制具体理论和原则。与英国不同，古代至近代，中国制度的基本特征是皇权专制，皇帝一人独大，皇帝的权力是无限的、任意的、不受限制的。这种不受限制的皇权致使"量入为出"和"量出制入"在中国赋税历史上交替采用（虽然有主次之分），何时采用、如何实施都由皇帝一人决断，缺乏制度约束。由此，赋税的"入"和"出"也呈现出随意性和专断性，尤其晚清时期，伴随着政府财政支出的急剧增长，统治者采取"量出制入"的税制原则，但因"出"的无限膨胀，导致"入"的永无止境，结果必然是赋税的滥征，最终导致国家财政的最终崩溃，而且延缓了中国的现代化进程。

第三，税制原则的文化影响性。"量入为出"和"量出制入"在中英税制原则中的不同发展也与其各自的文化紧密相关。中世纪至近代的英国，契约原则、同意因素、自然法思想、法律高于国王、分权和制衡等文化因素对英国国王税权的限制和对纳税人财产权的保护决定了"量出制入"是英国税制的基本原则。中国则不同，中国传统文化中的宗法制文化（嫡长子继承制）和儒家思想中的"三纲五常"思想宣扬的都是如何为皇权服务和付出的文化，而没有对王权进行限制的思想。在这样的文化影响下，中国皇帝的权力是无限的、任意的和专断的，税权自然也包括其中。由此，中国自古代至近代的赋税历史上，"量入为出"和"量出制入"的无常性、随意性特点就很容易理解了。

第四，税制原则的法律保障性。"量入为出"和"量出制入"在中英税制的不同发展和表现还受两国法律的制约和影响。在英国，无论是早先的习惯法，还是后来的法律，都对税权有所规定。在习惯法和法律的制约下，国民的财产权得到法律保护，当然，税收也包括在内。不仅如此，因习惯法和法律对国民个人私有财产的保护，英国国民对纳税并不十分抗拒，因为国民知道他们所缴纳的赋税是用于公共目的。在中国则不同，因中国封建社会的皇权专制特征，法律也是由皇帝一人决断，因此，老百姓的个人私有财产权得不到法律的保障。于是，国民纳税、国王征税也就成了理所当然的事情，税项多少、税率高低、赋税的征管和使用等都是皇帝一人的法律，老百姓没有任何权力。

综上，"量入为出"和"量出制入"作为中英税制理论中两种非常重要的税制基本原则，二者在两国的不同发展和体现表明了税制原则的采用和实施要与一国的国情相适应。中英两国不同的政治和经济制度、文化、法律等都对"量入为出"和"量出制入"的演变产生非常重要的影响，制约了这两种税制基本原则在中英两国的发展。反过来，这两种税制基本原则又从各方面体现了中英制度、文化、法律等的差异。

综上所述,19 世纪中期以后,中英两国在社会现实和国内外环境的需求背景下,都面临着社会转型的需要,税制转型自然也在其列。就英国而言,拿破仑战争结束后,英国的税制面临着由战时的财政——军事国家向现代财政国家的转型,此前重商主义的税制理论自然也就不能适应新的时代需求,不能解决急迫的社会现实问题。由此,英国在税制理论上进行了调整,开始奉行主张自由放任的古典政治经济学的税制理论。古典政治经济学的税制思想主张自由放任、进行关税改革、降低乃至废除商品的保护性关税,简化税制,推行直接税改革等,在这一税制理论的指引下,英国实现了 19 世纪税制的第一次转型。但到 19 世纪 70 年代以后,尤其是 19 世纪末 20 世纪初,古典政治经济学税制理论的弊端日益凸显,由此,"建设性税制"改革应运而生,"建设性税制"理论不仅注重税收的财政收入功能,而且更加强调税收的社会调节作用,在"建设性税制"理论的指导下,英国进行了税制改革,优化了税制结构,提高了直接税比重,实行累进征税原则并区分所得征税,加大了以税收方式干预养老、失业、健康和教育等社会问题的力度,这些为英国现代税制的建立奠定了基础。

与英国相比,19 世纪中期以后的中国在税制理论上则呈现出不同的特点。一方面,晚清政府固守着传统的"家天下、王土王臣说"的税制理论不放,仍然坚持皇帝对税权的专断。在这一税制理论下,晚清中国的税制基本原则仍然奉行"量入为出"的基本理念,这导致晚清中国税制理论的僵化,在很大程度上阻碍了中国税制的近代化发展。另一方面,伴随着列强对近代中国的侵略,西方先进的税制理论和税制思想也传入中国,为晚清政府及社会上的进步人士所推介和引入,这在一定程度上促进了中国税制的近代化发展。不足的是,晚清时期中国社会各界对西方税制的采纳大都限于介绍阶段,呈现碎片化状态,尚未形成系统的税制理论。

第三章　赋税结构比较

19 世纪中期以后，中英两国都处于社会转型的关键时期，其中，赋税结构的调整和变革自然也是题中应有之义。但因中英两国的国情及面临的国际形势不同，赋税结构的调整也呈现不同的走向。拿破仑战争结束以后，英国赋税结构调整的基本特点是间接税比重大幅下降，直接税比重大幅上升。中国则不同，鸦片战争爆发以后，在列强的侵略下，中国逐步沦为半殖民地半封建社会，因巨额赔款、外债及战争等开支巨大，晚清政府或主动或被动地调整了赋税结构，大幅提高海关税、厘金等间接税，传统的以田赋为主的直接税比重大幅下降。近代中英两国赋税结构的调整和变革有着不一样的时代背景，对各自的社会产生了不同的影响。

第一节　英国赋税结构的调整与变革

19、20 世纪，英国的赋税结构历经调整，日益完善。19 世纪早期，英国税收以间接税为主，其中关税和消费税占大宗。直接税所占比重不大。这种以间接税为主的赋税结构固然能为政府带来不错的财政收入，但间接税属于"静悄悄"的税收，具有"隐蔽性"特征，税收负担大都落到社会的中下阶层身上，具有累退性，不能有效地解决财富分配不均等社会问题。到 19 世纪末 20 世纪初，英国政府在"建设性税制"改革理论的指导下，重新调整赋税结构，提高直接税比重。到 20 世纪初，直接税比重超过间接税。目前，英国已建立起以个人所得税为主，包括遗产税、公司税、社会保障税等的直接税与间接税基本并重的赋税结构。

一、直接税的调整

直接税是指税负不能转嫁，由纳税人直接负担的税收。直接税的纳税人与税负的实际承担人为同一人。在英国，直接税最早征收，例如，中世纪时期的丹麦金、卡鲁卡奇、盾牌钱、十分之一动产税和十五分之一动产税、人头税、炉灶税、窗户税等都是直接税。自中世纪以来，英国直接税因形势需要历经变革，到19、20世纪，直接税日益完善，更具备现代直接税的基本特征。主要包括所得税、遗产税、土地税、利润税、资本税、社会保障税等。

（一）所得税

所得税是指对个人、公司和机构在一个财政年度之内的各类所得（包括通过自己的劳动或自己的不动房产租金、利息等）所征收的相应的税款。所得税是现代直接税的主要税种之一，目前，世界大多数国家都开征了所得税并日益重视所得税的社会调节功能。

在英国，所得税最早开征于1799年的英法战争，后因战争停止而停征，一直到19世纪中期以后，所得税才正式成为英国的常设性税种。20世纪初，英国对所得税进行改革，区分征收劳动所得和非劳动所得，并对超过一定数额的所得征收附加所得税。之后，附加所得税被附加税取代。第二次世界大战以后，英国开始征收公司所得税。目前，英国的直接税呈现以个人所得税为主的所得税构成模式。

1.所得税的开征

（1）所得税的前身：估价税（三倍估值法）

英国所得税的前身是"估价税"，即"三倍估价税"（Triple Assessment）。此税1798年开征，主要为对法战争筹集资金；时任英国首相小威廉·皮特（William Pitt the Younger）[①]（小皮特）提议将土地税与其他直接税包括车马税、窗户税等[②]一起打包征收，称之为"估价税"。这种估价税的征收依据是纳税人

---

① 之所以称为小威廉·皮特是为了与其父老威廉·皮特（William Pitt the Elder）区分开。小威廉·皮特1783年任英国首相，是英国历史上最年轻的首相、出色的政治家和财政家，因领导对法战争而声名大噪。

② 1696年的窗户税，初按家庭炉灶数目征收炉灶税，后改为按房屋窗户数目征收窗户税，1778年又改按房屋租赁价格征收；后又指1784年的车马税、1784年的抵代税和1786年的商店税等。参见滕淑娜、顾銮斋：《由课征到补贴——英国惠农政策的由来与现状》，《史学理论研究》2010年第2期。

上一年收入 ① 的总和，在此基础上再乘以一个 3 倍到 5 倍的系数 ②，因此被称为"三倍估价税"。三倍估价税的征收对象主要是富人，以支出定纳税数额，支出越多，纳税越多，税率 10%。例如，上一年支出在 25 镑以下的纳税人，其纳税基数是 25 镑的 10%，再乘以 3 倍；25 镑以上 30 镑以下，3.5 倍；30 镑以上 40 镑以下，4 倍；40 镑以上 50 镑以下，4.5 倍；50 镑以上，5 倍。③ 税率 10% 针对年收入超过 200 镑的纳税人；年收入在 60 镑以下的免税；60 镑以上 200 镑以下的实行一定减免。④ 小皮特征收的估价税是一种应急性的所得税，为 18 世纪末英国个人所得税的征收奠定了基础。三倍估价税实行后，征税数额并不理想。小皮特预计，三倍估价税可增加税收 450 万镑，但实际上只征收到 200 万镑 ⑤，原因大概就是以支出定税额，因为收入与支出不见得成正比，这样定税显然不合理，征收到的数额也远不能满足需要。因此，转年小皮特就废除了三倍估价税，开征所得税。

（2）所得税开征

在英国，所得税初征时主要是对个人征收，征收方式比较简单。英国个人所得税最早征收于 1799 年，因与法国战争的需要，皮特首次开征所得税。新的所得税把纳税人分为四类，由其自行申报纳税，所得不同，税率不一：总收入在 60 英镑以下免税；总收入在 60—200 英镑之间，实行差别税率；总收入超过 200 英镑，统一按 10% 的税率征收。由此奠定了英国所得税的基础。此税因战争而开征，故而是一种战时所得税。1802 年因亚眠合约签订，该税被取消。所得税开征后，为政府增加了 600 万镑的收入。对所得税的征收，利物浦勋爵赞赏有加："这一税收几乎是人类智慧所能创造出的最接近完美的征税方式。"⑥ 此后，所得税因 1802 年亚眠合约的签订而停征，1803 年因战争重开而复征。

与皮特开征的所得税相比，1803 年重新开征的所得税有了新的变化。其主

---

① 为方便统计，通常以被认为是奢侈品的物品和服务支出为标准，主要包括房屋、马车、马匹、男仆等。参见 Roy Douglas, *Taxation in Britain Since 1660*, London: Macmillan Press Ltd.,1999, p.35.

② 有说是 2 倍到 5 倍。参见 Arthur Hope-Jones, *Income Tax in the Napoleonic Wars*, p.14.

③ Stephen Dowell, *A History of Taxation and Taxes in England*, Vol.2, London:Frank Cass & Co.Ltd., 1965, p. 221.

④ Stephen Dowell, *A History of Taxation and Taxes in England*, Vol.2 , p. 222.

⑤ Martin Daunton,*Trusting Leviathan,the Politics of Taxation in Britain,1799-1914*, p.44.

⑥ [英]马丁·唐顿:《信任利维坦:英国的税收政治学》(1799—1914)，魏陆 译，上海:上海财经大学出版社 2018 年版，第 45 页。

要表现是将所得分为 A—E 五种不同的种类进行征收，是英国所得税从源课税的最早尝试。开创将所得分类征收的是阿丁顿，所以后世亦有人称之为"所得税之父"。与皮特征收 10% 的所得税税率不同，1803 年阿丁顿将所得税的征收税率降低了一半，即 5%。而且，所得税的起征点是年所得 150 英镑以上，年所得 60 英镑仍然免征所得税。到 1804 年，小皮特重新执政，又将所得税的税率提高到 6.5%，此后所得税不断调整。至 1815 年拿破仑战争结束所得税为政府带来 15 642 000 镑的收入。[①] 拿破仑战争结束后，所得税因不受民众欢迎而再度被废止。然其间因政府财政收入所需，多次临时征收所得税。直到 1860 年格拉斯顿执政时所得税才成为英国的常税。

　　由上可见，18 世纪末，因战争需要，英国首次开征所得税。因此，那时的所得税是一种临时性税收，一旦战争的威胁消除或战争结束，所得税亦随之废止。刚刚开征的所得税征收比较简单，初始是对个人全部所得超过 200 英镑以上的部分统一征收 10% 的固定税率，后由阿丁顿进行改革，把所得分为五类进行征收，税率减半，为 5%。但因战争等原因，所得税的税率历经变化。拿破仑战争结束后，所得税于 1816 年再次被废止。此后，在所得税问题上，英国围绕是否要继续开征、要不要区分征收所得税问题进行了很长时间的争论和博弈，直到 19 世纪 60 年代，所得税才成为英国的常设性税种，所得税在国家财政收入中的比重也越来越高。

　　2. 所得税成为英国的常设性税种

　　（1）要不要继续开征所得税？

　　如上所述，18 世纪末英国所得税因战争需要而临时开征，战争结束后，英国于 1816 年废除了所得税。然因战争遗留的债务及政府开支扩大等需要，政府又面临着两难处境：一是满足广大国民的愿望，在战争结束后削减开支、减少债务、降低税收；二是偿还债务，继续保持高税收，维持政府正常运转。有鉴于此，在所得税问题上，英国出现了强烈要求废止所得税、保留所得税或暂时开征一段时间所得税的争论。

　　第一，拿破仑战争后英国的财政状况。1793—1815 年英法长达 22 年的战争给国家财政带来了沉重的负担，为保证战争的胜利，政府开征所得税，一再调整所得税的税率，不仅如此，就整个税收负担而言，英国的税收负担要远高

---

① 财政金融研究所：《英国战时财政金融》，上海：中华书局 1940 年版，第 51 页。

于同时期的法国等其他国家。对战争给英国及其国民带来的影响，著名的经济学家奥布莱恩（O'Brien）认为："自光荣革命至法国大革命，英国的税收体制的运行与其陆军和海军支出是密不可分的，英国需要用税收收入支撑它的军事开支以对敌作战或为下一场战争做好准备。"[1]哈蒙德（Hammonds）也曾说道："战争给英国国民造成的影响是不可挽回的，它使英国国民的负担加重，使国民财富随着价格波动和农业兴衰而被花掉，英国财政家们为支持战争而设法征税和贷款，为此，他们几乎成了国家的罪人。"[2]有数据显示，1786年，英国每个国民的平均税负是1镑12先令，而法国则是18先令。[3]1793—1815年间，英国的军事开支占政府开支的61%，国债利息高达30%。[4]1815年，英国政府支出占国民收入的比例达到了惊人的23%。同年，英国的债务支出占公共支出总额的26.6%，这一比例持续攀升，并在1825年达到了54.4%。[5]李嘉图认为："债务是最可怕的洪水猛兽之一……一直挥之不去。"[6]由此可见，拿破仑战争结束后英国的财政压力非常大。

对政府来说，如果要满足国民对和平时期减税的需求，就必然要降低税收，以恢复国民对国家的信任。另外，如果政府要偿还债务，保持政府正常运转，就必然需要继续征收所得税等税收。这也就意味着在英国围绕所得税必然会出现的一系列争论。

第二，反对征收所得税的声音。英国所得税的征收因战争而开征，属于临时性税种，一旦战争结束，此税理应被废止。拿破仑战争结束后，所得税的征收理由不再具有合法性。由此，英国国民认为不应该再继续征收所得税。对此，《爱丁堡评论》（Edingburgh Review）中一篇名为《还有人可以假装下去吗》的

---

[1] Patrick K.O'Brien, "The Political Economy of British Taxation,1660-1815", *Economic History Review*, Vol.41,No.1(1988),p.1.

[2] J.V.Beckett & Michael Turner, "Taxation and Economic Growth in Eighteenth-Century England", *Economic History Review*,2nd,ser.,Vol.43,No.3(1990).p.400.

[3] Betty Behrens, "Nobles,Privileges and Taxes in France at the End of the Ancient Regime", *The Economic History Review*,New Series,Vol.15,No.3(1963),p.470.

[4] Patrick K.O'Brien, "The Political Economy of British Taxation,1660-1815", *Economic History Review*,Vol.41,No.1(1988),p.2.

[5] [西]何塞·路易斯·卡多佐、[西]佩德罗·莱恩：《为自由国家而纳税——19世纪欧洲公共财政的兴起》（*paying for the liberal state-the rise of public finance in nineteenth-century Europe*），徐静、黄文鑫、曹璐译，上海：上海财经大学出版社2018年版，第8页。

[6] [英]马丁·唐顿：《信任利维坦：英国的税收政治学》（1799—1914），魏陆译，上海：上海财经大学出版社2018年版，第49页。

文章写道："如果没有被告知所得税只是短期存在，英格兰人民会已经接受所得税了吗？……从任何原则来说，所得税都是压迫性的、违背宪政精神的以及破坏个人安全的。我们认为在危机解除之后，一个自由的民族无须再忍受所得税，因为只有危机才使得所得税具有合法正当性。"① 由评论可见，拿破仑战争结束后，英国大众对所得税继续存在的反对态度，国民认为，既然所得税是因战争临时开征的一种税收，当危机结束、和平到来，所得税自然也就不存在继续征收的理由。

实际上，英国国民反对所得税继续开征的另一个原因是所得税的征收触及个人的财产隐私，威胁了英国国民的自由。对此，1802 年，弗兰西斯·伯德特曾这样说道："所得税造就了政府最片面、最冒犯无礼和最粗鲁的调查权力。一个人一生的所有交易都可能会受到挑战，家庭事务被公开，一个英国人，就像一个犯人一样，等待着行政官员的传唤，就像一个仆人一样，天天候在内庭中等着行政官员调查他们的财产。在经受了所有可能的怀疑、追加罚款和指责侮辱之后，他们还要宣誓，在这个过程中没有任何来自国家的矫正和陪审团的诉讼……先生，对所得税的废除不足以弥补它所犯下的恶行；它的规则一定会被指责和铭记。"② 1816 年《泰晤士报》刊登的一封信中说道："在严格课税中存在着专横幽灵，他们是一大群小暴君！一个使用严格询问权力的政府很容易扩散这种专横精神。一个树根就可以向各个方向生根发芽。"③

英国国民反对征收所得税还有一个不可忽视的原因，那就是认为继续开征所得税会导致挥霍浪费，会打击生产者的投资积极性。持这种观点的主要是激进主义者、贸易保护主义者和自由贸易者。激进主义者和贸易保护主义者认为，拿破仑战争结束后，政府的首要认为是缩减政府开支，减少浪费。激进主义者将所得税视为"毒瘤和战争与国家膨胀的原动力"④。马丁·唐顿认为："在激进主义者和贸易保护者的眼里，所得税是与维持谷物法和财政不公平联系在一起

---

① [英]马丁·唐顿：《信任利维坦：英国的税收政治学》（1799—1914），魏陆 译，上海：上海财经大学出版社 2018 年版，第 51—52 页。

② [英]马丁·唐顿：《信任利维坦：英国的税收政治学》（1799—1914），魏陆 译，上海：上海财经大学出版社 2018 年版，第 46 页。

③ [英]马丁·唐顿：《信任利维坦：英国的税收政治学》（1799—1914），魏陆 译，上海：上海财经大学出版社 2018 年版，第 52 页。

④ [西]何塞·路易斯·卡多佐、[西]佩德罗·莱恩：《为自由国家而纳税——19 世纪欧洲公共财政的兴起》（*paying for the liberal state-the rise of public finance in nineteenth-century Europe*），徐静、黄文鑫、曹璐 译，上海：上海财经大学出版社 2018 年版，第 29 页。

的。……在自由贸易者看来，继续实施谷物法会阻碍经济增长，减少税收收入；废除谷物法会带来经济复苏，因此也就没必要实施所得税了。他们斥责所得税是维持农业保护的一种手段，约束了工业市场，压榨了制造商的利润。"①对此，亨利·彼得·布鲁厄姆认为："所得税只有在不可避免的严重紧急情况下需要特别支出的时候，才可以使用所得税……所得税只会'诱惑政府继续浪费挥霍'，让政府不再审慎控制'浪费性支出，不再寻求通过压缩支出减少税收'。"此外，布鲁厄姆还认为，征收所得税会因为要求"在全国范围内对私人事务进行讯问和调查"而威胁个人自由。②自由贸易者则认为开征所得税会增加生产者的负担，会导致对投资和雇佣的打击，从而阻碍经济的发展。例如，19世纪20年代，自由贸易的推崇者坎宁就对所得税怀有很大的敌意，希望减少直接税以换取对选民的让步。很多自由主义经济学家也反对征收所得税。直到19世纪中后期，自由贸易者才赞同征收所得税。

第三，赞成征收所得税的声音。与前文反对开征所得税不同，拿破仑战争结束后，因对财政支出扩张的需求，英国政府希望保留所得税，以偿还债务。那么，偿还债务的钱从何而来？有一种观点认为："所得税是既能够征收大额税款，又不对穷人阶级产生压力的最好方式。"持这一观点的是当时英国的托利党政府。拿破仑战争结束后，利物浦勋爵政府曾两次尝试过征收所得税，但都以失败而告终。所得税开征的失败导致政府的财政收入不得不转向依靠关税和消费税，而关税和消费税的主要税负承担者是社会的中下层国民，由此导致了英国国内关于关税改革的激烈争论。

继利物浦勋爵之后，皮尔和格拉斯顿为解决英国财政问题、促进经济发展和维护社会稳定而相继提出了自己的所得税观点。最终，皮尔于1842年将所得税重新引入英国，1860年，格拉斯顿则将所得税作为英国的常设性税种固定下来。

第四，所得税成为英国的常设性税种。1816年英国虽废除了所得税，但因政府对财政的需求，所得税后来曾多次临时开征。直到19世纪中后期，在皮尔和格拉斯顿的努力下，所得税才最终成为英国的常税。对此，唐顿认为，"皮尔

---

① [英]马丁·唐顿：《信任利维坦：英国的税收政治学》（1799—1914），魏陆 译，上海：上海财经大学出版社2018年版，第82页。
② [英]马丁·唐顿：《信任利维坦：英国的税收政治学》（1799—1914），魏陆 译，上海：上海财经大学出版社2018年版，第81页。

的任务是重新引入所得税，格拉斯顿的成就是使人们接受了所得税，使人们认为它是实现和平与缩减开支的保障，是实现收支平衡和税收公平的保障，而不会引起军国主义、挥霍和偏见。"[1]

1842 年，皮尔执政，英国面临预算赤字难题。如何解决这一问题，备选方案有三：一是重新引入所得税；二是降低关税；三是提高对工人阶级征收的消费税。在皮尔看来，降低关税刺激消费和提高对工人阶级征收消费税都是不可行的。最终，皮尔征收了为期三年的所得税，以弥补财政赤字。对皮尔来说，再次引入所得税既可以增加国家财政收入，消除财政赤字，又可以建立一个在不同利益群体之间保持中立的税收制度为财产提供普遍保护，以此实现政治和社会稳定。[2]皮尔曾说："我希望，我三年内复兴贸易的期望不会令人失望——我对所得税暂时作用的预期也将实现。然后，当幸福时刻来临和我们有能力废除所得税时，我们将发现贸易和工业复兴了，我们将对人民的安乐团结感到心满意足。人民已经收到的证据表明，在面对经济和财政困难时，一旦国家紧急事件要求必要的支出，那些身处高位的人、那些相对富裕的人，将准备承担他们的应尽责任。"[3]由皮尔对开征三年所得税的描述可见，皮尔虽然赞成征收所得税，但他的主要目的是为国家筹集财政收入，减少债务，并且为后来的一系列降低关税的行为提供资金支持。一旦这些目标都达到，所得税将再度被废止。尽管如此，1842 年皮尔重新引进所得税是英国所得税历史上的重要事件，为后来格拉斯顿的所得税改革奠定了基础。

皮尔之所以能够成功将所得税重新引入英国，是因为以皮尔为首的托利党人在征税问题上将国家塑造成一个"中立者"："政治家必须抵制住个人贪欲以及私利，他们必须避免利用国家政权为某一团体谋取利益，无论是贸易群体需要寻求庇护，或者社会团体寻求减税。"[4]这一点在 1846 年皮尔废除《谷物法》有明显体现，通过废除《谷物法》，皮尔向国民证明英国的政府是一个"中立"的政府，是可以适应形势需求进行改革的政府。可以说，1842 年所得税的再次

① ［英］马丁·唐顿：《信任利维坦：英国的税收政治学》（1799—1914），魏陆 译，上海：上海财经大学出版社 2018 年版，第 77 页。
② ［英］马丁·唐顿：《信任利维坦：英国的税收政治学》（1799—1914），魏陆 译，上海：上海财经大学出版社 2018 年版，第 79 页。
③ ［英］马丁·唐顿：《信任利维坦：英国的税收政治学》（1799—1914），魏陆 译，上海：上海财经大学出版社 2018 年版，第 80 页。
④ ［西］何塞·路易斯·卡多佐、［西］佩德罗·莱恩：《为自由国家而纳税——19 世纪欧洲公共财政的兴起》，徐静、黄文鑫、曹璐 译，上海：上海财经大学出版社 2018 年版，第 30 页。

引入成为英国整个国家链条中重要的一环，帮助缓解了政治矛盾，改进了执政能力和可信度而不是作为国家增加收入的工具——像所得税在 1816 年被废除和 19 世纪 30 年代被激进者抨击时人们所恐惧的那样。[①]

格拉斯顿改革所得税时，继承了皮尔的这一做法，强调所得税的中立性和公平性："所得税通过将选民的公共和私人选择结合在一起，可以创造出一种政治责任感。根据 1832 年的国会改革法案，个人只有缴纳了所得税，才能在国会选举中拥有投票权。因此，选民有动力投票支持一个更为节俭的政府，因为他们的公共选择会立刻对他们的税收账单带来好处（可以少纳税），并且所得税也会约束财政—军事国家。"[②] 这点在格拉斯顿 1853 年的财政预算中有明确规定。1853 年预算宣称："所得税是实现财政公平和阶级平等的一种有效方式。"[③] 格拉斯顿宣称所得税是廉价获取未来安全的方式："我强烈相信，大量低收入阶级会接受国会的这一自发决定，支持为了减轻国家的财政负担向富人征税——我坚定认为，这种做法会在全国受到欢迎，因为上层阶级承担了主要税收份额。""所有财产都应该为国家税收做贡献，只要公正且明智地对其征税，就不应该认为征税是对财产施加的罚款，而应该认为征税是促进所有者高效使用财产的一个必要手段。"[④]1853 年的财政预算一方面表明格拉斯顿赞成征收所得税，同时，格拉斯顿也表明了所得税的征收仍然是暂时性的，一旦威胁消除，所得税还要最终废止。至此，英国国内关于是否征收所得税基本达成共识，到 1860 年，所得税最终成为英国的常税。到 19 世纪最后 25 年，国民已接受所得税成为财政制度永恒的一部分，认为所得税有助于促进公平。对此，1875 年，保守党大臣斯塔福·诺斯科特肯定了所得税的作用，认为它应该再延续 20 年。诺斯科特指出："所得税在过去发挥了两种功能。第一种是发挥了'推动我们税收制度重大改革发动机'的功能，现在这一任务已经完成。间接税已经被降低了，财政制度已不再迫切需要重大改革了。……第二个目标：'作为一个战时税收，所得税极大地提升了国家的国力，有效缓解了军事资源紧张情况。'……财政宪法很

---

① [西]何塞·路易斯·卡多佐、[西]佩德罗·莱恩：《为自由国家而纳税——19 世纪欧洲公共财政的兴起》，徐静、黄文鑫、曹璐 译，上海：上海财经大学出版社 2018 年版，第 33 页。

② [英]马丁·唐顿：《信任利维坦：英国的税收政治学》(1799—1914)，魏陆 译，上海：上海财经大学出版社 2018 年版，第 85 页。

③ [英]马丁·唐顿：《信任利维坦：英国的税收政治学》(1799—1914)，魏陆 译，上海：上海财经大学出版社 2018 年版，第 90 页。

④ [英]马丁·唐顿：《信任利维坦：英国的税收政治学》(1799—1914)，魏陆 译，上海：上海财经大学出版社 2018 年版，第 76 页。

好地发挥了作用：正如诺斯科特所说的那样，它也许不完美，但是已经发挥应有的作用了。"[1] 由此可见，格拉斯顿的财政改革获得了英国民众对征收所得税的高度认可，所得税的缴纳人数和所得税结构与之前相比有了明显变化，如下表 3–1 所示。

表 3–1　1854 年和 1868 年英国缴纳 D 税目[2]所得税的人数[3]

所得数额	1854 年		1868 年	
	人数（人）	比例（%）	人数（人）	比例（%）
100 英镑以下	23 692	8.4	76 888	19.2
100—200 英镑	174 741	61.9	191 342	47.9
200—300 英镑	35 063	12.4	56 933	14.2
300—1000 英镑	39 070	13.8	58 834	14.7
1000—5000 英镑	8 655	3.1	13 434	3.4
5000 英镑以上	1 261	0.4	2 166	0.5
总计	282 482	100.0	399 597	100.0

由上表 3–1 可见：格拉斯顿所得税改革之后，英国缴纳 D 税目所得税的人数有很大变化，其中，变化最大的 100 英镑以下收入的群体，纳税由 1854 年的 23 692 人增加到 1868 年的 76 888 人，所占比例增加了 10.8%。另外，100—200 英镑的收入群体缴纳 D 税目所得税的人数也有明显增加，由 1854 年的 174 741 人增加到 1868 年的 191 342 人，但这部分人所占的比例却由 1854 年的 61.9% 下降到 1868 年的 47.9%，所占比例下降了 14%。这一方面说明英国人口总量的增加，另一方面说明政府对 100—200 英镑群体的所得实行了税收优惠政策。具

---

① 　[英] 马丁·唐顿：《信任利维坦：英国的税收政治学》（1799—1914），魏陆 译，上海：上海财经大学出版社 2018 年版，第 103 页。

② 　D 税目是指来自贸易、商业和专业服务的收益。这类税收无法在源头征收，因为收益取决于诸多交易的共同结果，也无法把租金（或者其他简单计量方式）作为衡量收益的指标，因此税收基于对单个贸易商和专业人士收益进行的评估。为了消除贸易波动的影响，纳税金额根据前三年收入的平均值确定，不像其他税目仅基于上一年收入确定纳税额。应用于政府债券的程序被扩展用于了公司，这些公司被认为是支付股息的扣缴义务人，要按照标准税率对收益扣除所得税，因此当公司发放股票股息、红利和债券利息时，它们是扣除税收后的净收益。可以享受免税待遇或者按低税率纳税的人，有权要求税收当局退税。——参见 [英] 马丁·唐顿：《信任利维坦：英国的税收政治学》（1799—1914），魏陆 译，上海：上海财经大学出版社 2018 年版，第 186 页。

③ 　[英] 马丁·唐顿：《信任利维坦：英国的税收政治学》（1799—1914），魏陆 译，上海财经大学出版社 2018 年版，第 160 页。

体如下表 3-2 所示。

表 3-2 1842—1905 年所得税结构的变化[①]

1842/1843—1852/1853	150 英镑以上的收入，每英镑征收 7 便士的税； 超过 150 英镑的全部收入的有效税率为 2.9%
1853/1854	100—150 英镑的收入，每英镑征收 5 便士的税，即有效税率为 2.1% 150 英镑以上的收入，每英镑征收 7 便士的税，即有效税率 2.9%
1863/1864	100 英镑以上的收入实行单一税率，即每英镑征收 7 便士的税 100—200 英镑的收入有 60 英镑的免税额 例如：150 英镑的收入，只需要为 90 英镑纳税
1872/1873	200 英镑以上的收入，免税额提高到 80 英镑
1876/1877	400 英镑以下的收入，免税额为 120 英镑 150 英镑以下的收入，免于征税
1890/1891	150 英镑收入以上的收入，实行单一税率 150—400 英镑的收入，有 120 英镑的免税额
1894/1895	160 英镑以上的收入，实行单一税率 160—400 英镑的收入，有 160 英镑的免税额 400—500 英镑的收入，有 100 英镑的免税额
1898/1899	160 英镑以上的收入，实行单一税率 160—400 英镑的收入，有 160 英镑的免税额 400—500 英镑的收入，有 150 英镑的免税额 500—600 英镑之间的收入，有 120 英镑的免税额 600—700 英镑之间的收入，有 70 英镑的免税额 200 英镑的收入，只需为 40 英镑纳税，即有效税率为 0.67%

由表 3-2 可见，自 1842 年至 1899 年，英国所得税的结构有所变化，主要表现为：一、所得税的起征点变化，1842—1853 年为 150 英镑，1853—1873 年为 100 英镑，1876—1877 年，1890—1891 年为 150 英镑，1894—1899 年为 160 英镑。二、除免税群体之外，所得收入越多，税收优惠力度越小，这说明政府征收所得税时在一定程度上考虑了国民的纳税能力和税收负担。

但不理想的是，上述两表中的数据都说明当时的英国国民虽已基本接受所得税，但政府在税收征收上并未做明确区分，这是在所得税上引起争论的另一个问题：是否要区分征收所得税？

---

① ［英］马丁·唐顿：《信任利维坦：英国的税收政治学》（1799—1914），魏陆 译，上海：上海财经大学出版社 2018 年版，第 161 页。

（2）要不要区分征收所得税的争论

如前所述，到 19 世纪 60 年代，所得税已被英国国民接受成为英国的常税。但在所得税的征收问题上，围绕要不要区分征收所得税又引发了一系列争论，这些争论反映了社会各个阶层和利益集团的不同需求。最终，所得税没有实现区分征税，直到 20 世纪初，政府在对所得税进行"建设性"改革后，所得税才实现了区分征收，实行了累进征税原则。

那时，英国国民中抨击所得税的人认为所得税不能有效区分临时性收入（不稳定收入）和自发性收入（稳定收入），因此所得税是不公平的。批评者认为，"再也不能设计出一个实施起来比所得税更加不公平、不正义和具有压迫性"的税种了。他们的理由是，对两种类型的不同收入——父亲传给儿子的"永久财产"所带来的"自发性"收入和基于个人努力且要留出部分金钱供养家庭的暂时性或"不稳定"收入——竟然一视同仁地采取了相同的税率。"这一税收对持久性收入和波动性收入竟然采取了相同的税率。如此不公平，如此让人不安，它的缺陷实在太让人无语了……不公平是指对收入方式不同的人征收同样的税——一个人的一生都被扭曲了，扼杀了一个勤劳能干但收入不稳定的人，出于谨慎和远见给家人留下一些东西的可能性……对收入不稳定的人征收重税的原因在于，拥有地产者可能会逃避纳税。男爵阁下（皮尔）不敢向地主征税，因此只能向这些不幸的可怜虫们施以重税，这些人除了规规矩矩挣钱谋生的能力外，几乎一无所有。"[①]

由此可见，那时的英国国民认为所得税是不公平的，它不能实现对不同类型的收入区别征税。因为"它欺骗了受害者，使其相信他们和其他社会阶级一样公平或按相同比例缴纳了税收"。"所得税是一个非常聪明的设计，为了让财富拥有者享有一定比例的税收豁免，它从勤劳聪明的财富创造者口袋中攫取了最大比例的税额；这是在对社会蜂巢中的工蜂（工人阶级）征收税款，目的是为了救济'雄蜂'（懒汉）。"[②] 对此，约瑟夫·休谟曾大力抨击所得税，提出废除所得税或者对不同形式的收入区别征税的建议。曾任英国财政部大臣的迪斯累利也曾在其 1852 年预算案中提出将收入划分成两类征收，以降低劳动收入的税

---

① ［英］马丁·唐顿：《信任利维坦：英国的税收政治学》（1799—1914），魏陆 译，上海财经大学出版社 2018 年版，第 83 页。

② ［英］马丁·唐顿：《信任利维坦：英国的税收政治学》（1799—1914），魏陆 译，上海财经大学出版社 2018 年版，第 84 页。

法，并充分考虑纳税人养老、抚养孩子、退休等需求，但该预算案没有成功。

与提倡区分征收所得税的意见相左，格拉斯顿反对对所得税区别征收。格拉斯顿认为："这样的税收体系维护某一经济利益群体的同时对其他利益群体不利。财政体系应当在不同收入类型中维持平衡，可以通过对终身财产征税，并应允许寿险保费税收减免，此举适用于任何收入层次的人。"① 为此，格拉斯顿在 1853 年的财政预算案中明确提出不实行差别征税原则，他说："为了克服差别征税面临的巨大困难，我调整了我所有的计划。"② "我制订的是这个国家的所得税计划；一旦我打算对不同类型收入区别对待，那么我就完全有必要废除所得税……如果要开征所得税，它必须统一适用于所有收入，在任何情况下我都不允许实行差别征税方式。"③ 由此可见，格拉斯顿认为应对所有的收入实行比例税率，差别征税会带来累进征税原则的危险。格拉斯顿认为："累进制在实施过程中通常对财产、积累和产业发展具有破坏性，也损害了穷人和富人的利益……这意味着广泛的战争，各阶级互相争夺，每个阶级都努力以邻为壑、损人利己，将终结社会和平，调节国家税收负担所适用的共同原则将不复存在。"④ 在格拉斯顿担任财政大臣期间，英国摒弃了对所得税的区分征收和累进征税原则，一直到 20 世纪初，所得税才实现了区分征收和累进征税原则。

3. 20 世纪初所得税"建设性"改革及现代所得税制度初建

19 世纪末 20 世纪初，英国政府进行"建设性税制"改革，重视直接税财政收入和社会调节功能，提高直接税比重。其中，所得税和遗产税改革最具有代表性。在所得税改革上，区分征税和累进征税原则是所得税"建设性"改革的重要表现。

（1）区分征收所得税

如前所述，19 世纪 60 年代之前，所得税一直作为一种临时税征收，并没有成为英国的常税。其间历届政府曾多次想要废除所得税，但因战争、政府开支扩大的需要而没有成行。英国的所得税直到阿斯奎斯时期在格拉斯顿的财政

---

① ［西］何塞·路易斯·卡多佐、［西］佩德罗·莱恩：《为自由国家而纳税——19 世纪欧洲公共财政的兴起》，徐静、黄文鑫、曹璐 译，上海：上海财经大学出版社 2018 年版，第 30 页。

② ［英］马丁·唐顿：《信任利维坦：英国的税收政治学》（1799—1914），魏陆 译，上海：上海财经大学出版社 2018 年版，第 97 页。

③ ［英］马丁·唐顿：《信任利维坦：英国的税收政治学》（1799—1914），魏陆 译，上海：上海财经大学出版社 2018 年版，第 97—98 页。

④ ［英］马丁·唐顿：《信任利维坦：英国的税收政治学》（1799—1914），魏陆 译，上海：上海财经大学出版社 2018 年版，第 98 页。

改革下才真正成为一种长久的税制在英国存在，所得从"临时税"变成了"经常税"。其税率因战争等需要而不断调整[①]，但并没有实行区分所得及累进税制。英国所得税的税率变迁情况如下表 3-3[②] 所示。

表 3-3 所得制度变迁表（1887—1911 年）

年度	课税率（每英镑）	所得税率扣除
1887—1888	7 便士	对 150 镑以上 400 镑以下年所得扣除 150 镑
1888—1889	6 便士	
1889—1890	6 便士	
1890—1891	6 便士	
1891—1892	6 便士	
1892—1893	6 便士	
1893—1894	7 便士	
1894—1895	8 便士	对 161 镑以上 400 镑以下的年所得扣除 160 镑，400 镑以上 500 镑以下者年所得扣除 100 镑
1895—1896	8 便士	
1896—1897	8 便士	
1897—1898	8 便士	
1898—1899	8 便士	对 161 镑以上 400 镑以下的年所得，扣除 100 镑；401 镑以上 500 镑以下的年所得，扣除 150 镑；501 镑以上 600 镑以下的年所得，扣除 120 镑；600 镑以上 700 镑以下的年所得，扣除 70 镑
1899—1900	8 便士	
1900—1901	1 先令	
1901—1902	1 先令 2 便士	
1902—1903	1 先令 3 便士	
1903—1904	2 便士	
1904—1905	1 先令	
1905—1906	1 先令	
1906—1907	1 先令	

① 如，布尔战争前，英国所得税的税率是每镑 8 便士（约 3.3%），布尔战争后，财政大臣希克斯将所得税的税率提至每镑 1 先令（约 5%），之后又提高至 1 先令 2 便士和 1 先令 3 便士。此后，所得税的税率因需要不同而不断调整。一般来说，当处于战争时，所得税的税率要高于和平时期。

② 财政金融研究所：《英国战时财政金融》，上海：中华书局 1940 年版，第 58 页。

续表

年度	课税率（每英镑）	所得税率扣除
1907—1908	1 先令	扣除与 1898—1906 年同。但未超过 2000 镑所得者，则依 1907 年财政条例规定，对其勤劳所得的课税率课以每镑 9 便士为救济。即课税分化的开始
1908—1909	1 先令	
1909—1910	1 先令 2 便士	
1910—1911	1 先令 2 便士	1907—1908 年同样的扣除与分化。但依 1907 年及 1910 年的财政条例规定，2001 镑以上及 9000 镑以下的所得，则对勤劳所得的课税率每镑 1 先令以作为救济。对 161 镑以上 500 镑以下的个人所得，凡有 16 岁以下小孩者，则对小孩每人救济 10 镑
1911—1912	1 先令 2 便士	

由表 3-3 可见，1907 年之前，英国所得税的征收还未区分劳动所得和非劳动所得。直到 1907 年才开始将劳动收入所得和非劳动收入所得加以区分，其中对年收入低于 2000 镑的劳动所得征收每镑 9 便士的税（税率 3.75%），对纳税人低于 2000 镑的非劳动所得征收固有的每镑 1 先令的税（税率 5%）。[1] 有关劳动所得和非劳动所得在税制中所占的比例情况，如表 3-4 所示。

表 3-4 20 世纪初英国劳动所得和非劳动所得税率[2]

所得收入（单位：英镑）	各类所得在总税收中的比例（%）			
	1903—1904 年		1913—1914 年	
	劳动所得	非劳动所得	劳动所得	非劳动所得
50	9.1	9.1	8.7	8.7
100	6.2	6.2	6.0	6.0
150	5.0	5.0	4.9	4.9
200	5.6	7.8	4.8	7.0
500	6.6	8.8	5.8	9.9
1,000	7.4	10.3	6.6	12.2
2,000	6.6	9.8	5.8	12.0
5,000	6.6	9.6	6.8	12.4
10,000	5.1	9.5	8.1	15.1
20,000	4.9	10.0	8.3	16.0
50,000	4.8	10.2	8.4	18.1

[1]　Roy Douglas,*Taxation in Britain since 1660*,London:Macmillan Press Ltd.,1999,p.92.
[2]　Bruce Murray,*The People's Budget 1909/10:Lloyd George and Liberal Politics*, Oxford: Clarendon Press,1980,p.294.

由表3-4可见：20世纪初，所得税中的非劳动所得比劳动所得纳税额要大，尤其是1907年实行将劳动所得与非劳动所得区分后，非劳动所得的纳税额要比没有区分前高得多，几乎是劳动所得的一倍。同时，阿斯奎斯建立了个人扣除制度，即让部分个人劳动所得免税；第一次世界大战爆发前，劳合·乔治将所得税的税率调整如下：年收入不超过1000镑的劳动所得每镑纳税9便士；1000—1500镑，纳税10.5便士；1500—2000镑，纳税1先令；2000—2500镑，纳税1先令2便士。非劳动所得的税率提高至每镑1先令3便士；超额税（附加所得税，super tax）的税率亦随之提高。[①]

（2）所得税首次使用累进征税原则

20世纪初，英国所得税不仅区分征收劳动所得和非劳动所得，对超过一定数额的劳动所得征收附加所得税。而且，累进征税原则也首次在实践中推行。1909年，财政大臣乔治在其"人民预算"中首次使用累进所得税，这是指税率是先根据本人所得收入，然后在此基础上收入越多，所纳税率越高（直至达到某一点为止）的所得税制度。这种收入越高税率越高的所得税法更加合理，所得越多纳税越多，这种税率一直沿用至今。同时，从1909年起，对5000镑以上的所得者，其中超过3000镑的部分，征收6便士的附加所得税（super tax）。有关附加所得税的税率及征收情况如下表3-5和表3-6表[②]所示。

表3-5　附加所得税人口及所得的分类（1911—1912年）

所得阶级（镑）	赋课所得（镑）	人口（人）
10,000以上	50,850,830	7,411
10,001—15,000	24,383,880	2,029
15,001—20,000	13,550,046	787
20,001—25,000	9,697,248	438
25,001—35,000	11,099,384	382
35,001—45,000	7,303,011	186
45,001—55,000	5,269,881	107
55,001—65,000	3,353,446	56

① 英国附加所得税于1909年开征，初时规定年所得超过5000镑者，其中超过3000镑的部分每镑征收6便士的附加税。

② 财政金融研究所：《英国战时财政金融》，上海：中华书局1940年版，第61—62页。

续表

所得阶级（镑）	赋课所得（镑）	人口（人）
65,001—75,000	2,575,501	37
75,001—100,000	4,733,982	55
100,001	12,176,753	66
总计	144,993,944	11,555

表 3-6 附加所得税收入、人口及总所得

年度	课税人口（人）	所得税额（镑）	附加所得税的纯收入（镑）
1909—1910	11,380	140,120,492	—
1910—1911	11,500	141,300,000	2,891,345
1911—1912	11,650	145,950,000	3,018,388
1912—1913	11,800	149,400,000	3,599,706

由此可见，20 世纪初的所得税开征对象主要指向高所得者，政府企图通过对富有者的所得征税为国家获取更多的财源，以解决社会上的贫困、失业等社会问题。

经过 19 世纪末 20 世纪初的遗产税和所得税改革，英国的税制结构发生变化，直接税逐渐成为占主导地位的税种，其占比超过了间接税。如下表 3-7[①]所示。

表 3-7 1894 年至 1913 年直接税与间接税的比重

年度	间接税（%）	直接税（%）
1894—1995	54.6	45.4
1899—1900	51.6	48.4
1900—1901	50.6	49.4
1901—1902	47.5	52.5
1902—1903	47.6	52.4
1903—1904	50.7	49.3

---

① 财政金融研究所：《英国战时财政金融》，上海：中华书局 1940 年版，第 58 页。

续表

年度	间接税（％）	直接税（％）
1904—1905	50.5	49.5
1905—1906	49.7	50.3
1906—1907	48.6	51.4
1907—1908	48.9	51.1
1908—1909	47.4	52.6
1901—1910	43.6	56.4
1910—1911	43.6	56.4
1911—1912	42.7	57.3
1912—1913	42.4	57.6

　　由上表3-7可见，从直接税收入与间接税收入的比例来看，直接税所占的比例逐渐增大，至1900年，间接税收入的比例开始下降，除去几年的例外，直接税的比例逐渐增加乃至超过间接税。这可从第一次世界大战英国税收收入的构成窥见一斑。

表3-8　第一次世界大战前各年份税收收入图表 [①]

税收来源	1908—1909 年	1910—1911 年	1912—1913 年
关税	29,200,000	33,140,000	33,485,000
消费税	33,650,000	40,020,000	38,000,000
地价税	730,000	1,220,000	700,000
房产税	1,900,000	3,080,000	2,000,000
所得税	33,930,000	61,946,000	44,806,000
其他	26,140,000	35,756,000	35,762,000
总税收	125,550,000	175,162,000	154,753,000

---

① 　Bernard Mallet,*British Budgets,1887-88 to 1912-13*,London:Macmillan and Co.Ltd., 1913,pp.474-475.

表 3-9　一战前各年份各主要非税收收入图表

种类	1908—1909 年	1910—1911 年	1912—1913 年
邮局	17,770,000	19,220,000	20,300,000
电报	3,020,000	3,175,000	3,100,000
电话	1,510,000	1,955,000	5,775,000
苏伊士运河股票	1,171,000	1,235,000	1,419,000
总非税收收入	26,028,000	28,689,000	34,049,000

由此可见，英国 1908—1909 年度税收收入为 125,550,000 镑，非税收收入为 26,028,000 镑，税收收入是非税收收入的 4.8 倍；1910—1911 年度政府税收收入为 175,162,000 镑，非税收收入为 28,689,000 镑，税收收入是非税收收入的 5 倍多；1912—1913 年度税收收入为 154,753,000 镑，非税收收入为 34,049,000 镑，税收收入是非税收收入的 4 倍多。由此可知：一战前英国政府的财政收入主要来源是税收，尤以直接税为主。

综上，自 19 世纪 60 年代个人所得税成为英国的常税后，所得税的比重逐渐提高。据统计，1911 年，个人所得税占英国财政收入的 22%，1922 年，上升为 45%。[①] 此后，个人所得税所占比重基本保持在 40% 左右，整个直接税占税收总收入的比重达 60%。由此可见，个人所得税是英国调节贫富差距的有效手段，所得越多，税率越高。

（二）遗产税

1. 19 世纪末之前的遗产税。遗产税是一种针对当事人死亡时转移的或死亡前赠与的财产所征收的税，因此，开征遗产税被称为"逝者的权利"。对此，密尔认为："就通过馈赠和继承得到的高额财产来说，财产继承权是财产权的基本权利之一，适合基于普适性原则对其进行调控……我认为如果继承的财富超过一定的限额，就应该对其征税。"[②] 遗产税在英国的历史比较久远[③]，但长期以来，英国政府认为遗产税和所得税是不应该累进征收的，那时，英国政府的主要税

[①] 陈共：《财政学》，北京：中国人民大学出版社 2008 年版，第 259 页。

[②] ［英］马丁·唐顿：《信任利维坦：英国的税收政治学》（1799—1914），魏陆 译，上海：上海财经大学出版社 2018 年版，第 226 页。

[③] 早在 1694 年就征收了"遗嘱税"，现代遗产税征收始于 1894 年。当时通过的税法一直沿用到 20 世纪 70 年代中期，1975 年，改名为"资产转移税"（capital transfer tax）。1986 年英国保守党执政后，通过新法案，用"遗产继承税"取代了"资产转移税"。

收来源于关税、消费税等间接税，直接税所占比重很小。据统计，1815 年，英国的财产继承税收入只有 1,297,000 英镑[①]，遗产税在国家税收收入中所占比重不大。而且，那时的遗产税只针对土地和定居的个人财产征税。到 19 世纪 50 年代，格拉斯顿任财政大臣期间，因对所得税实行比例税制而遭到很多自由党议员的反对，这些议员们认为对来自知识和专业服务的劳动性收入征税太重，对来自财产和投资的非劳动性收入征税太轻，从而有利于食利阶层，不利于劳动阶层，既阻碍了经济社会发展，也不公平。为了解决这个问题，格拉斯顿把直接税改革的重点放在了遗产税调整上，在格拉斯顿看来，所得税最终是要被废除的。因此，为防止国内出现更大的贫富悬殊而危及社会稳定，政府要求富人缴纳更多的税费。格拉斯顿提议废除土地财产税和定居者个人的财产税。1853 年，英国对遗产不再区分动产和不动产，不单单对动产征收遗产税，对于不动产部分的继承也同样要缴纳一定的税费，同时，遗产税实行累进征税原则。此税的税额预计为 200 万英镑，但实际的税额还不超过 50 万英镑。[②] 这一措施对后来减少土地所有者阶级的权利和利益方面产生了非常重要的长期影响。格拉斯顿认为："通过对动产和不动产征税不同的遗产税，补偿了劳动收入承受的过高所得税负担，消除了人们对所得税的批评，为所得税营造了公平氛围，平息了维多利亚时代中期所得税引起的紧张氛围，使人们总体认为税收制度是公平的。在实行累进个人所得税后，通过对高收入者征收附加税，对劳动收入实行较低的累进税率，同时对中低收入者给予较多的税收优惠，均衡了各方的利益和诉求，使得人们愿意接受税收。"[③]

尽管格拉斯顿曾试图用遗产税代替所得税，但因那时英国的税收收入以关税和消费税等间接税为主，对遗产税还不够重视，遗产税的征收数额也不大。据统计，1871 年，遗产税的征税额是 48 万英镑，1881 年为 67 万英镑，1891 年为 99 万英镑，1901 年为 172 万英镑，1911 年为 255 万英镑。[④]

到 19 世纪 80 年代，为了体现社会公平，1888 年保守党执政后，财政大臣

① Stephen Dowell, *A History of Taxation and Taxes in England*, Vol.2, Frank Cass & Co.ltd.1965, pp.257-258.

② Stephen Dowell, *A History of Taxation and Taxes in England*, Vol.2, Frank Cass & Co.ltd.1965, p.339.

③ [英] 马丁·唐顿：《信任利维坦：英国的税收政治学》(1799—1914)，魏陆 译，上海：上海财经大学出版社 2018 年版，译者序，第 3 页。

④ B.R.Mitchell and Phyllis Dean, *Abstract of British Historical Statistics*, Cambridge:Cambridge University Press,1962,pp.393-394.

乔治·戈申提出一项新的遗产税方案，对个人继承的价值超过 1 万英镑的动产和不动产加征 1% 的税收。[①] 戈申的遗产税税额不大，但它代表了英国在税制中向累进税制迈出了实际性的步伐，并为此后其他直接税的征收奠定了基本原则。[②] 英国政府开始用累进的方式将富人作为征税对象。1894 年，财政大臣威廉·哈考特改革了遗产税，这对财政宪法的转变十分重要。遗产税的累进制比所得税的累进制更容易被人们接受。[③]

2. 19 世纪末 20 世纪初"建设性税制"改革下的遗产税变革。在戈申改革的基础上，威廉·哈考特爵士于 1894 年提出了修正遗产税案。在哈考特看来："大自然对每个人都是一视同仁的，没有授权任何人对世间物质的占有时间可以超过其寿命。人类拥有的死后延续其遗愿的权利——逝者有权处置他的财产——纯粹是法律的产物。因此，国家有权规定这种权利实现的条件和应受到的限制。遗嘱权（wills）、处置权（settlements）、继承权（successions）都是成文法的产物。"[④] 哈考特提倡对遗产税进行改革的主要原因是保守党海军建设对税收的巨大需求以及政府日益增长的开支需要，实际上，早在 1893 年哈考特就注意到："核心问题是新税种应该是什么，它们的收入将有多大。我们巨大且仍在膨胀的支出，使得我们的现行税收制度总体上入不敷出。"[⑤] 为此，哈考特在向下院提交的建议报告中说道："每年日益增长的开支实际上是此时征税的驱动力。"[⑥]"渐进和隐性的公共负担增长将超过税收的自然增长。"[⑦] 在哈考特看来："在和平时代，我们的税收已经山穷水尽了。"[⑧] 据统计，那时英国国家支出主要用于海军费用、教育和地方开支，为此，哈考特作为财政大臣需要为国家筹集超过 100,000,000

---

① 郭家宏、王广坤：《论 19 世纪下半期英国的财税政策》，《史学月刊》2011 年第 8 期，第 82 页。

② Roy Douglas,*Taxation in Britain since 1660*,London: Macmillan Press Ltd.,1999,p.78.

③ ［英］马丁·唐顿：《信任利维坦：英国的税收政治学》（1799—1914），魏陆 译，上海：上海财经大学出版社 2018 年版，第 228 页。

④ ［英］马丁·唐顿：《信任利维坦：英国的税收政治学》（1799—1914），魏陆 译，上海：上海财经大学出版社 2018 年版，第 227 页。

⑤ ［英］马丁·唐顿：《信任利维坦：英国的税收政治学》（1799—1914），魏陆 译，上海：上海财经大学出版社 2018 年版，第 310 页。

⑥ J.F.Rees,*A Short Fiscal and Financial History of England 1815-1918*,Methuen & Co.ltd,1921,p.169.

⑦ ［英］马丁·唐顿：《信任利维坦：英国的税收政治学》（1799—1914），魏陆 译，上海：上海财经大学出版社 2018 年版，第 310 页。

⑧ ［英］马丁·唐顿：《信任利维坦：英国的税收政治学》（1799—1914），魏陆 译，上海：上海财经大学出版社 2018 年版，第 309 页。

英镑的资金。①对哈考特的遗产税改革，汉密尔顿也持赞成态度："可怕的事实是，除非这个国家准备采取一个新的财政策略，否则我们将很快无法应对我们不断增长的庞大开支，我确信在不久的将来，财政将会成为摆在中央政府面前的棘手难题。"②有数据显示，中央政府的正常支出（不包括南非战争费用）从1895/1896财政年度的1.051亿英镑，增加到了1901/1902财政年度的1.476亿英镑。六年间，支出增加了40%多，这使得中央政府的财政资源成为一个迫切需要解决的难题。③由此证明，之前格拉斯顿在直接税和间接税之间寻求平衡的税收政策已不能解决新形势下对财政开支的需求，英国的税制需要重新进行调整，提高直接税的比重并实行累进征税原则。对此，汉密尔顿曾说："自从格莱斯顿将直接税和间接税比作应该同时向她们求婚的'两个充满魅力的姐妹'之后，通常认为，当需要更多的收入时，应该同时提高直接税和间接税；但是由于我们的税收制度缺乏真正经得起考验的公平标准，双'求婚'时无据可依，事实上在过去30年里，向直接税求婚的次数远多于间接税。由于这种趋势，这两姐妹在目前保持了基本均衡；财政专家很可能会在未来一段时间内极力维持这种均衡，即使在这方面没有可以依赖的标准。那就是说，他们的目标是避免严重扰乱目前的均衡态势。"④

　　有鉴于此，哈考特进行了遗产税改革，首次引入累进征税原则。这样做的目的一是为国家筹集财政收入，二是可以通过征收遗产税缓解社会不公平。因为"哈考特相信税收政治已经发生变化了，重返间接税在政治上是不可能的。因此，依靠更高税率的所得税意味着'必须'从高低收入两端对其进行改革。例如：对顶端收入征收附加税，同时加大对低收入的减免力度"⑤。由此，哈考特建议取消旧的、人为地将财产分为不同种类的做法——尤其在不动产和动产方面。1894年之前，许多财政大臣都曾对遗产税做过零碎的调整，但都没有产生

　　①　J.F.Rees,*A Short Fiscal and Financial History of England 1815-1918*,Methuen & Co.ltd,1921,p.169.

　　②　[英]马丁·唐顿：《信任利维坦：英国的税收政治学》（1799—1914），魏陆 译，上海：上海财经大学出版社2018年版，第309页。

　　③　[英]马丁·唐顿：《信任利维坦：英国的税收政治学》（1799—1914），魏陆 译，上海：上海财经大学出版社2018年版，第310页。

　　④　[英]马丁·唐顿：《信任利维坦：英国的税收政治学》（1799—1914），魏陆 译，上海：上海财经大学出版社2018年版，第315页。

　　⑤　[英]马丁·唐顿：《信任利维坦：英国的税收政治学》（1799—1914），魏陆 译，上海：上海财经大学出版社2018年版，第330页。

整体的影响。之前，英国对去世的人遗留的财产征收的税不下 5 种，即，遗嘱认证、账户和只针对动产的遗产税；对动产和不动产征收的遗产和继承税。不动产只对来源于动产的不同基础征税，因为它的估价与年所得挂钩，而非死后的资产价值挂钩。哈考特建议应对所有的死后财产实行统一的标准。在不动产和动产上的区别应当废除。对遗产税实行累进税率，累进税制是按财产的多少来划分出不同的税率，基数越高，所缴税率也要求越多。其税率如下表 3-10 所示。

表 3-10 哈考特遗产税改革税率表 [①]

遗产价值（镑）		税率（%）		
超过	低于	1894.8.1—1907.4.18	1907.4.19—1909.4.29	1909.4.30 后
100	500	1	1	1
500	1,000	2	2	2
1,000	5,000	3	3	3
5,000	10,000	3	3	4
10,000	20,000	4	4	5
20,000	25,000	4	4	6
25,000	40,000	4.5	4.5	6
40,000	50,000	4.5	4.5	7
50,000	70,000	5	5	7
70,000	75,000	5	5	8
75,000	100,000	5.5	5.5	8
100,000	150,000	6	6	9
150,000	200,000	6.5	7	10
200,000	250,000	6.5	7	11
250,000	400,000	7	8	11
400,000	500,000	7	8	12
500,000	600,000	7.5	9	12
600,000	750,000	7.5	9	13

① J.W.Grice, "Recent developments in taxation in England", *The American Economic Review*, Vol.1,No.3(Sep.,1911) ,p.492.

遗产价值（镑）		税率（%）		
超过	低于	1894.8.1—1907.4.18	1907.4.19—1909.4.29	1909.4.30后
750,000	800,000	7.5	10	13
800,000	1,000,000	7.5	10	14
1,000,000	1,500,000	8	10%（一百万英镑）； 11%（超过一百万英镑）	15
1,500,000	2,000,000	8	10%（一百万英镑）； 12%（超过一百万英镑）	15
2,000,000	2,500,000	8	10%（一百万英镑）； 13%（超过一百万英镑）	15
2,500,000	3,000,000	8	10%（一百万英镑）； 14%（超过一百万英镑）	15
3,000,000		8	10%（一百万英镑）； 15%（超过一百万英镑）	15

由表 3-10 可见，自 1894 年遗产税改革后经 1907、1909 年的改革，遗产税的税率历经提高，遗产越多，纳税越多。实行累进的遗产税更有利于国家用税收手段分配社会财富，增加国家财政收入。这样的做法不仅意味着征税程序的简化，还意味着税收应根据纳税者的财产价值累进征收的原则，这是一个巨大的进步。哈考特的遗产税改革实施后取得了良好的效果。此前的财政赤字不仅消失，而且还有节余。据统计，1893 年英国的财政赤字是 1,574,000 镑，遗产税改革后，财政节余是 765,000 镑。[1] 由以上数据可知，一战前英国的遗产税呈增长趋势。由遗产税的层次划分及税率可见，累进制实行后，遗产税很明显将大部分税负落到富裕者身上，就同间接税一般而言是落在穷人身上一样。有人评论说："多少年来，这些预算或多或少是富人的预算，现在我们有了穷人的预算。"[2]

哈考特的遗产税改革意义重大。对此，哈考特的传记作家曾这样描述："这是历史上的里程碑——也许对 19 世纪英国国家公共财政问题作出了重量级的贡献。遗产税的施行建立了新的税制原则，而哈考特自己也许未能认识到这一

---

[1]　J.F.Rees, *A Short Fiscal and Financial History of England 1815-1918*, Methuen & Co.ltd,1921,p.177.

[2]　郭家宏、王广坤：《论 19 世纪下半期英国的财税政策》，《史学月刊》2011 年第 8 期，第 82 页。

点。"①哈考特的遗产税改革将"建设性税收"思想向前推进了一大步。到 19 世纪末，几乎所有党派都接受了累进税这一重要原则，并且逐渐提高累进税制的税率。1907 年阿斯奎斯政府将遗产税税率提高到 11%，而劳合·乔治政府更是把遗产税税率提高到 15%。②1894 年改革后的遗产税为政府用税收手段缓解和解决社会问题提供了可资利用的财源。

由上可见，至 19 世纪末，英国直接税中的累进性质已为政府所接受，英国的财政大臣们现在认为英国的税收应该对那些有能力纳税的人征收，且税制实行累进制。税收不仅要承担为国家敛财的功能，而且还应该在实际上成为矫正社会不公正的有效手段。③对此，凯恩斯肯定了 19 世纪末以来英国的直接税在缓和收入分配不均方面取得的良好效果，他说："自从 19 世纪末叶以来，所得税、超额所得税、遗产税等直接税，在去除财富与所得之绝大差异方面已有长足进步，尤以英国为然。"④

哈考特的遗产税改革奠定了今天现代遗产税的雏形。据统计，1895—1896 年，遗产税共计征得 1,410 万镑；在 1913—1914 年，数字是 2,740 万镑；在 1923—1924 年，则是 5,780 万镑。⑤第一次世界大战结束后，奥斯丁·张伯伦将价值 200 万镑的遗产的税率提高到 40%，是此前税率的两倍，为此，英国的税收收入增加了 6,000 万镑。⑥此后，遗产税历经改革，1975 年，遗产税改称为"资产转移税"（Capital Transfer Tax）。1986 年"资产转移税"又被"遗产继承税"取代。

目前，英国已基本形成了包括所得税、遗产税、财产税和社会保障税等直接税与间接税并重的现代税收制度。20 世纪，英国的遗产税税率曾一度高达 80%，其征收对象是社会上的富有者，而对低于 3000 英镑的遗产则免征遗产税。遗产税多层次税率的设计有利于政府利用税收再分配社会财富，体现了税收的社会调节功能，是实现社会公正和平等的重要手段。

---

① Roy Douglas,*Taxation in Britain since 1660*,London：Macmillan Press Ltd.,1999,p.79.

② 郭家宏、王广坤：《论 19 世纪下半期英国的财税政策》，《史学月刊》2011 年第 8 期，第 82 页。

③ J.F.Rees,*A Short Fiscal and Financial History of England 1815-1918*,Methuen & Co.ltd,1921,p.170.

④ [英]凯恩斯：《就业利息和货币通论》，徐毓枬 译，北京：商务印书馆 1983 年版，第 321 页。

⑤ [英] 克拉潘：《现代英国经济史》（下卷），姚曾廙 译，北京：商务印书馆 2014 年版，第 533 页。

⑥ Roy Douglas,*Taxation in Britain since 1660*,London:Macmillan Press Ltd.,1999,p.111.

（三）土地税

土地税是对土地价值征收的一种直接税，早在罗马统治不列颠时代，罗马即依靠征收土地税作为财政收入的重要来源。土地税的征收一直延续到中世纪中后期。到盎格鲁—撒克逊时代，土地税先后以丹麦金和卡路卡奇的形式出现，并且土地税的征收额出现了下降趋势。此后，土地税在英国所占比重一直很小，直到1949年，土地税在英国消失。

1. 中世纪的土地税。中世纪早期，因生产力水平低下，工商业尚不发达，由此，来自工商业的税收收入也必然不能是政府财政收入的主要依靠。相反，因政府的生活资料主要依靠土地产出，因此，那时英国税收的主要来源则是农业税和人头税。在英国，罗马统治时期曾经将土地税作为政府的主要收入来源之一，此后，直到1066年诺曼征服前，盎格鲁—撒克逊国王为避免丹麦入侵也曾经征收土地税，那时的土地税曾被称为丹麦金（之后被卡鲁卡奇取代）。丹麦金最早于991年开始征收，是盎格鲁—撒克逊时期英国为避免丹麦侵扰而交给丹麦或被丹麦勒索的贡金，税率从每海德（hide，土地的基本单位）1先令到4先令不等，其基本税率是每海德2先令。丹麦金自开征后，被征收过多次。例如，991年，丹麦金的征收额为1万镑，1002年2.4万镑，1007年3.6万镑，1011年4.8万镑。[1] 1066年诺曼征服后，丹麦金依然被视为封建税收的一种而继续开征，与之前征收的丹麦金不同，诺曼征服后的丹麦金不再是交给丹麦人的贡金了，而是由国王收为己用。尽管如此，丹麦金也从未成为收入很多的税种，并且往往多年甚至十多年不见征收，且征收量很小，[2] 在税收体系中无足轻重。因丹麦金初征时系为反抗丹麦入侵而征，因而此税属于临时税和紧急税。因此，当诺曼征服后，虽然威廉一世继续征收丹麦金，但到威廉二世统治时期，威廉二世曾经许诺要废除"压迫性的丹麦金"。实际上，丹麦金仍然被多次征收。有时税率甚至是双倍（每海德4先令）。[3] 到亨利一世和亨利二世时期，丹麦金仍继续征收，但数额不大，次数不多。到1162年之后，亨利二世再也没有征收过丹麦金。对此，有史家认为："这是未曾有记录的一次贵族（男爵）对国

---

①　Stephen Dowell, *A History of Taxation and Taxes in England*, Vol.1, Frank Cass & Co.ltd., 1965, p.9.

②　G.L.Harriss, *King, Parliament and Public Finance in Medieval England to 1369*, Oxford: Clarendon Press, 1975, pp.5-6.

③　施诚：《中世纪英国财政史研究》，北京：商务印书馆2010年版，第146页。

王的胜利。"[1]事实上，丹麦金于 1163 年已不见于账册。[2]到 1169 年，丹麦金被废止。

为弥补丹麦金被废止所带来的损失，再加上贵族的反对，英国政府于 1194 年遂以"卡路卡其"（carucage）[3]代替之前的丹麦金，税率仍然沿袭丹麦金的标准税率，即每海德 2 先令。卡路卡其相对于丹麦金只不过换了一个税名，以新的征收单位"一犁之地"（即卡路卡其或卡路卡奇）[4]代替丹麦金的征收单位海德。[5]卡路卡其自 1194 年第一次征收后，又征收了几次，其税率不等，税额不大（与丹麦金相比）。据统计，1194、1198、1200、1220、1224 年的税率分别是 2、5、3、2、2 先令。[6]其征收额通常在数千镑上下，有数据显示，1200 年、1220 年所征仅为 7500 镑和 5500 镑。[7]这样的数额与丹麦金自然是无法相比的（丹麦金一次的征收额通常是数万镑）。因卡路卡其以土地为计税单位，所以，该税仍为土地税。到 13、14 世纪，卡路卡其因经常遇到贵族抵制而征收困难，再加上征收量小，在政府日益浩繁的开支中可有可无，因此，该税于 1224 年宣告废止。[8]此后，土地税在英国就很少课征了，若有，也只是非常时期的特殊举措，不成常例，且税额日减。

2. 近代以来的土地税变革。到 16、17 世纪，伴随着英国工商业的发展，政

---

① G.L.Harriss,*King,Parliament and Public Finance in Medieval England to 1369*,Oxford:Clarendon Press,1975,p.6.

② Stephen Dowell, *A History of Taxation and Taxes in England*,Vol.1,Frank Cass & Co.ltd.,1965,p.35.

③ 有关 carucage 的译法，施诚将之译为"卡鲁卡奇"。

④ 施诚教授将"一犁之地"译为"卡鲁卡特"。在英文资料中，在描述"卡路卡其"（卡鲁卡奇）时有两个单词，"carucage"和"carucate"，这两个词语的翻译和意指应是不同的，前者指税的名称，即"卡路卡其"（卡鲁卡奇），后者应是计税单位，即"卡鲁卡特"。——参见施诚：《中世纪英国财政史研究》，北京：商务印书馆 2010 年版，第 149 页；Stephen Dowell, *A History of Taxation and Taxes in England*,Vol.1,Frank Cass & Co.ltd.,1965,p.36；G.L.Harriss,*King,Parliament and Public Finance in Medieval England to 1369*,Oxford:Clarendon Press,1975,p.14.

⑤ Stephen Dowell, *A History of Taxation and Taxes in England*,Vol.1,Frank Cass & Co.ltd.,1965,p.36；G.L.Harriss,*King,Parliament and Public Finance in Medieval England to 1369*,Oxford:Clarendon Press,1975,p.14.

⑥ Stephen Dowell, *A History of Taxation and Taxes in England*,Vol.1,Frank Cass & Co.ltd,1965,pp.36-3；J.H.Ramsay,*A History of the Revenues of the Kings of England 1066-1399*,Vol.1,Oxford:Clarendon Press,1925,p.261,364.

⑦ G.L.Harriss,*King,Parliament and Public Finance in Medieval England to 1369*,Oxford:Clarendon Press,1975,p.15.

⑧ G.L.Harriss,*King,Parliament and Public Finance in Medieval England to 1369*,Oxford:Clarendon Press,1975,p.29.

府的财政收入逐渐以关税、消费税等工商税为主，土地税虽偶有征收，但所占比重不大。到 18 世纪，英国的土地税实际上是威廉三世时期对私人财产和固定薪金所征收的赋税，后因对个人财产的估定常常不能顺利进行，存在着诸多逃税和舞弊现象，因此对私人财产和固定薪金的税收改为土地税补助金进行征收。此后的 100 年间，土地税作为一种主要的直接税被征收。

18 世纪因西班牙王位继承战争之需，常年土地税的税率是每镑 4 先令，战争结束《乌得勒支条约》签订后，税率降为 2 先令。从 1717 至 1721 年间，常年土地税的税率因与西班牙的战争而提高至 3 先令。1722 年沃波尔任财政大臣期间将土地税的税率降为 2 先令，此后，土地税的税率因需要而几次调整，如，1727 年税率是 4 先令；1728 和 1729 年是 3 先令；1730 年沃波尔再次将税率降至 2 先令；1731 年常年土地税的税率第·次降至 1 先令，此税率一直保持到 1732 年。[1] 此时，常年土地税的税率重新恢复为 2 先令。从 1740 到 1749 年间，土地税的税率是 4 先令，此后的三年间税率是 3 先令，1753 年降至 2 先令并一直持续到 1754 和 1755 年。[2] 此后，因七年战争之需，土地税的税率提高到 4 先令（最高税率）并一直保持了 10 年（1756 到 1766 年）。1767 年，乔治·格伦维尔任财政大臣时将土地税的税率降至 3 先令。此后，土地税的税率一直保持在 3 先令的水平上（除了 1771 年是 4 先令外）。直到北美独立战争爆发，土地税的税率再次被提高到 4 先令。1793 年为应付对法战争的需要，小皮特将土地税与其他直接税一起打包征收，称之为"估价税"，这就是著名的"三倍估值法"。1798 年"出售土地税"被引入英国的税制中。这时，英国其他的税种都呈上升态势，而土地税仍保持传统的每英镑 2 先令的税率，土地税的收入额不足 10%，土地税在英国税收收入中所占比重很小。直到 20 世纪初，劳合·乔治提出征收土地价值税，对富有者征税，土地税在英国开启了具有"革命意义"的改革。

20 世纪初，在"建设性税制"改革思想指导下，劳合·乔治通过了"人民预算案"。所谓"人民预算"，是指通过对富有者开征所得税、遗产税及土地价值税等直接税而使社会的中低收入者受益的预算。因其主要对富有者征税，故

---

[1] Stephen Dowell, *A History of Taxation and Taxes in England*, Vol.3, Frank Cass & Co.ltd.1965, p.85.

[2] Stephen Dowell, *A History of Taxation and Taxes in England*, Vol.3, Frank Cass & Co.ltd.1965, p.86.

得美名"人民预算"。对此,乔治在演讲中说:"人民预算不仅仅是为养老金和其他社会福利计划提供资金,而且这也是筹集国家财源的一种新的更民主的手段。为了国家的安全,必须要筹集足够的钱。"①"我们的目标是筹集款项对贫穷与肮脏发动无情的战争。"② 根据该项预算,乔治主要采取以下几种方式增加税收收入。一、对年收入 5000 镑以上的人征收超额所得税,其中超过 3000 镑的部分征收每镑 6 便士的附加税。二、遗产税的税率比此前大为提高。其中超过 5000 镑的遗产,其税率由此前的 3%—10% 提升至 4%—14%。③ 三、征收土地价值税。对非劳动所得的土地价值(当其易手时)的增长征收 20% 的税收;对未开发的土地征收每镑 0.5 便士(刚 0.2% 多一点的税率)的资本税;同时,当租约到期时还给予出租人 10% 的返还税(Reversion Duty);乔治提出的另一种新的税收,即矿产资源开采权税,其税率是每镑征税 1 先令(5% 的税率),此税主要用于负担矿工的福利基金。④ 根据预算,征收超额所得税将会使税收收入增加 2,300,000 镑,提高遗产税税率会增加税收 2,850,000 镑。土地价值税征收后,英国国库收入增加了 50 万镑。⑤ 土地税的数额虽然不大,"但却是向传统的统治阶级(大土地所有者)开刀,因此意义重大……这种征富人税用来补贴穷人的做法却带有革命性"⑥。四、对所有人消费的烟和酒征税。五、对主要由富人消费的汽油和汽车征税。这实际上是引入了累进收入税,通过累进税的征收重新分配社会财富。

乔治的"人民预算案"中征收土地价值税主要是针对英国的大土地所有者。大土地所有者(地主阶级)在 20 世纪以前在英国占有很大的比例,其所拥有的财富远远超过了其为国家做出的贡献。正如乔治所言:"英国的土地所有者享受了土地价值增加带来的好处,然而财政开支的负担却由地方纳税人承担。"⑦ 乔治

① Bruce K.Murray, "The Politics of the People's Budget",*The Historical Journal*, Vol.16,No.3, 1973,p.558.

② 钱乘旦、陈晓律、陈祖洲:《日落斜阳——20 世纪英国》,上海:华东师范大学出版社 1999 年版, 第 39 页。

③ J.F.Rees,*A Short Fiscal and Financial History of England,1815-1918*,London:Methuen & Co.ltd., 1921,p.197.

④ Roy Douglas,*Taxation in Britain since 1660*,London:Macmillan Press Ltd.,1999,p.98.

⑤ Roy Douglas,*Taxation in Britain since 1660*,London:Macmillan Press Ltd.,1999,pp.96-97.

⑥ 钱乘旦:《寻求社会的"公正"——20 世纪英国贫富问题及福利制度演进》,《求是学刊》 1996 年第 4 期, 第 93 页。

⑦ E.R.A.Seligman, "Recent Tax Reforms Abroad",*Political Science Quarterly*,Vol.27, No.3(Sep., 1912.),p.461.

的"人民预算"出台的目的之一就是用征收土地价值税等直接税的方式向社会上的富有者开刀,"让富人付钱"成为乔治预算的口号。因此,当"人民预算"在议会讨论时遭到了大地主及议会上院的反对,乔治的征收土地价值税建议也未能取得很好的效果。如,奥斯丁·张伯伦致信其父约瑟夫·张伯伦说:"这是一种什么样的预算,除了无数的修改和增加外,还有超额所得税、土地税及非劳动收入所得税……劳合·乔治正在制造一种普遍的持久的不安情绪,这种情绪在很长时期都将对我们国家的命运产生影响。"[①]"人民预算案"在英国上下院间引起了激烈争论并引发了英国的宪政危机,最终促成1911年《议会法》的通过,重新确立了下院的税收大权。"人民预算"历经曲折,最终于1910年4月在下院通过。

第一次世界大战爆发前,英国土地税仍有征收,但数额与其他税收相比要少得多。据统计,1913—1914年间,英国的土地税收入只有70万英镑,远低于关税、所得税等税收收入。第一次世界大战结束后,第一届工党政府曾征收过土地价值税。早在1918年大选中,工党在其竞选宣言中宣扬:"土地属于人民,必须得到开发,以便为增加的农业人口提供较高的生活水平,不是通过补贴或关税,而是通过科学的生产方式,并把土地从地主土地所有制和倒退中解放出来。"[②]在1923年大选竞选宣言中,工党就自己的税收政策进行了说明,"开征土地价值税,且土地价值税的增长会减少所得税的负担。我们不仅要取消食品税,而且还要取消娱乐税和公司利润税。"[③]此后,土地税的痕迹一直保持到20世纪中期,所占比重很小。有数据显示,1928—1929年间,土地税收入占中央政府税收收入的比例仅有0.1%,几乎可以忽略不计。到20世纪中期,土地税在英国被废除。

综上所述,19、20世纪,英国直接税经历了一系列调整和变革,逐步向现代直接税转变。到20世纪初,英国已初步奠定了现代直接税的雏形。此后,直接税历经改革,目前已建立起以所得税(个人所得税为主)、遗产税、社会保障税为主现代税制体系。19、20世纪英国现代直接税历经调整后,具有十分鲜明

---

① 丁建定:《从济贫到社会保险:英国现代社会保障制度的建立1870—1914》,北京:中国社会科学出版社2000年版,第118页。

② 崔士鑫:《历史的风向标:英国政党宣言研究》,北京:北京大学出版社2013年版,第82页。

③ Iain Dale,*Labour Party General Election Manifestos,1900-1997,*London and New York:Routledge, 2000,p.25.

的特点，即优化税收结构、更加重视直接税的社会调节功能。直接税是指由纳税人直接承担纳税义务的税收，是不能转嫁的，这是直接税的最鲜明特点。同时，因社会阶层不同，社会财富的享有各有差异，因此，税收的社会调节作用尤为重要。为此，19、20世纪英国政府在"建设性税制"改革思想指导下，强调税收社会调节功能的重要性并因此改革了税收结构，提高了直接税比重，同时，直接税实行累进征税原则，收入或财产越多，纳税越多。这是英国政府利用直接税调节社会财富分配、缓解贫富差距的重要手段，这一手段在20世纪之前虽然有所体现，但并不为政府所重视。20世纪以来英国遗产税、所得税、土地税、社会保障税、利润税、资本税等直接税的开征一方面为政府筹得了收入，另一方面用税收的手段调节社会资源再配置，缓解社会贫富差距，体现税收的公正和平等，发挥税收的社会调节作用。

与直接税变革同步，19世纪中期至20世纪初期英国的间接税也经历了诸多调整，这主要表现在关税、消费税等间接税的变革上。

二、间接税的变革

与直接税不同，间接税是指纳税人和实际税负承担人不一致的税收，具有"隐蔽性"和"可转嫁性"的特点，属于"静悄悄的"税收。与直接税相比，间接税具有累退性特点，税收大都由社会的中下阶层承担，不能够发挥税收的社会调节功能。自中世纪以来，英国就已开始征收关税，此后一直到19世纪中期，关税和消费税一直是英国政府收入的主要来源，直接税所占比重不及间接税，这种趋势一直持续到19世纪末20世纪初。此后，英国直接税超过间接税，关税和消费税也历经调整。目前，英国间接税基本上以关税、消费税、增值税、印花税等为主。

（一）关税

关税是对出入本国的进出口货物征收的一种税收。在英国，关税自中世纪即已开始征收，那时，关税还是国王的一种特权税。此后，随着议会权力的扩大，关税权亦逐渐由议会控制，关税的性质由此发生变化[1]，成为议会控制的间接税。在英国，自中世纪开征关税以来，关税一直是政府收入的主要来源。拿破仑战争结束后，英国的关税政策（尤其是保护性关税政策）已不能适应新兴

---

[1] 参见于民：《论16—17世纪英国关税性质的演变》，《苏州科技学院学报》（社会科学版）2007年第1期。

的工业资本家对市场的需求，由此，英国关税进行了多次调整，其趋势是逐渐减少甚至取消保护性关税，实行自由贸易政策。1846 年《谷物法》的废除和1849 年《航海法》的取消是英国放弃保护主义实行自由贸易政策的重要标志。自由贸易政策在英国一直持续到 20 世纪 20 年代末 30 年代初，世界经济危机爆发后，英国放弃自由贸易政策，改行贸易保护主义，实行保护性关税政策。之后，根据形势需要，英国在自由贸易和关税保护之间徘徊，有关关税保护和自由贸易的争论从来不曾停止过。目前，英国关税虽仍是国家税收的组成部分，但其占国家税收收入的比重已很小。

1. 19 世纪初至 19 世纪中期的关税改革

（1）关税改革的背景

在英国历史上，有关自由贸易和实行保护性关税的争论一直伴随着英国资本主义的发展历程。19 世纪中期以前，英国奉行重商主义，强调对外国进口商品征收重税，实行贸易保护主义。但伴随着资本主义的发展及工业革命的推进，此前的关税和贸易保护主义政策已不能满足工业革命对世界市场的需求，也不能解决新兴工业资本家对自由市场的需要。在这样的背景下，19 世纪初，尤其是拿破仑战争结束后，英国根据形势需要进行了一系列关税改革。到 19 世纪中期，伴随着《谷物法》和《航海法》的废除，英国基本上取消了关税保护政策，自由贸易开始占主导地位。总结 19 世纪初在英国开始的关税改革运动的原因，大抵有以下几方面：一、重商主义的衰落和主张自由贸易的古典政治经济学的兴起；二、关税保护弊端日益阻碍国家经济发展和国民利益公平享有；三、工商业制造者、普通大众的利益诉求。

第一，重商主义的衰落和主张自由放任的古典政治经济学的兴起。如前所述，自 16 世纪中叶至 18 世纪中叶，英国奉行重商主义经济理论。重商主义理论是资本主义发展早期国家在经济和贸易领域实行的以鼓励出口、禁止进口为主要特征的经济理论。这一理论在资本主义发展早期确实推动了国家的发展和国民财富的快速积累。但伴随着资本主义的发展，尤其是 18 世纪后期工业革命进行后，这种国家干预经济和贸易的政策越来越不能适应工业革命中兴起的工业资产阶级的利益诉求。由此，在理论界和政府层面都开始了批评重商主义、倡导自由放任的行动。特别是 1832 年英国第一次议会改革后，工业资产阶级获得了相应的政治权利，这为其在经济和贸易领域倡导抛弃重商主义、实行政府不干预经济和贸易的自由放任政策奠定了政治基础。对此，萨拜因说："商业和工业资产阶级的地位和影响变得更加巩固是改革的主要原因。"[1]

实际上，自由放任资本主义并不是一蹴而就的，而是经历了一个发展演变的历程，这一历程可从理论和实践两个层面分析。理论上，早在18世纪六七十年代，英国古典自由主义时期[2]，英国苏格兰启蒙运动[3]开始关注英国经济生活的运行及政府如何干预经济生活的问题。这场运动的主要代表人物亚当·斯密"有资格被称作我们当今资本主义制度的设计师"[4]。1776年，亚当·斯密发表了其代表作《国民财富的性质和原因的研究》（又称《国富论》）。在书中，斯密批评了重商主义的弊端："这种主张政府干预和保护的重商主义体系并不是由消费者所决定的，相反，消费者的利益是被忽视的。而这一体制的设计者和生产者才是真正的受益人。"[5]斯密批判了重商主义的经济思想和政策主张，提出了全新的自由主义的经济主张。斯密反对高关税，反对政府对商业和市场的干涉："垄断乃是良好经营的大敌，只有依靠自由和普遍的竞争，才能使良好经营普遍确立起来。自由和普遍的竞争势必驱使各个人，为了自卫而采用良好的经营方法。"[6]同时，斯密倡导自由放任，认为，在经济的运行过程中，政府的作用就是尽可能少干预，只当好"守夜人"和"夜警察"就行了。斯密自由放任经济理论的前提是"经济人"假设，认为人都是自私自利的，如果每个人在市场活动中都能取得自我利益的最大化，那就能实现个人利益和公共利益的和谐和国民

① 李强：《自由主义》，第三版，北京：东方出版社2015年版，第89页。

② 在资本主义发展的过程中，英国的自由主义因时代背景不同经历了侧重点有所差异的自由主义发展，一般可分为古典自由主义、新自由主义和新古典自由主义。古典自由主义主要是指17世纪至19世纪70年代的自由主义，主要倡导个人权利、自由放任和有限政府等；新自由主义主要是指19世纪70年代后至20世纪30年代的自由主义，主张积极国家政策，倡导国家要干预社会经济生活；新古典自由主义是指20世纪70年代兴起的反对国家对经济和社会干预破坏市场经济发展的自由主义，主张削弱政府职能。关于自由主义发展的不同阶段，有的学者还将之分为古典自由主义、新自由主义和后自由主义。有的学者将之分为古典自由主义、新型自由主义和新自由主义。自由放任资本主义则是古典自由主义发展阶段主张经济和贸易领域充分发挥市场作用的自由主义。自由放任资本主义与自由主义不是同一个概念。——参见李强：《自由主义》，第三版，北京：东方出版社2015年版。

③ 苏格兰启蒙运动是1740—1790年间，苏格兰的知识分子关注经济如何运行、倡导经济和贸易自由的运动。该运动的主要代表人物有大卫·休谟、亚当·斯密和亚当·弗格森等。

④ [美]列奥·斯特劳斯、约瑟夫·克罗波西：《政治哲学史》，下册，李天然等译，石家庄：河北人民出版社1993年版，第730页。

⑤ Roderick Floud and Paul Johnson,*The Cambridge Economic History of Modern Britain,Volume I:Industrialisation,1700-1860*,Cambridge:Cambridge University Press,2004,p.188.

⑥ [美]小罗伯特·B.埃克伦德，罗伯特·F.赫伯特：《经济理论和方法史》，第四版，杨玉生等译，北京：中国人民大学出版社，2001年，第85页。

财富的最大增加。正如斯密在《国富论》中所说的："我们每天所需的食料和饮料，不是出自屠户、酿酒家或烙面师的恩惠，而是出于他们自利的打算。我们不说唤起他们利他心的话，而说唤起他们利己心的话。我们不说自己需要，而说对他们有利。"[①] 斯密认为，由于每个个人都努力把他的资本尽可能用来支持国内产业，都努力管理国内产业，使其生产物的价值能达到最高程度，他就必然竭力使社会的年收入尽量增大起来。确实，他通常既不打算促进公共的利益，也不知道他自己是在什么程度上促进那种利益。由于宁愿投资支持国内产业而不支持国外产业，他只是盘算他自己的安全；由于他管理产业的方式目的在于使其生产物的价值能达到最大程度，他所盘算的也只是他自己的利益。在这场合，像在其他许多场合一样，他受着一只看不见的手的指导，去尽力达到一个并非他本意想要达到的目的。也并不因为事非出于本意，就对社会有害。他追求自己的利益，往往使他能比在真正出于本意的情况下更有效地促进社会的利益。[②] 斯密的自由放任理论受到了哈耶克的高度评价："在苏格兰启蒙运动的社会哲学家与政治经济学家那里，我们发现了对自由主义基本原则的第一次系统的阐述。"[③]

继斯密之后，大卫·李嘉图、功利主义的代表人物边沁和曼彻斯特学派又将自由放任进一步发展，最终成为 19 世纪 40 年代至 19 世纪 70 年代英国经济政策的指导思想。李嘉图是主张自由放任政策的另一代表人物，当李嘉图还是议员的时候，就曾经在下院宣称自由放任主义，为工业资产阶级的利益发声。李嘉图和斯密都认为，只有当国家的经济运行处于最自由的状况时，市场才能不受节制地发挥作用，国民财富才会实现最大增长。边沁是功利主义的代表者，1793 年，在其《政治经济学手册》中，边沁提出"让我们自由吧"（let us alone），[④] 边沁也认为只有当每个人都实现自我利益的最大化时，全社会的最大利益才会最终实现。对斯密、李嘉图和边沁的经济理论，钱乘旦教授认为："斯密—李嘉图的'自由经济理论'和边沁的'功利主义'是英国工业化道路的

---

① ［英］亚当·斯密：《国民财富的性质和原因的研究》，上卷，郭大力、王亚南 译，北京：商务印书馆 2009 年版，第 14 页。

② ［英］亚当·斯密：《国民财富的性质和原因的研究》，下卷，郭大力、王亚南 译，北京：商务印书馆 2009 年版，第 27 页。

③ 李强：《自由主义》，第三版，北京：东方出版社 2015 年版，第 76 页。

④ Max Handman, Abbott P.Usher, "Economic History—the Decline of Laissez Faire", *The American Economic Review*, Vol.21, No.1(Mar.,1931), p.3.

指导思想,在这种思想指导下英国走上了自由资本主义道路。"①1820年,为反对政府对土地贵族的谷物利益保护,曼彻斯特的工商业者组织在一起,形成了"曼彻斯特学派",发起了反对《谷物法》、倡导自由放任的运动。实践上,斯密、李嘉图、边沁和曼彻斯特学派的自由放任理论促成了自由放任主义在实践中的推行。其中,1846年《谷物法》和1849年《航海法》的废除即是自由放任主义在实践中获胜的标志。

第二,关税保护弊端日益阻碍国家经济发展和国民利益公平享有。对任何国家而言,关税和贸易的主要目的一为国家筹集财政收入,二为保护本国利益不受外力利益损害。19世纪中期以前,英国曾奉行贸易保护主义,对外国商品征收高额关税,英国政府的关税保护政策的确为正处于发展时期的资本主义提供了保护,为英国工业革命的发展和工业地位的确立奠定了基础,具有一定的积极作用。对此,恩格斯曾说:"现代工业体系即依靠用蒸汽发动的机器的生产,就是在保护关税制度的卵翼之下于十八世纪最后三十多年中在英国发展起来的。"②实际上,"保护关税制度并不是资本主义生产方式的正常条件,而是处于幼年时期的资产阶级为了聚集力量而实行的自我保护政策"③。因为"保护关税制度不仅可以有益于还在继续同封建制度作斗争的尚未充分发展的资本家阶级,而且也可以有益于像美国这样一个国家——它从未见过封建制度,但是已经达到势必从农业向工业过渡这一发展阶段——的新兴资本家阶级"④。由此,"资产阶级需要保护关税是为了根除以封建贵族为代表的中世纪残余和'天生的'现代寄生虫,而且也是为了毫无阻碍地揭示自身的内在本质,所以连工人阶级也想为资产阶级取得无限的统治权出一把力"⑤。然而,一旦资本主义发展和强大起来后,此前国家实行的高关税壁垒和贸易保护主义就不能被新兴的工业资产阶级所容忍,保护关税制度"对于任何一个有希望获得成功而力求在世界市场上取得独立地位的国家都会变成不能忍受的镣铐"⑥。马克思曾指出:"保护关税制度不过是在某个国家建立大工业的手段,也就是使这个国家依赖于世界市场,

---

① 钱乘旦、许洁明:《英国通史》,上海:上海社会科学出版社2012年版,第222页。

② 《马克思恩格斯全集》,第21卷,北京:人民出版社1965年版,第414页。

③ 张宇:《马克思主义的全球化理论及其从经典到现代的发展》,《政治经济学评论》2004年第3期,第8页。

④ 《马克思恩格斯全集》,第21卷,北京:人民出版社1965年版,第419页。

⑤ 《马克思恩格斯全集》,第4卷,北京:人民出版社1958年版,第68页。

⑥ 《马克思恩格斯全集》,第21卷,北京:人民出版社1965年版,第431页。

然而，一旦它对世界市场有了依赖性，对自由贸易也就有了或多或少的依赖性。此外，保护关税制度也促进了国内自由竞争的发展。因此，我们看到，在资产阶级开始以一个阶级自居的那些国家（例如在德国），资产阶级便竭力争取保护关税。保护关税成了它反对封建主义和专制政权的武器，是它聚集自己的力量和实现国内自由贸易的手段。"[1]

　　综上，19世纪初英国实行的关税和贸易保护政策一方面保护了国内土地贵族的利益，一定程度上使国内工商业免于外国的侵扰，但同时，对外国商品征收的高关税政策也损害了新兴工业资本家和社会中下阶层的利益。尤其是1815年拿破仑战争结束后，英国消除了多年的竞争对手法国，实现了"扩张在东方的贸易和夺取世界各地战略点的目标"，[2]"英国就已经成了一切最重要的工业部门的世界贸易的实际垄断者"[3]。这就"让愈来愈多的英国经济界人士认识到只有开放自由贸易，才是确保英国继续支配世界经济的最便宜、最有利的政策"[4]。对此，马克思、恩格斯指出英国贸易政策转变的必要性："在17世纪，商业和工场手工业不可阻挡地集中于一个国家——英国。这种集中逐渐地给这个国家创造了相对的世界市场，因而也造成了对它的工场手工业产品的需求，这种需求是旧的工业生产力所不能满足的。这种超过了生产力的需求正是引起中世纪以来私有制发展的第三个时期的动力，它产生了大工业——利用自然力来为工业服务，采用机器生产以及实行最广泛的分工。这一新阶段的其他条件——国内自由竞争，理论力学的创立（牛顿所完成的力学在18世纪的法国和英国都是最普及的科学）等等——在英国都已具备了。（国内的自由竞争到处都是通过革命的手段争得的，例如，英国1640年和1688年的革命，法国1789年的革命。）竞争很快就迫使每一个不愿丧失自己的历史作用的国家，为了保护自己的工场手工业而采取新的关税措施（旧的关税已无力抵制大工业了），并随即在保护关税的保护下开办大工业。尽管有这些保护措施，大工业仍使竞争普遍化了（竞争使实际的贸易自由；保护关税只不过是抵制竞争的治标办法，是贸易自由范围内的防卫手段），创造了交通工具和现代化的世界市场，控制了商业，把所有

① 《马克思恩格斯文集》，第1卷，北京：人民出版社2009年版，第758页。
② 尹建龙、陈雅珺：《工业化时期英国企业家群体与自由贸易转向——以"反谷物法同盟"为例》，《江西社会科学》2019年第2期，第156页。
③ 《马克思恩格斯全集》，第21卷，北京：人民出版社1958年版，第414页。
④ 张本英：《自由帝国的建立：1815—1870年英帝国研究》，合肥：安徽大学出版社2009年版，第9页。

的资本都变为工业资本，从而使流通加速（发达的货币制度）、资本集中。大工业通过普遍的竞争迫使所有人的全部精力极度紧张起来。"① "土地贵族被迫让步。谷物税和其他原材料税被废除了。自由贸易成了风行一时的口号。当时英国工厂主及其代言人即政治经济学家的下一个任务是，使其他一切国家都改信自由贸易的宗教，从而建立一个以英国为大工业中心的世界，而其他一切国家则成为从属的农业区。"② 马克思、恩格斯认为："自由贸易是现代资本主义生产的正常条件。只有实行自由贸易，蒸汽、电力、机器的巨大生产力才能够获得充分的发展。"③ "不列颠的贸易达到了神话般的规模；英国在世界市场上的工业垄断地位显得比过去任何时候都要巩固；新的冶炼厂和新的纺织厂大批出现，到处都在建立新的工业部门。"可以说，这一切都是由"废除食品和原料的保护关税引起的"④。19 世纪初在英国开始的关税改革运动反映了新兴工商业制造者、普通大众和政府的利益诉求。

第三，工商业制造者、普通大众的利益诉求。拿破仑战争结束后，英国的工业化的"起飞"阶段已经完成，英国的工业相比于其他欧洲国家已显示出明显的优势。工业革命和对外贸易的增长需要破除保护主义的关税政策，实行自由贸易。尤其是《谷物法》的实行严重损害了工商业制造者的利益，受到他们的强烈反对，他们声称只有改变英国的贸易体制，为其他国做榜样，才能改变对英国不利的局面。⑤

《谷物法》的实行不仅损害了新兴工商业制造者的利益，而且因对外国进口谷物征收高额关税，导致谷物价格上涨，生活成本上升，这严重损害了英国工人阶级和普通大众的利益。因此遭到他们的反对。正如伊曼纽尔·沃勒斯坦所言："1815 年，英国仍然是一个实行贸易保护主义的强国，国家在管理对外贸易和实施海外扩张上发挥着重要作用。关税保护不仅涉及农业，而且涉及英国不断增长的制造业。对熟练劳动力移民海外和机器出口施加了严格的限制。"⑥ 英国的贸易保护主义在拿破仑战争结束之后产生了很坏的影响，对此，伊拉姆说：

---

① 《马克思恩格斯全集》，第 3 卷，北京：人民出版社 1960 年版，第 67—68 页。
② 《马克思恩格斯文集》，第 1 卷，北京：人民出版社 2009 年版，第 758 页。
③ 《马克思恩格斯全集》，第 21 卷，北京：人民出版社 1965 年版，第 416 页。
④ 《马克思恩格斯全集》，第 21 卷，北京：人民出版社 1965 年版，第 416 页。
⑤ 钱乘旦：《英国通史》，第五卷，南京：江苏人民出版社 2016 年版，第 15 页。
⑥ [美] 伊曼纽尔·沃勒斯坦：《现代世界体系》，第四卷，吴英 译，北京：社会科学文献出版社 2013 年版，第 45 页。

"相比以前英国工业化的初期，贸易保护主义在拿破仑战争之后产生了更为严重的后果，在前一时期它几乎建构了一个新的体系……考察实际的 [而不是 '官方的'] 量值，英国的关税在 18 世纪末时是非常适中的……紧迫的问题是增加收入 [这解释了关税在 19 世纪初的大幅提高]。"① 对关税保护的不利影响，伊拉姆认为，因关税保护导致英国的进口额明显减少，这影响了那些潜在买主的购买力。为此，英国的"财政体制 [正在使] 她的国际经济失去平衡"②。伊拉姆认为，正是因为实行贸易保护主义和高关税壁垒，致使英国失去了在 19 世纪上半期发展贸易的机会。"从许多方面看，19 世纪上半期应该是英国贸易顺利发展的时期。她越来越多地实现机械化的产业所具有的技术优势，她的煤炭和机械行业开发国内和国外市场的可能性——这两个产业在 1825 年以后都可以更自由地出口产品，她的商船提供商业服务的潜力，以及对她所拥有资本的需求，所有这些创造出的发展机遇在整个经济史中都是无与伦比的。但在战后时期实行高度贸易保护政策的背景下，这个机遇最终并没有被抓住。"③ 有鉴于此，英国在拿破仑战争结束后先后进行了四次关税改革，至 19 世纪中期，以《谷物法》和《航海法》的废除为标志，英国最终确立了自由贸易的主导地位。

（2）19 世纪中期开始的四次关税改革与自由贸易的胜利——以《谷物法》《航海法》的废除和《英法商约》签订为例

第一，拿破仑战争结束后至 19 世纪中期的关税改革。拿破仑战争结束后英国繁多、沉重的税收引来了国民的抱怨和不满，而且以间接税为主的税制结构亦对英国的对外贸易和国内工业生产造成危害。在这样的背景下，1816 年之后英国历届政府开始调整关税，其中，19 世纪中期进行的四次关税改革为英国自由贸易的胜利、关税保护政策的取消奠定了基础。拿破仑战争结束后，至罗宾逊（继范西塔特之后任财政大臣）、哈斯基森（贸易部长）和古尔本任财政大臣时（1822—1829），罗宾逊与哈斯基森一起开始在国内实行改革，这次改革最终导致了英国以自由贸易代替了特殊利益的保护主义政策。简言之，哈斯基森任贸易部部长标志着英国财政史新时代的到来，英国的商业税改革开始。财

---

① [美] 伊曼纽尔·沃勒斯坦：《现代世界体系》，第四卷，吴英 译，北京：社会科学文献出版社 2013 年版，第 46 页。

② [美] 伊曼纽尔·沃勒斯坦：《现代世界体系》，第四卷，吴英 译，北京：社会科学文献出版社 2013 年版，第 46 页。

③ [美] 伊曼纽尔·沃勒斯坦：《现代世界体系》，第四卷，吴英 译，北京：社会科学文献出版社 2013 年版，第 46 页。

政大臣罗宾逊的座右铭是"自助者天助"。英国在经历了痛苦的 1820、1821 和 1822 年后，迎来了繁荣的 1823、1824 和 1825 年。1824 年，英国政府用剩余的统一基金支付政府的年度需要。由此，罗宾逊也能够继续他的减税计划。罗宾逊与哈斯基森一起开始英国商业税的重要改革。财政大臣罗宾逊在他的预算演说中说："我们为什么不解放英国的商业呢？为什么我们不割断把英国拴在地球上的绳索而让它飞向高空以把我们的工业品带到世界的每个角落呢？哪个时期可能是更吉祥的呢？我们身边的每一件事都非常成功……这是我们所期望的最好的机会来割断古老的束缚英国国家能力的绳索，重新开始追求英国的国家财富的增长。"[1] 为此，罗宾逊与哈斯基森一起开始了商业税改革，具体情况如下：

一、丝绸税改革。罗宾逊降低了生丝和抛丝的进口税率，哈斯基森通过了取消限制外国丝织品进口的规定，取消了对出口丝绸制成品的奖励金，废除了授权地方法官有权规定受雇于工厂的工人工资的其他法案。简言之，利物浦政府的改革在实际上是为了对贸易进行革命，将之置于比此前用强力人为安排更为令人满意的基础上。二、毛织品的税制改革。政府降低了进口羊毛的关税（此税在 1819 年时曾不幸地被提升至极为过分的税率）。废除存在已久的禁止活绵羊、羊毛、野兔和兔毛及兔皮的规定给农业利益带来了很大的好处。然而，政府又对出口羊毛、羊毛制成品征收很小的每磅 1 便士的出口税率。[2] 三、降低煤炭税的税率。四、大量削减朗姆酒的税率。五、废止法律诉讼印花税。

综上，罗宾逊和哈斯基森商业改革中被废除的税收及其税额如下[3]：

上述被免除的税收总额估价如下（单位：英镑）：

丝绸	460,000
羊毛	350,000
煤炭	200,000
联合税（工会税，the union duties）	300,000
朗姆酒税	150,000
诉讼印花税	200,000

---

① Stephen Dowell, *A History of Taxation and Taxes in England,* Vol.2,Frank Cass & Co.ltd.1965,p.275.

② Stephen Dowell, *A History of Taxation and Taxes in England,* Vol.2,Frank Cass & Co.ltd.1965,p.276.

③ Stephen Dowell, *A History of Taxation and Taxes in England,* Vol.2,Frank Cass & Co.ltd.1965,p.278.

上述税收总计 166 万英镑。然而，因废除朗姆酒税导致的损失又通过提高殖民地烈性酒的进口税而得以补偿。另一方面，诉讼印花税的废止所导致的损失在国内税收报告中有所说明，总计 27.5 万英镑。

在间接税下，对进口大麻的关税削减至一半，咖啡税和可可饮料税以及出售的苹果酒消费税也有所降低 (此税曾在 1819 年不幸被征收附加税)。为了增加白酒的消费（它跟不上人口的增长速度），其税率被降低：对法国白酒的税率每加仑降至 6 先令，其他白酒的税率降至每加仑 4 先令。为了抑制违法的酿酒，同时与华莱士勋爵的建议保持一致，政府将蒸馏税的税率降至每加仑 7 先令。此法同样适用于苏格兰。

除了上述情况外，政府的财政收入因新关税的降低而有很大的损失，据估计，其损失情况如下[1]（单位：英镑）：

房屋税	220,000
仆人税	50,000
大麻税	100,000
咖啡税	150,000
白酒税	230,000
港口税	250,000

综上，政府财政收入损失超过 100 万英镑。据估计，烈性酒税和朗姆酒税的减少所带来的财政损失是 75 万英镑。然而，两年后此税的损失又由纳税的烈性酒的消费税的巨大提高而得以补偿。

到 1825 年，英国通过了关税改革，通过了《关税法案》。改革中，原先很多的法律因已经过时而被废除。其中，有关关税的新法案有 11 个，分别涉及不同的关税和贸易。据统计，1825—1826 年被废止的关税额达 1,300,000 英镑。[2] 至 1827 年，利物浦内阁辞职，坎宁组阁，新任财政大臣是帕默斯顿。1828 年威灵顿公爵组阁，财政大臣是古尔本。古尔本任财政大臣后继续改革关税，降低或废除某些商品的关税。至新任财政大臣帕内尔、阿尔索普时期，继续降低关税，英国政府的财政税收收入因此大大减少。为弥补政府的税收收入损失，

① Stephen Dowell, *A History of Taxation and Taxes in England,* Vol.2,Frank Cass & Co.ltd.1965,p.279.

② Stephen Dowell, *A History of Taxation and Taxes in England,* Vol.2,Frank Cass & Co.ltd.1965,p.287.

1835 年墨尔本组阁，新任财政大臣是斯普林·赖斯（Spring Rice）。1836 年，财政大臣斯普林·赖斯利用他财政大臣的职位和权力废除和减少了纸张税，给政府税收收入带来 40 万英镑的损失。赖斯又将报纸税的税率降低至 1 便士，由此在英国第一次将报纸带给中产阶级。对报纸的征税自安妮女王的托利党政府时期即已征收保障作为知识的必备工具已经证明是适合征税的物品，尤其在战争年代更是如此。比如，七年战争期间理雅各征收的附加印花税，北美独立战争期间诺斯征收该税，与法国战争期间第三次征收该税。诺斯和皮特都将报纸作为一种奢侈品对其征税。然而，现在的观点发生了变化。1833 年阿尔索普放弃他在 1831 年预算中提议的重征该税的建议，认为此税应该废除。现在，在辉格党的税收名单中报纸税被列入废除之列。同时，有关废除肥皂税的努力也正在进行着，为废除肥皂税而打出的旗号是"让人们洗和清洁"。然而，这些争论并未普及，而对情报征税的降低给政府税收收入带来 30 万英镑的损失。1837—1842 年，英国的财政陷入困境，具体表现为：加拿大的业务费、每年日益增长的陆军和海军费用开支在 1841 年是 1550 万英镑，而 1835 年该费用是 1175 万英镑。1837—1838 年的财政赤字约 150 万英镑，1839 年将近 50 万英镑，1840 年将近 150 万英镑，1840—1841 年将近 175 万英镑的财政赤字。[①]

1839 年墨尔本辞职，维多利亚女王召唤威灵顿公爵组阁。在威灵顿公爵的建议下，皮尔重新回到内阁任职，辉格党再次执政，新任财政大臣是法兰西斯·桑希尔·巴林（Francis Thornhill Baring）爵士。1840 年，财政大臣巴林为了应付 273.2 万英镑的财政赤字而增加某些税种的税收，具体如下（单位：英镑）：

港口税和消费税（5% 的税率）	1,426,000
烈性酒税（附加税率为 4 便士）	485,000
估价税（10% 的税率）	426,000
总计	2,337,000

1840 年征收的附加税税收额没有达到预期的希望，然而，烈性酒的税收因爱尔兰《梅休条约》的相关条款规定而有所减少。1841—1842 年度，英国的财政赤字几乎达到 250 万英镑。在这种情况下，财政大臣巴林要如何做呢？巴林决定降低对木材和糖的保护性关税，期望通过这种方式能获得 60 万英镑和 70

---

① Stephen Dowell, *A History of Taxation and Taxes in England*, Vol.2, Frank Cass & Co.ltd.1965, pp.310-311.

万英镑的税款，总计 1300 万英镑的收入。同时，巴林抛出了降低制成品税的诱饵（制造业者目前正施加压力要求降低税收）。①

1841 年对英国的财政史具有非常重要的意义和价值。此时，辉格党执政将近 10 年（在格雷和墨尔本的领导下）。他们废除了旧的封建渔猎法，改革了与渔猎法相关的法律；他们进行了议会改革；他们规定了在工厂做工的童工和年纪较小的人的相关法律（出于保护他们的身心健康考虑）；但是在财政问题上，辉格党是失败的。阿尔索普作为财政大臣没有取得成功，斯普林·赖斯任财政大臣时辉格党的财政状况非常不好。而国家财政赤字则使政府对财政制度进行必要的改革，此时，所有的眼睛都盯着首相皮尔。1841 年，皮尔组阁，新任财政大臣是古尔本。皮尔执政后，对关税进行了一系列改革并且重征所得税，由此，我们说 1842 年是英国财政史上具有划时代意义的一年。自此以后，所得税逐渐成为英国的常税，间接税在税制中所占比重日渐下降。

第二，19 世纪中期的四次关税改革与《谷物法》《航海法》的废除。1842 年，皮尔提出了 19 世纪英国最重要的一种财政预算。有关 1842 年皮尔财政预算的重要性，我们有必要通过分析英国进口关税的性质变化加以说明。起初，政府征收进口税的主要目的是增加政府收入，然而，随着时间的推移，国内生产者逐渐认识到对进口物品征收关税将会对自己有利，在这样的背景下，关税征收的目的又有了"保护性"的特征。然而，这样的保护性关税特征完全背离了政府起初为增加收入而开征的目的。因为，保护性关税必然意味着要将外国的商品排斥于英国的本国市场，由此可以确认的问题是政府的关税收入中来自外来商品的进口关税将减少。

然而，关税，无论是为了增加政府收入的目的还是保护性目的，必然会对其他生产产生不利的后果。因为关税的征收提高了人们赖以为生存的商品的价格，同时亦增加了其他商品的生产成本，这必将损害其他商品生产和国内消费者的利益。为此，富裕的制造商和贫穷的工人都开始赞赏自由贸易的理论，认为高关税只能产生有害的影响。

首先，19 世纪中期的四次关税改革。为了使负担更加公平，皮尔开始对关税进行改革，1842 年的关税改革涉及约 1200 种物品。其中，降低税率的涉及 750 种：原材料税降低，当然，在一些情况下有些只是名义上的降低。对制

---

① Stephen Dowell, *A History of Taxation and Taxes in England,* Vol.2,Frank Cass & Co.ltd.1965,p.313.

成品的所有关税则有大幅缩减。据统计，因关税削减而造成的税收收入损失是120万英镑。到1844年，对醋的消费税被废除，黑加仑、开发、特定种类的玻璃、羊毛和海上保险税被豁免，其总额约达40万英镑。经过上述赋税改革后，英国1843—1844年度的收入大大增加，到1845年贸易稳步提升。英国经济停滞的局面亦因英国全国性的铁路建设而走出困境，此时英国的就业状况良好，同时铁路的修建也给英国的财政带来了很大的益处，无数从事铁路建设和运河修建的工人消费了大量的烈性酒和啤酒及价值数以百万镑的烟草。

1846年，皮尔进一步推行关税改革。对此，皮尔说："为了能够让我通过税收改革为国家的商业繁荣奠定基础，请允许我进行进一步的财政改革。"议会也认为英国国家的繁荣及财政的提升在很大程度上是由皮尔促成的，议会对皮尔的睿智和能力非常有信心，因此接受了皮尔的建议。由此，英国开始了第二次关税修正案，同时，对其他税收的改革亦同时进行。[①] 第二次关税修正包括不少于450种物品的关税的废除，其中主要是制造业原材料税：未染的生丝和抛丝、大麻、亚麻、麻的粗纤维、海狸毛、原棉、兽皮、皮毛、树皮、靛蓝、苏打灰、草碱、棕油、鲸油和橄榄油等。所有纳税的出口物品，包括出口煤炭等的关税都被取消。到1853年和1860年，英国又进行了第三次和第四次关税改革，废除或缩减了若干种商品的税收。据统计，1842—1870年间，英国四次关税改革给英国造成的损失如下。[②]

1842—1870年间英国的税收变化情况概括：

消费品税	
进口物品：	
第一次关税改革（1842年）	1,200,000
第二次关税改革（1845年）	3,500,000
豁免（1846年）	750,000
第三次关税改革（1853年）	1,250,000
第四次关税改革（1860年）	2,250,000
共计	8,950,000

① Stephen Dowell, *A History of Taxation and Taxes in England,* Vol.2, Frank Cass & Co.ltd.1965, p.327.

② Stephen Dowell, *A History of Taxation and Taxes in England,* Vol.2, Frank Cass & Co.ltd.1965, p.385.

续表

特别物品：	
茶叶税（1857、1863、1865 年缩减）	1,200,000
木材税（1851、1860、1866 年废止）	1,000,000
谷物税（1869 年废除）	900,000
胡椒粉税（1866 年废除）	100,000
共计	3,200,000
制成品税（废止）：	
玻璃税（1845 年废止）	600,000
砖税（1850 年废止）	450,000
肥皂税（1853 年废止）	1,100,000
报纸税（1855 年取消）	450,000
广告税（1853 年废止）	180,000
纸张税（1861 年废止）	1,300,000
共计	4,080,000
印花税（1850 年被修正）	500,000
总计	20,420,000

由上可见，19 世纪中期开始，英国对关税进行了一系列改革，改革的趋势是减少甚至废除了多种商品的关税，为自由贸易的推行奠定了基础。1846 年《谷物法》的废除和 1849 年《航海法》的取消是自由贸易在英国取得胜利的重要标志。

其次，《谷物法》《航海法》的废除。《谷物法》是英国政府为保护国内农产品价格免受外国廉价谷物冲击而颁行的法律文件。关于这一文件出台的原因，学术界虽有不同意见，但有一点却是一致的，那就是，随着 1814 年拿破仑战争的结束，欧洲进入了和平时期。由于战争威胁的消除，英国国内谷物价格下跌，针对这一情况，托利党政府于 1815 年颁行《谷物法》，规定：只要国内谷物价格不超过每夸脱 80 先令，英国就禁止粮食进口。而实际情况是，在 1790 年之前，只有当发生农业灾荒时，粮价才会涨到这个水平。[①] 这意味着英国国内农产品价格始终没有超过每夸脱 80 先令，从而说明英国的谷物价格得到了政府的

---

① ［美］约翰·巴克勒、贝内特·希尔、约翰·麦凯：《西方社会史》，第三卷，霍文利等译，桂林：广西师范大学出版社 2005 年版，第 33 页。

高价保护。之后，由于《谷物法》规定的国内谷物价格过高，1828 年，新任首相威灵顿实行浮动折算法，即按物价折算税款。浮动折算法规定，当国内谷物价格达到每夸脱 52 先令左右，国外谷物进口关税是 34 先令 8 便士；而当国内谷物价格上升到 73 先令时，谷物进口关税则下降到 1 先令甚至免税。若谷物价格低于 73 先令，则国内谷物价格越低，关税就越高。[①] 显然，英国托利党政府对谷物的高价保护政策，使土地贵族和大土地所有者成为最大的受益者。《谷物法》规定的谷物高价格只有土地贵族从中受益，工业资产阶级和工人阶级等却因高价的谷物而广受损害。对此，钱乘旦教授称《谷物法》是一部"阶级的立法"[②]。1815 年《谷物法》的通过是在政治上掌权的土地贵族利用手中的权力维护其土地利益的表现。

1815 年《谷物法》保护了英国土地贵族的利益，但同时也导致了食品生产成本的提高。城市工人阶级不得不以高价购买生活必需品，由此又引发了国内食品加工业的日渐萧条。于是社会下层主要是工人阶级迫切要求废除《谷物法》，争取自身的经济利益和政治地位。1838 年《人民宪章》的发表即是工人阶级争取自身权利的最好例证。1845 年底，爱尔兰爆发土豆饥荒，致使英国 100 万人死亡，100 万人成为难民。这又进一步促使英国人民迫切废除《谷物法》[③]。直到 1906 年，一些诗歌仍然反映着当年下层群众对《谷物法》的不满情绪。诗说：

地主，国家的统治者！

穿得暖，生活富足！

这是富人和贵族的国家！

地主和土地的统治者们，

请给我们生活所必需的面包吧！

为了你们，我们做着薪酬微薄而艰辛繁重的工作！

为了你们，我们的血像雨一样流下！

土地贵族和统治者们！

请给我们生活所必需的面包吧！[④]

---

① Corn Laws[EB/OL]. http://en.wikipedia.org/wiki/Corn_Laws.

② 钱乘旦、许洁明：《英国通史》，上海：上海社会科学出版社 2012 年版，第 253 页。

③ European Potato Famine[EB/OL].http://en.wikipedia.org/wiki/European_Potato_Famine.

④ Francis Neilson, "The Corn Law Rhymes", *American Journal of Economics and Sociology*, Vol.10, No.4(Jul.,1951),p.412.

从诗歌中可以看出，《谷物法》保护了土地所有者和贵族的利益，使英国农业得以发展。然而，《谷物法》的颁行却也导致了工业原料价格和雇佣工人工资的提高，所以又必然引起工业资产阶级的不满。这种不满随着19世纪英国越来越多的工人涌入城市和城市人口的极大增长而加剧，具体如下表3-11所示。

表3-11　19世纪上半叶英国工业城市人口的迅速增长情况表 [①]

城市	1801	1831	1861
曼彻斯特和索尔福德	95 000	237 000	400 000
利兹市	53 000	123 000	172 000
布拉德福德	13 000	44 000	104 000
博尔顿	17 000	42 000	61 000
布莱克本	12 000	27 000	65 000

由表3-11可见，19世纪初到19世纪60年代，英国工业城市人口急剧增长，这种增长也因《谷物法》的实行而使工人阶级的经济负担加重，因此必然遭到工人阶级的反对。

不仅工人阶级反对《谷物法》中规定的高额谷物价格，工业资产阶级也不满意《谷物法》对贸易的限制和干预。19世纪，英国工业的发展加强了工业资产阶级的力量，他们认为自己应该和贵族地主一样获得政治权力和社会地位，于是向国会施压，力图废除《谷物法》。而实际上，到19世纪中期，英国的工业革命已基本完成，英国已经成为一个工业国家，国家的生存主要靠工业而非农业。1832年第一次议会改革工业资产阶级获得了政治权利保障，为其进行反《谷物法》运动提供了政治支持。1839年，工业资产阶级在曼彻斯特成立了"反谷物法协会"，协会的代表人物是约翰·布莱特（John Bright）和理查德·科布登（Richard Cobden）。他们鼓吹自由主义，宣称只有废除《谷物法》才能降低食品价格，创造更多就业机会。之后，很多工人也加入了"反谷物法协会"。该协会致力于废除《谷物法》，使英国农业"全球化"。[②]面对反《谷物法》联盟反对政府对土地贵族利益的保护，1846年6月25日，在皮尔的提议下，英国

---

①　S.L.Case and D.J.Hall,*A Social and Economic History of Britain,1700-1976*,Second Edition,London: Edward Arnold,1977,p.40.

②　Against the Corn Laws, Which Imposed a Tax on Food Grain Imports[EB/OL]. http://www.lse. ac.uk/Depts/global/Publications/Yearbooks/2003/2003Chapter4b.pdf,GCS2003 pages [04]6/00 7/10/03 1: 51 pm Page 64.

上下两院通过了废除《谷物法》的提案，这标志着重商主义时代的结束和自由主义时代的到来。

　　1815 年《谷物法》的实施，不仅遭到英国工业资产阶级、工人阶级和普通大众的反对，而且还遭到了其他国家的不满。例如，当 1835 年英国贸易部的一位非正式代表探询新近成立的德意志关税同盟以缔结商约的展望时，他们就告诉他说，英国非首先"减低它的谷物税"不可，因为谷物税比德意志关税同盟的制造品税更加不合理。在这位代表商以变通之法时，普鲁士方面则"坚持他们对谷物的主张"①。由普鲁士对英国 1815 年《谷物法》的反对可见，《谷物法》的实行已不符合当时的发展形势，因而不可避免地会被废除。

　　《谷物法》的废除不仅对英国而且对世界都产生了重要影响。它开启了廉价粮食进入英国市场的大门，也开始了贸易自由主义时代。《谷物法》的废除不仅促进了英国自由贸易的推行，而且还使英国免于当时欧洲到处发生的革命的波及，对此，英国政治家马考莱认为："在欧洲到处发生革命的 1848 年，不列颠之所以能与革命无缘，也正是由于谷物法已经废除，使工业资产阶级和其他民众吐出了怨气。"②马克思认为："英国谷物法的废除是自由贸易在 19 世纪取得的最伟大的胜利。"③《谷物法》废除后，英国财政官员汉密尔顿说道："在保护主义时代，生产者要比消费者更强大，现在则是消费者更强大且将保持下去。"进步主义经济学家霍布森则指出："生产分化了，消费却团结起来了。"④《谷物法》的废除是英国贸易政治学转变的重要标志，英国政府的政治共识迅速由保护主义（主要保护地主阶级）贸易政策向自由贸易政策转变。"⑤

　　《航海法》是英国为保护本国海军或商人利益而颁布的禁止外来商品进入英国市场或只允许使用英国船只运输的航海条例。英国自中世纪就已开始颁布《航海法》⑥，之后又陆续颁布过多次。到资本主义发展早期，为了打击"海上马

---

　　① [英]克拉潘：《现代英国经济史》，上卷，第二分册，姚曾廙译，北京：商务印书馆 2014 年版，第 644 页。

　　② 阎照祥：《英国史》，北京：人民出版社 2003 年版，第 293 页。

　　③ 中共中央马克思恩格斯列宁斯大林著作编译局编：《马克思恩格斯选集》，第 1 卷，第 2 版，北京：人民出版社 1995 年版，第 215 页。

　　④ Martin Daunton, *Wealth and Welfare, An Economic and Social History of Britain, 1851-1951*, Oxford: Oxford University Press, 2007, p.206.

　　⑤ Roderick Floud and Paul Johnson, *The Cambridge Economic History of Modern Britain, Volume I: Industrialisation, 1700-1860*, Cambridge: Cambridge University Press, 2004, p.187.

　　⑥ 1381 年英国历史上第一部《航海法》颁布，那时《航海法》颁布的主要目的是发展英国海军，如"为扩充海军，英国的所有国民只能使用英国本国的船只运送货物，若有违反，将没收所有货物"。

车夫"荷兰的海上贸易优势，英国于 1651 颁布了《航海法》，规定了未经英国政府批准，任何外国船只所带的货物都不得输入英国。所有进入英国的货物必须由英国船只运输，船员也必须是商船所在地居民。自 1651 年之后，英国又多次颁布旨在保护英国利益、禁止外国商品输入的《航海法》。一系列《航海法案》的颁行是英国重商主义政策实行的重要标志，但随着资本主义的进一步发展，尤其是工业革命的开展及在 19 世纪中期的基本完成，这种由国家采取保护主义措施的《航海法》已经不能满足英国工业资产阶级的利益需求了。工业革命后，英国的棉织品、煤和铁等的产量激增，迫切需要自由的国际市场。据统计，1785—1850 年，全国棉织品增加 49 倍。煤的开采量由 1770 年的 600 万吨增至 1850 年的 4950 万吨，增加 8 倍多。铁产量由 1788 年的 6.83 万吨增加到 1847 年的 200 万吨，增长 30 倍。[①]因工业革命而来的英国商品经济的急剧发展，工业资产阶级对重商主义政策下政府对贸易的干预和限制政策非常不满，工业资产阶级迫切需要一个政府不干预的自由的贸易环境。在这样的背景下，英国政府于 1849 年废除了《航海法》。《航海法》的废除意味着英国自由放任的自由贸易原则再次被肯定，自由放任在英国进入鼎盛时期。对此，钱乘旦教授说："直到 1852 年英国议会发表声明，称自由贸易是英国的国策。英国由此而进入自由资本主义的鼎盛期，维多利亚时代正是自由贸易的全盛时代。"[②]

1846 年《谷物法》和 1849 年《航海法》的废除开启了英国自由放任的新时代，对此，刘成教授认为，英国之所以能称霸世界百余年，其中"自由放任政策功不可没"。"自由放任"是英国兴起的金科玉律和立国至宝。[③]自由放任资本主义实行后，英国的经济快速发展，人均收入大大增长，高于同期的其他国家。据统计，"1851 年，英国的国民生产总额为 5.23 亿英镑；1870 年，达到 9.16 亿英镑。这样的经济奇迹意味着在 19 世纪中叶，英国人均收入达到 32.6 英镑，同一时期，法国人均收入为 21.1 英镑，德国为 13.3 英镑。维多利亚时代的英国创造了一个巨大的丰饶角（cornucopia）。"[④]英国 19 世纪 50 年代的辉煌成就在 1851 年的伦敦国际博览会上得到了充分体现。"1851 年伦敦国际博览会

① 阎照祥：《英国史》，北京：人民出版社 2003 年版，第 254 页。
② 钱乘旦、许洁明：《英国通史》，上海：上海社会科学出版社 2012 年版，第 254 页。
③ 刘成：《英国衰落的标志——自由放任政策的终结》，《历史教学》2005 年第 5 期，第 37—41 页。
④ [美] 克莱顿·罗伯茨、戴维·罗伯茨、道格拉斯·R.比松：《英国史：1688 年—现在》，下册，潘兴明等译，北京：商务印书馆 2013 年版，第 228 页。

向世界展示了英国在国际贸易中的上升地位,此次博览会是英国经济进步和自由主义政策实行的表现。"[①] 1846 年《谷物法》的废除"标志着英国全面放弃保护关税政策"[②],1849 年《航海法》的废除,使英国彻底告别贸易保护和关税保护政策。到 19 世纪 60 年代,英国已经成为完全奉行自由贸易的国家。正如摩根所言:"到 19 世纪 60 年代,自由贸易——特指不实行保护关税——已经成为英国政治中正统观念的核心,几乎像新教王国取得了继承权一样拥有牢固的地位。"[③]英国对自由贸易原则的坚持似乎成为牢不可破的经济贸易准则,以致许多观察家都满怀信心地预言:在那个世纪终了以前,普通的和完全的自由贸易将会盛行。[④]

在自由放任政策的影响下,英国政府实行了一系列关税改革,简化了英国间接税的税制结构,逐渐取消了多种商品的关税。《谷物法》废除后,财政大臣古尔本在 1846 年的预算案中提出了废除谷物税的建议(自 1849 年 2 月 1 日起),仅保留每夸脱 1 先令的登记税。进口奶牛、羊、猪、牛肉、腌肉和猪肉(火腿除外)、其他肉类(无论是腌制的还是新鲜的)、马匹、抛丝、印染物品全部被免税。对白兰地的税率降到了每加仑 15 先令,其他税收,如木材、种子和其他近 100 种物品的税收都缩减了。[⑤]到 1852 年,除木材、铜、铅和锡外,几乎所有的产品都取消了关税。1869 年,登记税废除。大米、西米、参茨和通心粉的关税都随谷物关税本身一并裁废。[⑥]到 19 世纪 60 年代,英国和法国签订通商条约,《英法商约》的签订是英国自由主义贸易推向世界的重要标志。

第三,《英法商约》的签订。1860 年,英法签订《英法商约》,降低了白酒、白兰地和制成品的关税。白酒的税率从每加仑 5 先令 10 便士降至每加仑 3 先令;白兰地的税率从每加仑 15 先令降至每加仑 8 先令 6 便士,与国内烈性酒的税率持平;完全废除了对制成品的税收(主要包括丝绸制成品、手套、人造花、

---

① Kenneth O.Morgan,*The Oxford Illustrated History of Britain*,Oxford:Oxford University Press,1984,p.463.

② 王觉非主编:《近代英国史》,南京:南京大学出版社 1997 年版,第 462 页。

③ [英]肯尼斯·O.摩根:《牛津英国通史》,王觉非等译,北京:商务印书馆 1993 年版,第 490 页。

④ [美]约瑟夫·熊彼特:《经济分析史》,第 3 卷,朱泱译,北京:商务印书馆 1994 年版,第 22 页。

⑤ Stephen Dowell, *A History of Taxation and Taxes in England,* Vol.2,Frank Cass & Co.ltd.1965,P.330.

⑥ [英]克拉潘:《现代英国经济史》,中卷,姚曾廙译,北京:商务印书馆 2014 年版,第 333-334 页。

手表、某种油、音乐器材、皮革、瓷器、玻璃和其他税量较少的物品）。对《英法商约》的签订，格拉斯顿在其预算中指出：“《英法商约》的签订是英国最终取消保护性贸易政策的表现。”[1] “该条约代表了 19 世纪在贸易自由化方面最重要的协定。”[2] 除《英法商约》中涉及的商品外，木材税的税率也进一步降低。例如，外国进口木材和殖民地木材的税率从 7 先令 6 便士及 15 先令降到 1 先令和 2 先令。所有家具或硬木材的税率是每吨 1 先令。不仅如此，还降低了黑加仑、葡萄干、无花果和啤酒花的税率，使其与国内啤酒花的税率一致。黄油、奶酪、鸡蛋、橘子、柠檬、坚果、肉豆蔻、纸张等，以及国内的制成品、甘草、海枣和一些税量较少的国内物品的税收都予以豁免。[3]

《英法商约》的签订减少了消费者的税收收入约 175 万英镑。1860 年英国财政收入的减少额在 120 万英镑以下。表 3–12、表 3–13 即是英国税收收入受损的情况[4]。

表 3–12《英法商约》签订后英国税收收入损失情况

税收种类	税收损失额（单位：英镑）
白酒税	515,000
白兰地税	225,000
丝绸制成品税	270,000
手套税	48,000
其他物品税	114,000
总计	1,172,000

① Roderick Floud and Paul Johnson,*The Cambridge Economic History of Modern Britain,Volume I:Industrialisation,1700-1860,*Cambridge:Cambridge University Press,2004,p.190.

② [美]伊曼纽尔·沃勒斯坦：《现代世界体系（第四卷）中庸的自由主义的胜利：1789—1914》，吴英 译，北京：社会科学文献出版社 2013 年版，第 127 页。

③ 1861 年纸张税被取消。1855 年和 1861 年“知识税”（taxes on knowledge）的取消（主要表现为报纸印花税、纸张关税和消费税）则是英国自由放任资本主义政策在税收问题上的表现和缩影。——参见 Kenneth O.Morgan,*The Oxford Illustrated History of Britain,*Oxford:Oxford University Press,1984,p.468.1869 年，面粉不再征税；1874 年取消糖税；1866 年取消船舶登记税。1869 年，出售茶叶、咖啡、可可或胡椒者的许可制已经废止；在 1870 年，肥皂制造商、纸张制造商、蒸馏器制造商、表壳制造商和纸牌销商的许可制废止；1874 年，马贩的许可证连同马税一并废止。——参见 [英]克拉潘：《现代英国经济史》，中卷，姚曾廙 译，北京：商务印书馆 2014 年版，第 337 页、第 542—543 页。

④ Stephen Dowell, *A History of Taxation and Taxes in England,*Vol.2,Frank Cass & Co.ltd.1965,p.358.

表 3-13 因其他税收的废除或豁免而带来的税收收入损失情况

税收种类	税收损失额（单位：英镑）
木材税	400,000
其他豁免税	250,000
黄油税	95,000
奶酪税	44,000
鸡蛋税	23,000
橘子和柠檬税	32,000
牛脂税	87,000
其他税	104,000
总计	1,035,000

《英法商约》签订后，伴随着一系列间接税的降低或取消，英国的间接税收入有很大损失。尽管如此，19世纪60年代和70年代之间，英国的总体税收负担没有发生很大的变化。1861年，政府总收入为6970万英镑，每人2.41英镑；1881年，总收入8190万英镑，每人2.34英镑。尽管如此，我们也应看到，19世纪60年代以后，英国政府收入中间接税的收入所占比重日益降低。据统计，1841年，关税和消费税两项占政府税收收入的74.2%；1851年占65.3%；1861年61.4%；1881年降到54.3%。[①] 由此可见，自19世纪40年代后期开始，英国的关税收入急剧下降，关税占进口价值的比重由最高点将近60%下降到不足10%。据统计，1841年，英国进口关税占进口价值的比重为35%，到1881年，则仅占了6%。1846年《谷物法》废除之前，英国超过四分之三的收入来源于糖、烈性酒、白酒、茶、咖啡和烟草的关税收入。之后，英国的关税收入进一步下降。[②] 不独英国自19世纪40年代后关税收入下降了，法国亦如此，如表3-14所示。

表 3-14　1841—1900年间英法两国净关税收入占进口净值的比重（%）[③]

时间	英国	法国
1841—1945	32.2	17.9
1861—1965	11.5	5.9
1876—1980	6.1	6.6
1896—1900	5.3	10.2

① Roy Douglas,*Taxation in Britain since 1660*,Macmillan Press Ltd,1999,p.59.

② Roderick Floud and Paul Johnson,*The Cambridge Economic History of Modern Britain,Volume I:Industrialisation,1700-1860*,Cambridge:Cambridge University Press,2004,p.200.

③ Martin Daunton,*Wealth and Welfare,An Economic and Social History of Britain,1851-1951,Britain,* Oxford:Oxford University Press,2007,p.203.

由表 3–14 可见，自 19 世纪 40 年代后，英国和法国的关税收入占进口净值的比重基本呈下降趋势，不同的是，英国关税收入的下降比例要比法国更大些。而且，法国自 19 世纪 90 年代已经在关税领域实行保护主义政策了。

实际上，在关税的问题上，英国执政者内部一直有争论。19 世纪末 20 世纪初张伯伦发起的关税改革运动声势浩大，但那时因自由贸易占主导地位，因此，英国在关税问题上一直坚持实行自由贸易，[①]直到 20 世纪 30 年代才有所改变。1929 年到 1933 年世界性的经济危机爆发并延及英国，为保护英国的经济和贸易不受外来商品的挤压，英国政府在关税问题上开始调整政策，实行关税保护主义政策。

2. 19 世纪末 20 世纪初关税改革与自由贸易之争

英国是世界上第一个开始并完成工业革命的国家，因工业革命之需，英国在经济上奉行自由贸易经济政策。然而，1870 年以后，因德国和美国的崛起挑战了英国的经济地位和在国际上的优势。在这样的背景下，20 世纪初，在英国引发了一场有关关税[②]改革与自由贸易的争论。在这场关税改革与自由贸易之争中，争论为什么会在 20 世纪初引发？争论的核心和结果如何？争论说明了什么？对这三个问题的论证有助于我们理解英国政府的经济思想和"建设性税制"改革，有助于了解 19 世纪末 20 世纪初英国政府社会政策变革的动因。

（1）争论的背景

20 世纪初英国的关税改革运动是在约瑟夫·张伯伦（1836—1914）领导下发起的。张伯伦原是一个激进主义者，热衷于教育等社会改革运动。缘何 20 世纪初张伯伦大力宣传英国要实行贸易保护和关税改革？下文将从英国经济发展相对衰落、战争所需和德国经济国家主义的影响这三个方面进行论述。

工业革命后，为适应工业大生产的需要，英国工业资产阶级要求在经济和贸易领域实行自由放任的经济政策。1846 年，英国政府废除《谷物法》[③]，1849

---

① 参见滕淑娜：《论 20 世纪初英国关税改革与自由贸易之争》，《历史教学》（下半月刊）2016 年第 8 期。

② 英国关税在 1625 年之前基本上是国王的特权，此后直至 1688 年光荣革命，议会开始逐渐控制关税大权并为此展开了与国王的一系列争夺，到 1688 年光荣革命议会确立了税收大权，关税也由此而成为议会全面控制下的一种间接税。关税的开征及税率调整都要得到议会同意方可实施。

③ 《谷物法》是英国政府为保护国内农产品价格免受外国廉价谷物冲击而颁行的法律文件。1815 年颁行的《谷物法》规定：只要国内谷物价格不超过每夸脱 80 先令，英国就禁止粮食进口。实际上，当时的谷物价格很少能够达到每夸脱 80 先令。《谷物法》规定的高价格使国内生产的成本提高，同时，也加重了工人阶级的生活成本。因此，《谷物法》遭到工业资产阶级和工人阶级的反对，最终由保守党领袖罗伯特·皮尔于 1846 年废除了《谷物法》。——参见滕淑娜、顾銮斋：《由课征到补贴——英国惠农政策的由来与现状》，《史学理论研究》2010 年第 2 期。

年，政府又废除《航海法》，1860 年，英国与法国签订《英法通商商约》，给予双方某些商品互惠待遇，此后，英国又与意大利、比利时等国家签订了互惠条约。到 19 世纪 60 年代，英国已经成为完全奉行自由贸易的国家，自由贸易思想在英国拥有牢固的地位。正如摩根所言："到 19 世纪 60 年代，自由贸易——特指不实行保护关税——已经成为英国政治中正统观念的核心，几乎像新教王国取得了继承权一样拥有牢固的地位。"[1] 英国对自由贸易原则的坚持似乎成为牢不可破的经济贸易准则，以至于许多观察家都满怀信心地预言：在那个世纪终了以前，普通的和完全的自由贸易将会盛行。[2] 对此，恩格斯说："无论如何，紧接着自由贸易在英国获胜以后的那些年代，看来是证实了对于随这个胜利而来的繁荣所抱的最大希望。不列颠的贸易达到了神话般的规模；英国在世界市场上的工业垄断地位显得比过去任何时候都更加巩固……1848 年到 1866 年期间不列颠工业和贸易的空前发展，无疑在很大程度上是由废除食品和原料的保护关税引起的。"[3] 然而，1870 年以后，英国的农业、工业及贸易都受到新兴的工业国家美国和德国的挑战，英国的经济优势地位受到威胁。据统计，在农业方面，因交通运输业的发展导致英国进口谷物成本降低[4]，英国农产品价格下降、谷物种植面积和从事农业生产的人数减少。据统计，1877 年，国内谷物价格平均每夸脱 56 先令 9 便士。1878 年，价格降为 46 先令 5 便士，1886 年，谷物价格进一步降为每夸脱 31 先令；土地耕种面积从 1870 年的 9.5 亿英亩降为 1900 年的 7.3 亿英亩；1871 年以来，英国从事农业生产的劳动力人数减少了 92,250 人。[5] 工业方面，1870 年后，英国工业在世界工业中所占的比重下降，由 1870 年的 31.8% 下降到 1900 年的 19.5%。比较而言，美国和德国的工业则呈快速增长态势。据统计，美国工业在世界工业中所占比重由 1870 年的 23.3% 上升到 1900 年的 30.1%，德国则由 13.2% 上升到 16.6%。[6] 对外贸易方面，1870 年后英

① [英] 肯尼斯·O. 摩根：《牛津英国通史》，王觉非等译，北京：商务印书馆 1993 年版，第 490 页。

② [美] 约瑟夫·熊彼特：《经济分析史》，第 3 卷，朱泱 译，北京：商务印书馆 1994 年版，第 22 页。

③ 《马克思恩格斯全集》，第 21 卷，北京：人民出版社 1965 年版，第 416 页。

④ 据统计，1868 年，从芝加哥到利物浦每 1/4 英担小麦的运价是 11 先令，到 1892 年运价下降到 4 先令 3 便士，而到 1902 年再降为 2 先令 10.5 便士。

⑤ 滕淑娜、顾銮斋：《由课征到补贴——英国惠农政策的由来与现状》，《史学理论研究》2010 年第 2 期，第 26 页。

⑥ Alan O' Day, The Edwardian Age:Conflict and Stability,1900-1914,London:Macmillan,1979,p.35.

国在食品方面的进口大大增加，"英国人所吃的蛋 35% 是进口的，进口的牛油占 60%，酪干 80%，猪肉 44%"[①]。在这种情况下，英国著名历史学家克拉潘指出："普通人不禁要提出这样一个问题——对于关闭着自己市场的那些国家保持市场开放难道'公平'吗？"[②] 克拉潘在文中所指的是已经实行贸易保护的美国、德国和法国。[③] 与这些国家实行贸易和关税保护政策相反，英国仍在坚守自由放任主义的贸易政策，这一政策在美国和德国等国家的贸易保护政策下受到极大的冲击。有鉴于此，20 世纪初，以张伯伦为主要代表在英国发起了关税改革运动。

张伯伦关税改革运动在理论上的来源则是德国经济学家弗里德里希·李斯特的经济国家主义。国家主义是李斯特经济学研究的理论出发点："我要说明一点，作为我的学说体系中一个主要的特征是国家。国家的性质是处于个人与整个人类之间的中介体，我的理论体系的整个结构就是以这一点为基础的。"[④] 李斯特的经济国家主义体现在贸易上则主张实行贸易保护和关税改革。与奉行自由放任政策的亚当·斯密不同，李斯特不赞成斯密提出的个人在追求自己利益的同时也会促进社会利益的主张，认为："只有以促进和保护国内工业力量为目的时，才有理由采取保护措施……要达到保护目的，对某些工业品可以实行禁止输入，或规定的税率事实上等于全部，或至少部分地禁止输入，或税率较前者略低，从而对输入发生限制作用。"[⑤] 在李斯特的贸易保护和关税保护政策理论影响下，德国建立了关税同盟，并于 1879 年实行关税保护政策。李斯特的国家干预主义思想和政策主张不仅对德国，而且对急于改变英国经济不理想状态和建立统一帝国的张伯伦亦产生了重要影响。对德国实行关税保护的事实，张伯伦说："在我们之前，德国关税同盟的贸易保护已经给了我们充分理由和例证，

---

① [英] 克拉潘：《现代英国经济史》，下卷，姚曾廙 译，北京：商务印书馆 2014 年版，第 157 页。

② [英] 克拉潘：《现代英国经济史》，中卷，姚曾廙 译，北京：商务印书馆 2014 年版，第 343 页。

③ 在德国，俾斯麦在 1879 年开始对进口征收关税。1892 年，法国采取了高关税政策。美国则比其他国家行动得都早，早在 1860 年就开始实行保护性关税政策。——参见 [美] 帕尔默·柯尔顿：《近现代世界史》（中册），孙福生 译，北京：商务印书馆 1988 年版，第 828 页。

④ [德] 弗里德里希·李斯特：《政治经济学的国民体系》，陈万煦 译，北京：商务印书馆 1961 年版，第 7 页。

⑤ [德] 弗里德里希·李斯特：《政治经济学的国民体系》，陈万煦 译，北京：商务印书馆 1961 年版，第 261 页。

正因为有贸易保护德国才最终成为一个统一的帝国。"①"我确信我不是一个保护主义者，但那些实行关税保护主义的国家正在以牺牲英国的利益为代价而繁荣自己，英国若想要繁荣，必须效仿德国和美国的贸易保护主义。"②受李斯特经济国家主义的影响，张伯伦的关税改革主张由此提上20世纪初英国经济政治日程，而促进张伯伦关税改革运动在全国范围内发展的则是1899—1900年布尔战争提供的契机。

1899年开始的布尔战争是英国积极参与瓜分非洲殖民地的战争，战争使英国财政开支迅速增长。据当时的财政大臣希克斯·比奇的预算，1902年英国的财政开支将达到187,602,000镑，而税收收入仅有132,255,000镑，尚有55,347,000镑的赤字。如何保证收支平衡？为此，英国恢复谷物进口登记税（此税于1869年由洛伊废除），其中，进口谷物的税率是每英担3便士，进口面粉每英担5便士。此时征收的进口谷物登记税只是一种临时措施。对此，比奇曾在多个场合表达了自己的态度：我并不希望谷物进口税被认为是保护主义而被批评。比奇之所以如此解释是因为当时英国很多人认为："进口谷物税本身并不重要，重要的是它被认为是对英国长期以来奉行的自由贸易政策的挑战。"对此，哈考特爵士和坎贝尔·班纳曼都认为这是英国迈向保护主义的第一步。③然而，谷物进口登记税的开征却给张伯伦的关税改革提供了契机，张伯伦十分赞成比奇的做法，指出："如果我们固守经济上陈旧迂腐的原则……如果我们不能用我们的力量抓住每个控制英国贸易的机会，那么，我敢肯定，我们会深深陷入即将发生在我们身上的灾难。"④这里，张伯伦所指的陈旧迂腐的原则是指自由贸易，而即将发生的灾难则是指英国优势地位的丧失及面临的美国、德国的竞争威胁。对张伯伦的关税改革建议，当时的首相贝尔福态度不明，贝尔福在写给国王爱德华七世的信中说："总的来说，我是偏向它的；但我们必须谨慎行事。"⑤同时，张伯伦提议开征进口谷物税的建议让严守自由贸易原则的人惊慌失

① Wallace Notestein, "Joseph Chamberlain and Tariff Reform", *The Sewanee Review*, Vol.25, No.1 (Jan.,1917), p.41.

② H.Parker Willis, "Discussion on Reciprocity and Preferencial Tariffs", *Publications of the American Economic Association*, 3rd series, Vol.6, No.2(May.,1905), p.135.

③ J.F.Rees, *A Short Fiscal and Financial History of England,1815-1918*, London:Methuen & Co.ltd., 1921, p.183.

④ Denis Judd, *Radical Joe:A Life of Joseph Chamberlain*, London:Hamilton,1977, p.239.

⑤ Denis Judd, *Radical Joe:A Life of Joseph Chamberlain*, London:Hamilton,1977, p.238.

措，生怕连这样微末的一种关税也会开启保护贸易政策复活之门。[①] 所以，当
1903 年内阁会议召开时，张伯伦所盼望的开征谷物税的建议未被政府采纳，由
此，张伯伦在全国范围内发起一场号召实行关税保护的关税改革运动。

（2）争论的核心、影响及结果

1903 年 5 月 15 日，张伯伦在伯明翰发表演说，开启了向自由贸易政策宣
战之门，使关税问题成为第一次世界大战之前英国政治活动的主要议题。其
中，关税改革者和自由贸易者争论的核心问题是是否要实行贸易和关税保护政
策。双方在这一问题上观点不一，争执不下。演说中，张伯伦声称："溯自八十
年代初期以来，整个局势已经有了深刻的变化。在那个时期以前，英国的工业
一直享有唯我独尊的优势，而同时它的农业虽没有谷物法的保护，依然繁荣不
衰。嗣后英国的制造品遭到了来自工业化的德国方面的激烈竞争，而同时交通
工具和冷藏机的改良正使北美的小麦和南美的肉类以低廉的价格输入英国市场。
而且我们的商业劲敌一面在中立市场上同我们竞争并使他们的货物泛滥于我们
的市场，一面则以高关税封锁他们本国市场来阻止我们侵入。"[②] 为此，张伯伦
说："我们不可能毫无区别地对待我们的朋友和敌人。""我认为英帝国应该是自
立自足的，为此，我希望采取关税保护的政策以恢复我们在贸易谈判中的权力，
必要时我们还可以采取报复性关税。"[③] "现在我们有两种选择：第一，继续顽固
地奉行自由贸易政策；第二，改变传统的自由贸易政策，这样，当我们与世界
上任何一个国家发展贸易时，我们就能重新获得谈判的筹码。你们有一个机会，
但不会再有第二次。"[④] "我认为，英国政治家们的职责是尽一切努力维持殖民地
与英国的贸易，即使是牺牲一些眼前的利益也在所不惜。"[⑤] 这里张伯伦所言的
牺牲一些眼前的利益指的是对进口谷物征收一定的食品税，其带来的损失将由
糖税、咖啡税、可可税等的降低来补足。对此，张伯伦完全赞成废弃此前的自

---

① ［英］约·阿·兰·马里欧特：《现代英国》（上册），姚曾廙译，北京：商务印书馆 1973 年
版，第 327 页。

② ［英］约·阿·兰·马里欧特：《现代英国》（上册），姚曾廙译，北京：商务印书馆 1973 年
版，第 332 页。

③ Wallace Notestein, "Joseph Chamberlain and Tariff Reform", *The Sewanee Review*, Vol.25,No.1
(Jan.,1917),p.45.

④ Julian Amery, *The Life of Joseph Chamberlain, Volume five(1901-1903)and six(1903-
1968):Joseph Chamberlain and the Tariff Reform Campaign*, London:Macmillan Press,1969,p.191.

⑤ Julian Amery, *The Life of Joseph Chamberlain, Volume five(1901-1903)and six(1903-
1968):Joseph Chamberlain and the Tariff Reform Campaign*, London:Macmillan Press,1969,p.186.

由贸易政策，主张给殖民地产品以优惠待遇并向已经对英国货建立关税壁垒的国家课征报复性关税。"我们的殖民地想要什么呢？他们想要的是给予他们产品的优惠。我认为，我们不可能在原材料上满足他们，因此，如若我们想要维持帝国的统一，我们能做的只有对食品征税。"[①] 张伯伦的伯明翰演说产生了巨大影响，甚至连张伯伦自己都感到非常惊讶。[②] 张伯伦的支持者利奥·埃默里认为："这个演讲是对自由贸易的挑战，就像路德被钉在十字架上一样震撼人心。"[③] 张伯伦的传记作者朱利安·埃默里说："英国历史上没有哪一次演说像1903年5月5日张伯伦在伯明翰的演说那样引起轰动并在瞬间产生影响。"[④] 为将关税改革建议进一步具体化，张伯伦提出了具体的关税改革建议：一、对外国进口谷物征收低关税，税率低于每夸脱2先令，免除英属殖民地的进口谷物税；对外国进口面粉同样征税，玉米免税；二、除熏猪肉外，对外国进口肉类和日用品征税，税率5%；三、对殖民地的酒类和水果给予特惠；四、将茶税的税率降低25%，糖、可可和咖啡降低50%；五、对外国进口制造品征收10%的关税。[⑤] 对张伯伦的关税改革，阿兰·塞克斯（Alan Sykers）说："张伯伦所倡导的关税改革是明显的贸易保护主义观点，他在更广泛的程度上抨击了自由贸易。"[⑥] 张伯伦的伯明翰演说在英国引起了从内阁到社会各界的不同反应，关税改革者和自由贸易者展开了激烈争论。

内阁中，自由党及自由党统一派坚决支持继续奉行自由贸易政策，反对贸易保护主义和关税改革。当日的财政大臣里奇说："我公开承认我是一个坚定的自由贸易者。""我认为，废除下层人民厌恶的谷物税是可取的。而给予殖民地产品特惠待遇对英国制造商来说是否盈利是拿不准的，同时还会导致外国政府

---

① F.W.Hirst, "The English Policy of Free Trade with the History of Tariff Reform and Its Position in 1914," *Welt Wirts Chaftliches Archiv*, 3.bd.,1914,p.474.

② Ruddock F.Mackay, *Balfour:Intellectual Statesman*, New York:Oxford University Press,1985,p.144.

③ Denis Judd, *Radical Joe:A Life of Joseph Chamberlain*, London:Hamilton,1977,p.245.

④ Julian Amery, *The Life of Joseph Chamberlain, Volume five(1901-1903)and six(1903-1968):Joseph Chamberlain and the Tariff Reform Campaign*, London:Macmillan Press,1969,p.192.

⑤ J.F.Rees, *A Short Fiscal and Financial History of England, 1815-1918*, London:Methuen & Co.ltd., 1921,p.186.

⑥ Douglas A.Irwin, "The Political Economy of Free Trade:Voting in the British General Election of 1906", *Journal of Law and Economics*, Vol.37,No.1(Apr.,1994),p.80.

的关税保护。"① 张伯伦等则宣扬："我们相信帝国特惠制，对它有信心，我们拒绝自由贸易。以前自由贸易的倡导者科布登和布莱特② 所倡导的信条完全是人为捏造的，是错误的。"③ 现在看来，自由党和以张伯伦为代表的保守党（1886 年率"统一自由党"加入）在自由贸易和关税改革上的观点水火不容。那么，当时英国首相贝尔福的观点如何呢？贝尔福的观点将决定关税改革者和自由贸易者最终的胜负。作为保守党的领导人，贝尔福在心里是赞同张伯伦的关税改革主张的。但为了维护内阁的统一和稳定，贝尔福在这一问题上的态度却模棱两可，努力在关税改革者和自由贸易者之间调停，试图找到一种双方都可接受的办法。所以有学者说："贝尔福的敏锐和技巧都用在彼此冲突的经济思想中寻找一个彼此妥协的中介上了。"④ 在是否对食品征税的问题上，贝尔福的态度是将之放在以后的会议上加以讨论和解决。贝尔福说："这个问题不是这次会议或者下次会议或者再下次会议就能做出决定的问题，也不是下议院能完全决定的问题。"⑤ 到 6 月 9 日第二次内阁会议时，贝尔福依然在关税改革和自由贸易问题上打太极。贝尔福这种模棱两可的态度在他于 8 月 13 日发表的《岛国自由贸易备忘录》中再次表现出来，贝尔福指出："我们传统的商业政策正被其他国家拒之门外，我们的对手现在正坚持关税保护政策，他们中没有一个还在接受自由贸易原则。外国实行的关税保护制度迫使英国不得不寻找一些解决问题的新方式。"为此，贝尔福提议对外国商品征收报复性关税，但在征收食品税方面，贝尔福以征收食品税必然会提高英国人民的生活费用，会遭到选民的反对而拒绝。⑥ 贝尔福这种模棱两可的态度既没有满足自由贸易者的需要，又令关税保护者失望，英国内阁不可避免地分裂。对此，自由党发言人罗斯伯里（Rosebery）和詹姆

① Sydney H.Zebel, "Joseph Chamberlain and the Genesis of Tariff Reform", *Journal of British Studies,* Vol.7,No.1(Nov.,1967),p.145.

② 理查德·科布登和约翰·布莱特是英国反《谷物法》联盟的组织者和领导者，是英国自由贸易的支持者。1846 年，英国废除《谷物法》与科布登与布莱特的努力是分不开的。

③ A.W.Coats, "Political Economy and The Tariff Reform Campaign of 1903," *Journal of Law and Economics,* Vol.11,No.1(Apr.,1968),p.182.

④ A.W.Coats, "Political Economy and The Tariff Reform Campaign of 1903," *Journal of Law and Economics,* Vol.11,No.1(Apr.,1968),p.191.

⑤ Ruddock F.Mackay,*Balfour:Intellectual Statesman,*New York:Oxford University Press,1985, p.145.

⑥ W.H.B.Court,*British Economic History,1870-1914,Commentaries and Documents,*Cambridge: Cambridge University Press,1965,pp.452-459.

斯·布莱斯（James Bryce）认为贝尔福是一个"虚伪的骗子"（a hollow sham）[1] 此后，张伯伦和自由党主要领导人（里奇、汉密尔顿勋爵、德文郡公爵）纷纷辞职。到 1905 年 11 月，贝尔福辞职。1906 年大选中，自由党获得了决定性胜利，成为英国的执政党，继续在经济领域推行自由贸易主义。

20 世纪初的关税改革与自由贸易之争不仅造成了内阁的分裂，而且在社会各界中也产生了重要影响。英国财政部对张伯伦的关税改革建议持反对意见，认为："张伯伦的建议是冒险的行动，在有关税收的所有问题上，想要改变现有的税收体制和税收政策很容易导致混乱。""在对食品征税的问题上，必须要明白的是，任何试图提高生活费用的税收都会加剧国民的物质和精神困惑。"[2] 英国大资产阶级对张伯伦的关税改革建议亦持不赞成态度，他们认为，英国比其他国家更依赖原材料进口，若实行关税保护政策将会使原材料的价格提高、成本增加，无益于利润的取得和提升对外贸易地位。小资产阶级和一般选民也不赞成关税保护政策，他们认为对食品征税必然会导致国内食品价格上涨，致使生活成本提高，这会给他们的生活带来困难。因为对当时的英国普通民众来说，比起关税改革和帝国统一，他们更关心与自己生活密切相关的食品价格。由上观之，英国各界在关税改革和自由贸易间的选择上大部分倾向于后者。这不仅是因为关税改革的效果不可预见，而且更重要的是英国长期以来一直奉行的自由贸易政策在英国占有根深蒂固的地位。基于此，张伯伦的关税改革运动最终失去了得以推行的基础。

到 1904 年，英国的主要物品出口额开始恢复，据统计，1899 年，英国的出口额为 264,492,211 镑，1900 年为 291,191,996 镑，1901 年为 280,022,376 镑，1902 年为 283,423,966 镑，1903 年为 290,800,108 镑，1904 年为 300,711,040 镑，1905 年为 329,816,614 镑，1906 年为 375,575,338 镑，1907 年为 426,035,083 镑，1908 年为 377,103,824 镑，1909 年为 378,180,347 镑，1910 年为 430,384,772 镑，1911 年为 454,119,298 镑，1912 年为 487,223,439 镑，1913 年为 525,245,289 镑，1914 年为 430,721,357 镑。[3] 英国对外贸易出口的增长表明英国经济已经从布尔

---

[1] A.W.Coats, "Political Economy and the Tariff Reform Campaign of 1903," *Journal of Law and Economics*, Vol.11,No.1(Apr.,1968),p.200.

[2] A.W.Coats, "Political Economy and the Tariff Reform Campaign of 1903," *Journal of Law and Economics*, Vol.11,No.1(Apr.,1968),p.193.

[3] W.D.Handcock,*English Historical Documents,1874-1914*,London:Eyre & Spottiswoode,1977, pp.193-194.

战争的萧条中恢复，这对张伯伦的关税改革是个沉重打击。正如马里欧特指出的："他的论点一半是奠定在贸易萧条上面，然而贸易却正在迅速地改进。张伯伦是正在为当时毫无胜利希望的一场战斗而作战。"① 经济形势的好转意味着关税改革的必要性和紧迫性大大减少了，在这样的情况下，原先赞成关税改革的商人们也逐渐丧失了对关税改革的热情和支持。正如英国历史学家 E.H.H. 格林所指出的："商人们对帝国主义的兴趣随着经济情况的变化而改变。"② 如此看来，到 1904 年，伴随着英国对外贸易的逐渐恢复，张伯伦的关税改革逐步失去其赖以支持的基石。到 1906 年大选自由党上台执政后一直到第一次世界大战之前，英国在经济思想上继续奉行自由贸易政策。

由上可见，20 世纪初英国有关关税改革的争论不仅关乎英国的经济政策和财政问题，而是牵涉到包括政治在内的其他各个方面。那么，这场争论说明了什么问题呢？

（3）争论说明的问题

20 世纪初的关税改革以 1904 年为转折点，伴随着英国对外贸易的恢复，关税改革运动失去了赖以推行的基础。再加上当时英国传统的自由贸易政策仍然占据重要地位，这样，在第一次世界大战之前，关税改革运动以失败而告终。自由贸易政策继续在英国经济政策中发挥主导作用。然而，通过这场经济和财政领域的关税改革和自由贸易之争，依然给了我们很多反思：一、经济领域的任何变革都与政治问题紧密相连。20 世纪初英国关税改革运动的主要目的是通过对外国进口商品（包括农产品和工业品及原材料等）征收一定的保护性关税，同时给殖民地各国产品以税收优惠的方式保护英国在国际贸易中的不利地位，从而达到建立统一的英帝国、巩固和提升英国国际地位的目的。这场以财政、税收和经济为主要目的的改革运动发起后，其引起的反应却牵涉到了英国的政治，甚至引起了英国执政党的变化。在关税改革运动中，原先分裂的自由党和自由党统一派再次团结起来，取得了 1906 年大选的胜利。大选中，关税改革和自由贸易问题是当时非常热点的问题，对此，各方态度不一。自由党则强烈反对贸易保护主义和报复性关税政策，坚持自由贸易原则。在是否对食品征税的

---

① [英]约·阿·兰·马里欧特：《现代英国》（上册），姚曾廙译，北京：商务印书馆 1973 年版，第 337 页。

② E.H.H.Green,*The Crisis of Conservatism:the Politics,Economics and Ideology of the British Conservative Party,1880-1914*,London:Routledge,1995,p.36.

问题上，自由党反对对食品征税，他们要求"大面包"（big loaf）而不是"对胃征税"（stomach tax）并以此号召工人对他们的支持。正如拉塞尔（Russell）所言："自由党的目的就是让选民（尤其是工人阶级）意识到张伯伦的关税改革政策是多么不切实际，他的政策只会对少数人有利，而对广大消费者和整个国家经济则是有害的。毫无疑问，自由党是在用谷物价格的不提高来吸引广大消费者。"① 那么，自由党利用食品税能获取工人阶级的支持吗？据统计，在1906年大选中，工人阶级所占的选票如下：中高收入中产阶级所占选票比例是6%，低收入中产阶级占11%，熟练工人占52%，非熟练工人占31%。② 据查尔斯·费因斯坦（Charles Feinstein）统计，20世纪初，食品（不包括饮料和烟草）占英国工人阶级开支的45.2%，占中等收入以上中产阶级开支的19.3%。③ 如此看来，英国工人阶级是不希望征收食品税的，而自由党用反对征收食品税的办法号召工人阶级选民对他们的支持对工人阶级来说是有吸引力的。1906年大选中自由党正是获得了工党的支持才最终取得了压倒性多数选票而成为执政党。二、没有国家支持的经济变革不可能付诸实践。20世纪初英国的关税改革在英国产生了巨大反响但最终未能成功，其中原因之一是未能获得当时政府首脑贝尔福的认可。关税改革运动发起时，贝尔福是保守党的首相。如此，贝尔福应该是支持张伯伦的关税改革主张的。但在实践上，贝尔福作为政府首脑更多要考虑的是维护内阁统一和政府稳定，这一点正如贝尔福自己所言："我是领导者，我必须服从选民的意见，我不可能实行选民们不欢迎的政策。"④ 所以，在关税改革和自由贸易问题上，贝尔福的态度始终暧昧不明、摇摆不定，所以有人称贝尔福是"思想动摇的人"（wobbler），为此，罗兰·亨特（Rowland Hunt）写道："他顾虑自由贸易者，他还顾虑关税改革者，总之，他做了所有思想动摇者能够做的一切，而他自己也是一个这样的人。"⑤ 首相贝尔福态度的左摇右摆对关税改革

① Douglas A.Irwin, "The Political Economy of Free Trade:Voting in the British General Election of 1906", *Journal of Law and Economics*, Vol.37,No.1(Apr.,1994),p.82.
② Douglas A.Irwin, "The Political Economy of Free Trade:Voting in the British General Election of 1906", *Journal of Law and Economics*, Vol.37,No.1(Apr.,1994),p.88.
③ Douglas A.Irwin, "The Political Economy of Free Trade:Voting in the British General Election of 1906", *Journal of Law and Economics*, Vol.37,No.1(Apr.,1994),p.89.
④ Douglas A.Irwin, "The Political Economy of Free Trade:Voting in the British General Election of 1906", *Journal of Law and Economics*, Vol.37,No.1(Apr.,1994),p.81.
⑤ Wallace Notestein, "Joseph Chamberlain and Tariff Reform", *The Sewanee Review*, Vol.25,No.1(Jan., 1917),p.50.

者非常不利，对此，如朱利安·埃默里所说："或许张伯伦已经说服了选民，但是只要他说服不了掌握决定权的首相一切都是徒劳无功的。"[①] 贝尔福不赞同关税改革计划，就表明英国政府不赞同关税改革计划，一项计划若得不到政府的认可是无论如何不会成功的。由于贝尔福的态度不明，所以尽管张伯伦一直试图拉着贝尔福向贸易保护和关税改革迈进，但贝尔福始终未能积极响应。这在当时的一幅漫画上可以得到充分体现。漫画的主题是"历史发生逆转——张伯伦拉着贝尔福迈向保护主义"。画中，"张伯伦说：随我来，确确实实走出去！贝尔福答：那当然好了，但你知道我不可能跟你走得一样快"（History reverses itself;or Joseph Chamberlain taking Master Arthur a protection walk.Joseph: "come alone,Master Arthur.Do step out!" Master Arthur: "That's all very well,but you know I cannot go as fast as you do."）。[②] 贝尔福所说的"不可能跟你走得一样快"指的就是他作为首相所要顾及的各种因素和各方面的利益及态度，最终贝尔福说："大众的观念依然坚持旧有的传统自由主义政策。"[③] 因贝尔福的态度令自由党人和关税改革者都不满意，1905 年 11 月，贝尔福辞职。1906 年大选中自由党上台执政，继续奉行自由贸易政策。三、一国经济政策的变化总与该国的经济形势紧密相连。20 世纪初英国的关税改革运动与自由贸易之争是在英国经济和国际贸易地位受到美国、德国等挑战的背景下提出的。为保持英国的贸易优势，以张伯伦为代表的关税改革者提出对外国商品征收进口税，同时给予殖民地以税收优惠的帝国特惠制的主张。关税改革者的主张是对英国长期坚守的自由贸易传统的挑战，为此，二者在 20 世纪初展开了一场激烈辩论。然而，1904 年英国对外贸易状况的好转使关税改革者赖以宣称的经济基础消失，同时，也使关税改革显得不那么急迫和必须了。如此，英国的资产阶级和工人阶级都不赞成关税改革，到 1906 年，张伯伦突发中风，关税改革运动逐渐平息，直到一战爆发后，英国政府为筹集战费而对外国进口商品征收关税。[④] 第一次世界大战结束后，因英国经济形势的不景气加之 20 世纪 30 年代的大萧条，英国政府

[①]　Julian Amery,*The Life of Joseph Chamberlain,Volume Five(1901-1903)and Six(1903-1968):Joseph Chamberlain and the Tariff Reform Campaign*,London:Macmillan Press,1969,p.547.

[②]　Douglas A.Irwin, "The Political Economy of Free Trade:Voting in the British General Election of 1906" , *Journal of Law and Economics*,Vol.37,No.1(Apr.,1994),p.81.

[③]　A.W.Coats, "Political Economy and the Tariff Reform Campaign of 1903," *Journal of Law and Economics*,Vol.11,No.1(Apr.,1968),p.183.

[④]　即著名的"麦肯纳关税"（Mackenna Duty）。麦肯纳关税是第一次世界大战期间为筹集战争费用而由财政大臣麦肯纳提议征收的一种关税，其对外国进口的工业品征收 33.3% 的从价关税。

才开始逐渐放弃自由贸易政策，转而实行以关税保护为主要特征的贸易保护政策。由此可见，一国采取什么样的经济和贸易政策与该国的经济现实紧密相连，若该国的经济形势还未到达需要转变贸易政策的程度，一种新的经贸政策是很难得到政府及大众认可并付诸实践的。四、一种经济理论的提出是与该国的国情分不开的，它并不适用于所有国家。20世纪初关税改革者在理论上的依据是德国的经济国家主义，但与英国不同，那时的德国正在分裂，未能完成统一。分裂的德国的现状对国家实力的壮大非常不利，由此，李斯特提出了建立关税同盟、保护德国国内贸易的政策并被当时德国的统治阶级所采纳。英国的情况则不同，20世纪初的英国虽然在美国和德国的竞争下，经济优势逐渐丧失，但其仍不失为当时世界的领导者。英国仍然是世界上发达的工业化国家，这点与李斯特经济国家主义所依据的国情并不相同，因此，当张伯伦发起关税改革运动时以之为理论依据，则显得不那么适合。与德国不同，自19世纪中期以来，英国政府在经济政策上奉行自由放任政策。"英国的自由贸易论者声称，他们的论证具有完全的普遍意义。对他们来说，那是适用于一切时代和一切地域的绝对的和永恒的智慧；拒绝接受它的人就是一个傻瓜或是一个坏蛋，或者两者都是。"[1] 由此可见，20世纪初张伯伦的关税改革缺乏必要的社会环境，得不到政府的支持，终因此而无果。直到20世纪二三十年代，英国最终放弃自由贸易政策，重回贸易保护主义时代，设置关税壁垒以保护本国经济。

综上，第一次世界大战之前，英国在经济领域奉行自由贸易政策，这一政策体现在关税上即是对进入英国市场的外国商品免税或征收较低的税率。这一政策开始发生逆转是在19世纪70年代后，伴随着美国、德国等新兴工业国家的崛起，英国的世界贸易优势地位受到挑战，在这样的背景下，约瑟夫·张伯伦（Joseph Chamberlain）于20世纪初提出实行关税改革和贸易保持措施。但由于当时英国的经济主导思想仍然是自由贸易占统治地位，再加上当时英国的衰落并不明显，所以，张伯伦的关税改革运动最终因没有赢得英国政府的支持而失败。到第一次世界大战爆发后，为筹集军费之需，当时的财政大臣麦肯纳通过了"麦肯纳关税"，[2] 对外国进口商品征收33.3%的从价关税。这种保护性质的关税使英国免遭美国的竞争且税额大增。有数据显示，从1914年的

---

① [美] 约瑟夫·熊彼特：《经济分析史》，第2卷，朱泱 译，北京：商务印书馆1992年版，第29页。

② 又称"麦克纳关税"。

35,450,000 镑上升到了 1919 年的 102,780,000 镑。第一次世界大战结束后，财政大臣奥斯丁·张伯伦（约瑟夫·张伯伦的儿子）作为保守党人，从解决战后英国面临的问题出发，再次提出关税改革，对外国进口商品征收一定的税收，对殖民地的商品则实行税收减免或优惠的帝国特惠制。在奥斯丁·张伯伦的努力下，战后英国除继续实行《麦克纳税法》外，1919 年政府通过了《主要产业法》，1921 年又颁布了《工业保护法》，对受外国竞争和打击的产业进行保护。1919 年的主要产业法旨在服务于国防，对进口手套、家用玻璃器皿、煤气灯罩——1925 年这个清单扩大到包括对皮革、带子、餐具、陶器、包装纸、镂空器皿——开征关税。[①]

1929—1933 年经济危机的爆发更是推动了政府对贸易进行保护的一系列政策出台，到 1932 年，政府颁布《进口关税法》（Import Duties Act），规定全面实行贸易保护主义政策，除规定的商品外（小麦、肉类、英国不生产或短缺的原材料），对外国进口商品一律征收 10% 的关税。1932 年的渥太华会议则在英国与各自治领地中实行了关税优惠，对外国商品则一律限制或征收高额关税。对 1932 年英国关税改革的意义，何炳松说："英国一九三二年之进口税法（Import Duties Act）实为一大进步。"[②]20 世纪二三十年代英国政府颁布的一系列有关保护国内贸易、限制外国商品进入的关税和贸易保护政策说明政府已经放弃了长期以来奉行的自由放任经济政策。

（二）消费税

消费税最早于 1643 年开征，由皮姆所创设。消费税主要对生活必需品和国内生产的商品征收。主要包括啤酒、苹果酒、肉、盐、淀粉和帽子。随着时间的推移，对啤酒征收的消费税变得越来越重要。与关税一样，消费税经常因需要而开征和变化。

1. 18、19 世纪的消费税

（1）沃波尔开征消费税。乔治一世继位后不久，罗伯特·沃波尔担任英国第一财政大臣。沃波尔执政初期，英国的国债负担很重。据统计，1714 年，英国的国债是 3620 万英镑，利息是 302 万英镑，其每年的利率高达 8% 以上。[③]

① 彼得·马赛厄斯、悉尼·波拉德主编：《剑桥欧洲经济史》，第 8 卷，王宏伟等译，北京：经济科学出版社 2004 年版，第 147 页。

② 何炳松：《英国财务论》，北京：商务印书馆 1936 年版，第 93 页。

③ Roy Douglas, *Taxation in Britain since 1660*, London: Macmillan Press Ltd., 1999.p.24.

仅国债开支就占了政府年支出的一半以上。18 世纪英国卷入了与西班牙的战争（1718—1721）和奥地利王位继承战争（1740—1748），因战争而起的开支需要更多的税收给予支撑，在这样的背景下，沃波尔在担任财政大臣期间（1721—1742）提出开征普遍消费税的建议。

沃波尔提议开征普遍消费税的原因有三：第一，战争需要增加税收；第二，沃波尔一直希望能够降低土地税的税率，而这需要开征新的税种以弥补土地税减少所带来的损失；第三，在英国的对外贸易中，尤其是法国白酒、烟草和茶叶等贸易中存在着严重的走私现象，而这又使英国的财政收入大为减少。出于上述三方面因素的考虑，沃波尔提议将白酒和烟草税从关税改为消费税中进行征收，沃波尔的建议在英国大众中引起了广泛争论。对沃波尔开征普遍消费税的建议，其反对党组成了利益集团对沃波尔的建议进行抨击。尤其是对沃波尔于 1732 年初建议恢复开征盐税的建议提出强烈的反对。例如，其中一个反对者说："开征盐税意味着将有开征普遍消费税的倾向，这与人民的自由权利是不相符的。"另一个批评者认为："开征盐税是很危险的事情，这是迈向普遍消费税的一步，将破坏英国的自由和颠覆国家的宪政。"[1] 面对反对者的批评，沃波尔对其开征消费税的原因进行了辩护和说明："我认为，为了生存，我们应该征收消费税。此税不应引来抱怨，消费税开征后将由所有的英国国民承担，此税同时还可公平而高效地为国家筹得资金。因此，让我们切实实施消费税吧，我相信消费税的开征将无可置疑地支持英国目前的处境。"[2] 对反对者们的批评，内阁发言人驳斥了他们："我从未听到过任何有关开征普遍消费税的建议，我相信内阁中没有任何人有这一想法。"[3]

沃波尔提议开征消费税的建议在英国引起了关注，有一幅卡通画指的是 1733 年的"消费税危机"。这是一幅颇具现代思想的早期卡通画，此画附以一首打油诗，开头是"看，这只龙消费税，它有 1000 只眼睛"。从画上可见，很多只龙消费税的头正在吞咽承载着消费税的条款，而有一只龙头正在吐出瀑布般流淌的钱币，将之扔到沃波尔的膝下。这幅卡通画描述的是沃波尔执政时期

---

① Raymond Turner, "The Excise Scheme of 1733", *The English Historical Review*, Vol.42, No. 1659(Jan., 1927), pp.34-35.

② D.B.Horn & Mary Ransome, *English Historical Documents, 1714-1783*, London: Eyre & Spottiswoode, 1957, p.308.

③ Raymond Turner, "The Excise Scheme of 1733", *The English Historical Review*, Vol.42, No.1659 (Jan., 1927), p.35.

聚敛财富的景象，此画正中要害。此后，卡通画的叫卖者被以煽动性诽谤罪逮捕，后来这些人又被法院释放。此后，此种类型的讽刺性的绘画作品流传甚多。

开征普遍消费税的建议在英国引起了恐慌和反对，在各方面的反对下，沃波尔最后不得不放弃开征普遍消费税的主张。然而，由于政府的财政压力所需，此时英国的消费税变化很大，其在国家税收收入中所占比重日渐增加。具体情况如表 3–15 所示。[1]

表 3–15　1660—1800 年政府收入情况（单位：千镑）

时间	总额	关税（%）		消费税（%）		土地税和估价税（%）	
1661—1665	7114	1718	—	1210	17.0	3115	43.8
1666—1670	8243	1560	18.9	1463	17.7	3836	46.5
1671—1675	9430	2697	28.6	2376	25.2	1533	16.3
1676—1680	8402	3202	38.1	2661	31.7	1535	18.3
1681—1688	13238	6033	45.5	4723	35.7	135	1.0
1689—1695	24645	5298	21.5	6363	25.8	10274	41.7
1696—1700	22207	5875	26.5	5805	26.1	8096	36.3
1701—1705	24885	7292	29.3	7596	30.5	8696	34.9
1706—1710	26417	6493	24.6	8228	31.1	10208	38.6
1711—1715	27615	7302	26.4	9926	35.9	8584	31.1
1716—1720	30535	8330	27.3	11072	36.3	8097	26.5
1721—1725	29830	7878	26.4	13316	44.6	6727	22.6
1726—1730	30921	8178	26.4	13623	44.1	7606	24.6
1731—1735	28505	7774	27.3	14287	50.1	4847	17.0
1736—1740	29120	7450	25.6	14554	50.0	5766	19.8
1741—1745	32254	6290	19.5	14337	44.5	10392	32.2
1746—1750	35370	6895	19.5	16427	46.4	10828	30.6
1751—1755	35192	8362	23.8	17804	50.6	7706	21.9
1756—1760	40283	9432	23.4	18082	44.9	10180	25.3
1761—1765	49995	10904	21.8	24242	48.5	11486	23.0
1766—1770	52778	12943	24.5	24246	45.9	9904	18.8
1771—1775	54232	13211	24.4	25006	46.1	9346	17.2
1776—1780	57494	12740	22.2	27710	48.2	11644	20.3
1781—1785	68463	16429	24.0	30292	44.2	13081	19.1
1786—1790	82161	18982	23.1	35712	43.5	14695	17.9
1791—1795	93029	19442	20.9	44035	47.3	14866	16.0
1796—1799	99500	19382	19.5	42832	43.0	17423	17.5

[1]　J.V.Beckett, "Land Tax or Excise:The Levying of Taxation in Seventeenth-and-Eighteenth-Century England", *The English Historical Review*,Vol.100,No.395(April,1985),p.306.

由上表可见：自 1715 年以来至 1799 年，英国的税收收入中消费税所占比重很大。1714 年安妮女王去世时，英国的消费税收入占税收收入的 35%，而到 18 世纪 50 年代中期，消费税收入占税收总额的 50%。到 19 世纪初期，小皮特去世时，英国的消费税总额为 4230 万英镑，这包括各种各样的饮料税，约 2230 万英镑；食品税总额 500 多万英镑；工业制造品 600 万英镑；烟草税 200 万英镑。[①]

沃波尔执政时期，还有一种非常显著的新税开始创立，即征收杜松子酒税及《杜松子酒法案》的通过。此税开征的目的不是出于财政而是社会原因。在 18 世纪早期，在伦敦市的穷人中杜松子酒的销售量很大，而穷人消费杜松子酒的后果有二：第一，损害消费者的健康；第二，危害社会秩序。出于此，1729 年议会通过法案规定：对杜松子酒征税，且要求杜松子酒的销售商支付数额很大的执照费。这项法案后来被逃避，但到 1736 年，一种新的、更有效的《杜松子酒法案》通过。[②] 这些法案虽然在施行过程中遇到了麻烦，但税收的基本原则中增加了"保护国民"的思想对将来英国税制的发展具有非常重要的意义。

（2）19 世纪消费税变革。18 世纪以来至 19 世纪，英国的消费税经历调整，主要表现为盐税、进口谷物税、奶酪税、黄油税等，具体情况如下：

第一，盐税。英国的盐税由荷兰盐税而来，英国内战期间议会开征盐税。共和国时期，盐税的税率是每加仑 0.5 便士，外国盐的税率是每加仑 1.5 便士。后来，由于盐税的征收非常不受欢迎，故而后来对国产盐的税收被废止。然而，外国盐因其每年的消费量大而继续征收盐税。1660 年斯图亚特王朝复辟后，进口食盐要继续纳税。"光荣革命"后，因对法国战争的需要，1694 年，英国议会对进口食盐征收每加仑 3 便士的附加税，同时，对产自英国和威尔士任何矿井的所有食盐和矿物盐再次征收每加仑 1.5 便士的税收。1698 年后，国产盐的税率是每加仑 3.5 便士，进口盐的税率是每加仑 7 便士。[③]

盐税因主要由穷人负担遭到厌恶和反对，1730 年沃波尔执政后废除了盐税。然而，仅仅 2 年之后，沃波尔出于降低土地税的考虑而提议再次开征盐税，遭到反对（此点，上文中已有提及）。到诺斯任财政大臣时，因美国独立战争的缘

---

① Roy Douglas,*Taxation in Britain since 1660*,London:Macmillan Press Ltd.,1999.p.43.

② Roy Douglas,*Taxation in Britain since 1660*,London:Macmillan Press Ltd.,1999.p.26.

③ Stephen Dowell, *A History of Taxation and Taxes in England,* Vol.4,London:Frank Cass & Co.ltd.,1965,p.3.

故，诺斯将盐税的税率提高至每蒲式耳（约 8 加仑）5 先令；18 世纪末，因与法国战争的需要，小皮特于 1798 年将盐税的税率提至每蒲式耳 10 先令；据统计，1803 年，英格兰的盐税净税额是 880,000 英镑，苏格兰 57,000 英镑，总计 937,000 英镑。[①]1805 年，因对法战争的需要，小皮特又将国产盐的税率提至每蒲式耳 15 先令，此税率是盐价的 30 倍，同时，小皮特也将进口盐的税率大大提高。至 1815 年，英国盐税的税额约 1,600,000 英镑。

1822 年 2 月，英国议会中有人倡导降低盐税的过高税率，此后，范西塔特（vansittart）提议将盐税的税率从每蒲式耳 15 先令降至 2 先令，由此英国的盐税收入减少了约 1,400,000 英镑。至 1825 年，盐税被完全废除。盐税被废除时，其税额约 380,000 英镑。[②]

第二，进口谷物税（尤其是小麦）。18 世纪初，英国的谷物出口增加。对此，达维南特（Davenant）于 1711 年写道："英国的谷物现在有了新的出口……此前，我们的谷物出口不多，但现在我们所有的谷物要出口到非洲、利群岛（The Canaries）、丹麦、挪威、东方国家、弗兰德斯、法国、德国、荷兰、意大利等国家，每年出口的谷物价值是 274,141 英镑。"[③]另外，英国的谷物进口受到严格的限制。然而，因 18 世纪中期英国的粮食歉收致使英国对粮食进口的限制有所放松，至 1773 年，英国国内市场以比之前更低的价格对外开放，从此，英国逐渐成为外国谷物的大量消费国。1791 年，小皮特修改了《谷物法》，进口谷物的税率根据当下英国小麦的价格固定如下[④]：

	先令	便士
国内谷物价格低于每夸脱 50 先令	24	3
国内谷物价格在每夸脱 50—54 先令之间	2	6
国内谷物价格超过 54 先令	0	6

1793 年，英国的谷物价格非常低，每夸脱 49 先令 3 便士，在这样的情况

[①] Stephen Dowell, *A History of Taxation and Taxes in England,* Vol.4,London:Frank Cass & Co.ltd.,1965,p.4.

[②] Stephen Dowell, *A History of Taxation and Taxes in England,* Vol.4,London:Frank Cass & Co.ltd., 1965,pp.4-5.

[③] Stephen Dowell, *A History of Taxation and Taxes in England,* Vol.4,London:Frank Cass & Co.ltd., 1965,p.8.

[④] Stephen Dowell, *A History of Taxation and Taxes in England,* Vol.4,London:Frank Cass & Co.ltd., 1965,p.9.

下，英国禁止谷物进口。1795 年和 1796 年，英国的谷物价格达到每夸脱 75 先令，由此，允许外国谷物自由进入英国。1799 年，当英国谷物价格每夸脱 69 先令时，英国立法批准外国谷物免缴进口税。19 世纪初期，尤其是 1815 年拿破仑的大陆封锁政策失败后，外国谷物大量涌入英国致使英国谷物受到极大冲击。在这样的背景下，出于保护本国农业利益的考虑，1815 年，议会通过了《谷物法》，称新《谷物法》(此点后文有专门章节介绍)。

第三，进口黄油和奶酪税。英国的黄油和奶酪产量很大。早期，英国政府对出口的黄油和奶酪征收一定的执照税，至亨利六世时期，此执照税被取消。玛丽女王和伊丽莎白女王时期，复又对出口的黄油和奶酪征收执照税。1691 年，为了鼓励养牛业，牛肉、猪肉以及蜡烛的出口免税。同时，1680 年，英国禁止黄油和奶酪的进口，然而此后此禁令废止，英国政府规定对进口的黄油和奶酪征收一定的税收。1787 年，皮特的关税改革中，黄油的税率是每 100 磅征税 2 先令 6 便士，至 1815 年，黄油的税收额是 32,000 英镑。1815 年，进口奶酪的税收收入约 23,000 英镑。此后，这两种税收的税率不断削减，直至最终废止。1860 年，格拉斯顿的关税改革中废止了对进口黄油和奶酪的征税。①

1840 年，英国黄油的税收收入是 257,000 英镑，皮特的关税改革将税率降低后，1849 年，此税额是 138,000 英镑。1852 年，进口黄油的数量是 287,266 英担 (1 英担等于 100 磅)，税额是 143,000 英镑。1853 年，格拉斯顿将进口黄油的税率从每英担 10 先令降至每英担 5 先令，英国殖民地的黄油税率是每英担 2 先令 6 便士。1860 年，此税最终被废止，由此带来的税收收入损失是 95,000 英镑。1840 年，奶酪的进口税收入是 117,000 英镑；1842 年，皮特的第一次关税改革中将英国殖民地的奶酪的税率从每英担 10 先令 6 便士降至每英担 2 先令 6 便士；1845 年，进一步降低了外国进口奶酪的税率，每英担 5 先令，英国殖民地的奶酪税率降至每英担 1 先令 6 便士。1853 年，格拉斯顿又进一步降低了外国进口奶酪的税率，每英担 2 先令 6 便士。1860 年，该税被彻底废止。②

第四，糖税。糖税在 18 世纪之前的英国即已有之，在英国，糖的消费量很大。1700 年，英国消费的糖约 10,000 吨，1734 年，消费量约 42,000 吨。在

---

① Stephen Dowell, *A History of Taxation and Taxes in England,* Vol.4,London:Frank Cass & Co.ltd., 1965,pp.14-15.

② Stephen Dowell, *A History of Taxation and Taxes in England,* Vol.4,London:Frank Cass & Co.ltd., 1965,pp.14-15.

佩勒姆执政之前，英国政府已经开始考虑对糖进行征税，但当佩勒姆执政后向议会提议每英担糖征税 2 先令 6 便士时（估计年收入 80,000 英镑），却遭到了强烈反对而导致失败。[①] 至 1759 年，财政大臣理雅各（Legge）因七年战争之需欲提高糖的税率，然因遭到反对而未果。1781 年，因北美独立战争的需要，财政大臣诺斯将糖税的税率提高至每英担 11 先令 4 便士，由此带来的税收收入是 326,000 英镑。1787 年，小皮特将税率增加了 1 先令，即，每英担 12 先令 4 便士。为了满足努特卡湾（Nootka Sound）军备竞赛的开支，小皮特将糖税的税率提高至每英担 15 先令。此税率后因法国大革命的爆发而成为恒久税率，由此给政府带来 241,000 英镑的额外收入。在与法国作战前夕，糖税的税收额是 1,316,500 英镑。1793 年至 1807 年间，糖税的税率再次提高，1802 年，税率是每英担 20 先令，税额 2,210,000 英镑。1815 年，税率每英担 30 先令，税额 2,957,403 英镑。1815 年战争结束时，财政大臣范西塔特降低了糖税的税率，每英担 6 先令 6 便士。[②]

1827 年，糖税的税率每英担 1 镑 7 先令，税额 4,218,000 英镑。此时，糖税已不再是一种奢侈品而是非常普遍的消费品。鉴于此，糖税的税率进一步降低。1830 年，财政大臣古尔本（Goulburn）将糖的税率降低了 3 先令。1844 年，皮尔向议会提议将糖税的税率降至每英担 34 先令，约 5% 的税率；1845 年，来自殖民地的糖的税率是每英担 14 先令，来自中国、马尼拉和爪哇的糖税率是每英担 23 先令 4 便士。至 1851 年，英国殖民地和外国的糖税税率相同（1854 年才实施）。19 世纪 60 年代后，伴随着自由贸易的盛行，对糖的征税变得不合实际，因此，糖税被进一步降低，直至 1874 年被废止。

第五，胡椒粉税。胡椒粉自中世纪时已在英国大量使用，至 18 世纪初期，胡椒粉仍被课以重税。1709 年，因西班牙王位继承战争所需，胡椒粉被课以每磅 1 先令 6 便士的税率。同时，出于防止对出口胡椒粉的课税过重，英国建立了针对胡椒粉的货栈制度（warehouse system）。若进口的胡椒粉再次出口则要缴纳相应的税收，若只用于国内消费，则无须纳税。1722 年，沃波尔任财政大臣期间将各种各样的胡椒粉税废除，代之以一种新的税率为每磅 4 便士的税收。

① Stephen Dowell, *A History of Taxation and Taxes in England,* Vol.4,London:Frank Cass & Co.ltd., 1965,pp.20-21.

② Stephen Dowell, *A History of Taxation and Taxes in England,* Vol.4,London:Frank Cass & Co.ltd., 1965,p.23.

此后，出于战争的需要，此税一直征收，至 1815 年对法战争结束时，胡椒粉的税率是每磅 2 先令 6 便士。①

1825 年，财政大臣罗宾逊（Robinson）降低了胡椒粉的税率，每磅 1 先令；1837 年，托马斯·斯普林·赖斯（Spring Rice）将税率降至每磅 6 便士。在每磅 6 便士的税率下，1865 年，英国的胡椒粉税额是 124,000 英镑。1866 年，格拉斯顿废除该税。②

第六，进口水果消费税。18 世纪英国对进口水果亦征收赋税，这包括对葡萄干、黑加仑、橘子和柠檬的征税。斯图亚特王朝复辟后，英国仍然对葡萄干征收重税，此情况一直持续到对法战争结束，那时葡萄干的税率是：次等葡萄干每英担 20 先令，优等葡萄干税率每英担 42 先令，税额 130,000 英镑。③

1834 年，辉格党的财政大臣奥尔索普子爵将葡萄干的税率降至每英担 15 先令。1840 年，辉格党财政大臣巴林爵士（Barring）又将税率提高了 5%，每磅 15 先令 9 便士，这样的税率仍然是按照葡萄干价值的 100% 的税率征收。鉴于此，1853 年，格拉斯顿再次降低此税率，从每英担 10 先令降至 1860 年的每英担 7 先令。每英担 7 先令的税率后来亦适用于黑加仑、无花果、法国黑李等。

黑加仑是桑特岛的主要产品，早在 1702 年，黑加仑的税率非常高，这种过高的税率阻碍了贸易的正常发展。鉴于此，1787 年，小皮特时期，黑加仑的税率是每英担 1 镑 3 先令 4 便士，1815 年对法战争结束时，税率是每英担 2 镑 4 先令 4 便士。④1834 年，奥尔索普子爵将黑加仑的税率降低一半，然此税率仍较高，每英担在 20 先令至 35 先令之间。1844 年，皮尔进一步降低税率至每英担 15 先令。1860 年，格拉斯顿将税率降至每英担 7 先令。⑤

橘子和柠檬的税收收入至 1815 年时将近 45,000 镑。1853 年，格拉斯顿第一次关税改革中将此税率从每蒲式耳 2 先令 8 便士降至 8 便士；1860 年，在第

① Stephen Dowell, *A History of Taxation and Taxes in England,* Vol.4,London:Frank Cass & Co.ltd., 1965,p.35.

② Stephen Dowell, *A History of Taxation and Taxes in England,* Vol.4,London:Frank Cass & Co.ltd., 1965,p.35.

③ Stephen Dowell, *A History of Taxation and Taxes in England,* Vol.4,London:Frank Cass & Co.ltd., 1965,p.37.

④ Stephen Dowell, *A History of Taxation and Taxes in England,* Vol.4,London:Frank Cass & Co.ltd., 1965,p.39.

⑤ Stephen Dowell, *A History of Taxation and Taxes in England,* Vol.4,London:Frank Cass & Co.ltd., 1965,p.39.

二次关税改革中，此税被完全废除。①

第七，橄榄油税和醋税。长期以来，英国的橄榄油的征税较重，至 1815 年，橄榄油税的收入将近 28,000 英镑。1833 年，橄榄油的税率固定在每吨 8 镑 8 先令，1834 年，降至 4 镑 4 先令（除了那不勒斯进口橄榄油，税率 10 镑 10 先令）。皮尔执政后，在其关税改革中，将税率降至每吨 2 镑（那不勒斯橄榄油每吨 4 镑）。1845 年，在皮尔的第二次关税改革中，该税被废除。②

对醋的税收开始只是适用于外国进口的醋，此税在共和国时期是消费税中的一种。斯图亚特王朝复辟后，以每桶 6 便士的税率对国产醋征税，此税 1699年废止。对外国进口醋及造醋原料的税率是每桶 8 便士。1793 年，醋税的收入是 21,000 镑；1815 年，税率每加仑 5 便士，税额是 49,461 镑。1818 年，醋税的税率固定在 4 便士，1826 年降至 2 便士，1844 年该税被废除。同时，进口醋税的税率亦进一步降低，1819 年，每吨 61 镑 7 先令 10 便士，1825 年降至每加仑 3 便士 18 镑 18 先令，1845 年降至 4 镑 4 先令，1853 年每加仑 3 便士，1880年，该税与麦芽酒税同时被废除。③

第八，饮品税（酒精类饮品和非酒精类饮品）。英国的饮品税对英国的税收具有非常重要的意义。据统计，1885 年，英国的饮品税收入（以总数计）中酒精类饮品收入 3000 万英镑，非酒精类饮品收入 500 万英镑。④由此可见，饮品税收入在英国的税收收入中占有非常重要的地位。

饮品税的税率因 18 世纪英国对外战争的需要而有所变化，如：1710 年西班牙王位继承战争期间对啤酒开征附加税，对啤酒花的征税税率是每吨 1 便士；到乌得勒支合约签订时，浓啤酒的税率是每桶 5 先令，淡啤酒的税率是每桶 1先令 4 便士，与麦芽酒、啤酒花的税率相同；1756—1763 年的七年战争期间，因战争需要，财政大臣理雅各将啤酒花的税率从每蒲式耳 6 便士提高至 9.25 便士，税额增加了 352,000 英镑（从 611,000 英镑增加到 963,000 英镑）；1761年，浓啤酒的税率提高了 3 先令每桶。据统计，1774 年，英国啤酒税的税额近

① Stephen Dowell, *A History of Taxation and Taxes in England,* Vol.4,London:Frank Cass & Co.ltd., 1965,p.40.

② Stephen Dowell, *A History of Taxation and Taxes in England,* Vol.4,London:Frank Cass & Co.ltd., 1965,p.41.

③ Stephen Dowell, *A History of Taxation and Taxes in England,*Vol.4,London:Frank Cass & Co.ltd., 1965,pp.43-44.

④ Stephen Dowell, *A History of Taxation and Taxes in England,* Vol.4,London:Frank Cass & Co.ltd., 1965,p.47..

250 万英镑，直接税收入是 1,385,400 英镑，麦芽酒税 960,000 英镑，啤酒花税 138,800 英镑。北美独立战争爆发后，麦芽酒和啤酒花的税率进一步提高，1780 年，财政大臣诺斯将英格兰麦芽酒的税率从 9 便士提高至 1 先令 4.5 便士，将苏格兰麦芽酒的税率从 4 便士提高至 8 1/3 便士。同时，废除了财政部将私人麦芽制造者与麦芽酒制造的混合，由此税收收入增加了约 600,000 英镑（即从 1,000,000 英镑增加到 1,600,000 英镑），增加了近 2 倍。据统计，1774 年，英国啤酒税的税额近 250 万英镑，直接税收入是 1,385,400 英镑，麦芽酒税 960,000 英镑，啤酒花税 138,800 英镑。[①]战争期间，啤酒花的税率亦被提高，增加了 5% 的附加税，此后的 68 年间，啤酒花的税率都保持在每吨 1 便士的水平上。

1761 年，对浓啤酒征收 3 先令的附加税，这一税收适用于税率每桶 6 先令以上的所有啤酒。因此税率的提高使餐桌上家庭消费的啤酒量减少，有鉴于此，1782 年，将价值在每桶 11 先令以上及 11 先令以下的啤酒进行区分：价值在每桶 6 先令至 11 先令间的啤酒称为佐餐啤酒（table beer），此种啤酒的税率仅为每桶 3 先令。具体情况如下：据统计，1774 年，英国啤酒税的税额近 250 万英镑，直接税收入是 1,385,400 英镑，麦芽酒税 960,000 英镑，啤酒花税 138,800 英镑。[②]

到小皮特执政后，1784 年，小皮特增加了啤酒酿造者和麦芽酒制造者的执照税。1785 年，小皮特将此前仅适用于英格兰的麦芽酒税施行于爱尔兰，税率是每蒲式耳 7 便士。由此，1786—1789 年间麦芽酒的税额约 110,000 英镑。此后，因努特卡湾争端麦芽税被再次征收 3 便士的附加税，但此税因非常不受欢迎而于 1792 年被废除。

至 1793 年英国与法国的战争开始前夕，英国的各种酒精类饮品税收入如下：据统计，1774 年，英国啤酒税的税额近 250 万英镑，直接税收入是 1,385,400 英镑，麦芽酒税 960,000 英镑，啤酒花税 138,800 英镑。[③]

1802 年《亚眠合约》签订后，因所得税停征而使托利党的财政大臣亨利·阿丁顿提高了啤酒、麦芽酒和啤酒花的税率，为此税收收入增加了 200 万英镑。

---

① Stephen Dowell, *A History of Taxation and Taxes in England,* Vol.4,London:Frank Cass & Co.ltd., 1965,pp.72-76.

② Stephen Dowell, *A History of Taxation and Taxes in England,* Vol.4,London:Frank Cass & Co.ltd., 1965,p.76.

③ Stephen Dowell, *A History of Taxation and Taxes in England,* Vol.4,London:Frank Cass & Co.ltd., 1965,p.77.

经过短暂的休战之后，战争重开。此时，麦芽酒的税率提高至 4 先令 5 便士多，为此，英国麦芽酒的税收收入在 1806 年时超过了 600 万英镑；至 1815 年时，英国的税收基本上达到了最高峰。

与法国的战争结束后，1816 年，托利党的财政大臣范西塔特（Vansittart）提议废除麦芽酒税，此时的麦芽酒税率是 2 先令 5 便士。然，1819 年此税税率又被提升至 3 先令 7.5 便士，直到 1822 年，税率才又降至 2 先令 7 便士。此税率在后来的三年中给英国的税收带来 3,857,000 英镑的收入。1823 年，考虑到大众对啤酒的需求，规定酿酒者可以在每桶 36 加仑的情况下酿造每桶不超过 5 或 5.5 的麦芽酒，税率低至每桶 5 先令。对啤酒的征税于 1830 年威灵顿内阁执政时被废止。啤酒花的税收于 1862 年被废除；1880 年，格拉斯顿废除了麦芽酒税、酿酒用糖税、出售和制造麦芽酒执照税及酿酒执照税。因上述税收的废除所带来的收入损失复又在征收啤酒税上得到补偿，格拉斯顿将啤酒税的税率固定在每桶 6 先令 3 便士。1881—1882 年，啤酒税的收入是 8,531,000 英镑，1884—1885 年是 8,545,000 英镑。[①]

除对上述酒精类饮品征税外，18 世纪英国对出售上述饮品的客栈老板、酒馆老板、啤酒店等征收一定的执照税。1710 年，对出售酒精饮品的客栈老板征收税率为 1 先令的执照税，至 1756 年，税率提高到 1 英镑 1 先令，1784 年提高至 2 英镑 2 先令，1808 年又增加了 2 英镑 2 先令的附加税。[②]1814 年，此类执照税的收入是 123,000 英镑（英格兰 103,000 英镑，苏格兰 20,000 英镑）。1815 年，税率加倍，1816 年的税额是 243,000 英镑（英格兰 205,000 英镑，苏格兰 38,000 英镑）。4 英镑 4 先令的税率给穷人增加了很大的负担，鉴于此，根据出售酒精饮品的住房的价值征收税率不等的执照税。在英国，缴纳执照税的数量稳定而缓慢地增加，据统计，1828 年，英格兰约有 50,000 所房屋缴纳执照税，苏格兰有 17,000 所房屋缴纳执照税，爱尔兰有 22,000 所房屋缴纳执照税。由此，该税的税收收入在 1828 年是 133,400 英镑。

1830 年啤酒税废除后，代之以对啤酒店征收一定数额的执照税，税率为 2 英镑 2 先令，这包括出售啤酒、麦芽酒、苹果酒和梨酒。在 1830 年《啤酒

---

① Stephen Dowell, *A History of Taxation and Taxes in England*, Vol.4,London:Frank Cass & Co.ltd., 1965,p.88.

② Stephen Dowell, *A History of Taxation and Taxes in England*, Vol.4,London:Frank Cass & Co.ltd., 1965,p.93.

馆法案》规定下，1831 年，英国缴纳执照税的酒馆有 31,000 家，1832 年达 33,000 家，1833 年达 35,000 家，①1836 年达到 44,000 家，1836—1839 年间平均 45,000 家，1846 年达到 37,692 家。②至 1868 年，英国所有的啤酒执照税收入近 367,000 英镑。

除了对出售啤酒等的小酒馆和啤酒馆征收执照税之外，还对啤酒的零售征收一定的执照税。其税率不等。一、对客栈老板征收的执照税税率规定如下：房屋年价值 20 镑以下且有烈性酒执照的，税率 1 英镑 2 先令 0.5 便士；没有烈性酒执照的税率 3 英镑 6 先令 1.75 便士；房屋年价值 20 镑以上者，税率 3 英镑 6 先令 1.75 便士。二、啤酒馆，3 英镑 6 先令 1.75 便士；三、出售啤酒的商店，税率 1 英镑 2 先令 0.5 便士；四、出售价值不超过每夸脱 1.5 便士的啤酒，税率 5 先令；五、啤酒经销商，附加税率 1 英镑 2 先令 0.5 便士。

除啤酒外，在英国历史上，白酒的税率一直保持一个较高的水平，尤其是对法国白酒。1714 年之后，沃波尔作为财政大臣曾经尝试将白酒的税收由关税改为消费税征收，但未能成功（其原因前文已有表述）。此后，随着英国 18 世纪卷入太多对外战争的需要，英国对法国白酒征收 12 英镑的附加税，其他白酒征收 8 英镑的税率。除此之外，还对白酒征收 10% 的港口税。因白酒的税率过高，致使白酒的进口量减少。到小皮特执政后，为了防止英国白酒进口时的大量走私现象，增加白酒的税收收入，皮特采取措施将白酒的税收置于消费税之下。同时，小皮特大大降低了白酒的税率。初始，法国白酒的税率为每加仑 5 先令 2 便士，其他白酒约 3 先令，最终，法国白酒的税率降为 3 先令 9 便士，马德拉白葡萄酒、葡萄牙、西班牙和 Cape 白酒的税率是 2 先令 11 便士。后因与法国战争的需要，小皮特又开始对白酒征收重税：1795 年，将法国白酒的税率提高至 6 先令 1.5 便士，马德拉白酒、葡萄牙、西班牙白酒提升至 4 先令 1 便士；1796 年，再次将之提升至 8 先令 6 便士和 5 先令 8 便士。1801 年，税率提至 8 先令 10 便士（法国白酒）和 6 先令 6 便士（其他白酒）。1803 战争重开时，到 1804 年，法国白酒的税率提升至每加仑 11 先令 5 便士，其他白酒 7 先

---

① Stephen Dowell, *A History of Taxation and Taxes in England,* Vol.4,London:Frank Cass & Co.ltd., 1965,p.95.

② Stephen Dowell, *A History of Taxation and Taxes in England,* Vol.4,London:Frank Cass & Co.ltd., 1965,p.97.

令 7 便士。由此带来的税收收入至 1815 年达到 1,900,000 英镑。[①]

对法战争结束后，出于增加白酒消费量的考虑，财政大臣罗宾逊将法国白酒的税率降至 6 先令，其他白酒降至 4 先令，由此白酒的税收收入每年减少 230,000 英镑。同时，上述白酒亦被征收港口税，税率如下：法国白酒 7 先令 3 便士；其他白酒 4 先令 10 便士，Cape 白酒的税率是 2 先令 5 便士。税率的降低并没有导致白酒的税收收入减少，反而因进口量的提高而有所增加。据统计，因税率降低，英国的白酒税反而比税率是每加仑 11 先令 5 便士的时候每年增加了 9,000 英镑。[②]

此后，财政大臣阿尔索普子爵将所有的白酒税率统一为每加仑 5 先令 6 便士［开普（Cape）白酒除外，仍是每加仑 2 先令 9 便士］。到 1832 年，白酒的税收收入总额达到 1,627,000 英镑。1859 年，税额达到 1,850,000 英镑，1860 年，由于与法国签订了《科布登条约》，此时的白酒税税率大大降低，如下表[③]：

	先令	便士
酒精度低于 18 度	1	0
酒精度低于 26 度	1	9
酒精度低于 40 度	2	5
酒精度低于 45 度	2	11

至 1875 年，白酒税额达到 1,733,000 英镑，至 1880 年，降至 1,404,173 英镑。1882—1883 年，收入达 1,294,000 英镑。1885 年，收入降至 1,233,000 英镑。[④]

除对白酒征税外，国产烈性酒和外国烈性酒亦要缴税。就国产烈性酒而言，1709 年，因西班牙王位继承战争的需要，对国产烈性酒征收一定的附加税，烈性酒的税收收入约 40,000 英镑。至 1726 年，国产烈性酒的税额第一次超过 100,000 英镑，1727—1729 年，税额约 115,000 英镑（因《杜松子酒法》的出台

[①]　Stephen Dowell, *A History of Taxation and Taxes in England,* Vol.4,London:Frank Cass & Co.ltd., 1965,pp.129-130.

[②]　Stephen Dowell, *A History of Taxation and Taxes in England,* Vol.4,London:Frank Cass & Co.ltd., 1965,p.131.

[③]　Stephen Dowell, *A History of Taxation and Taxes in England,* Vol.4,London:Frank Cass & Co.ltd., 1965,p.133.

[④]　Stephen Dowell, *A History of Taxation and Taxes in England,* Vol.4,London:Frank Cass & Co.ltd., 1965,p.135.

导致税额增加不多），1745 年因废除《杜松子酒法》导致国产烈性酒的消费量增加，税额亦第一次增加到 300,000 英镑。1746 年，财政大臣佩勒姆（Pelham）进一步对国产烈性酒征收附加税；至 1758 年，因禁止谷物蒸馏酒导致国产烈性酒税额大量减少。1760 年禁令解除，税率提至之前的两倍；1762 年，再增加 3 便士的附加税。由此，国产烈性酒税额约 450,000 英镑；至 1778 年，增加到 584,000 英镑。北美独立战争期间，因国产烈性酒的税率过高而致使烈性酒的走私严重，由此税额降至 300,000 英镑。1785 年，鉴于国产烈性酒的税额降低，小皮特于 1786 年和 1788 年采取措施严格检查非法蒸馏和走私活动，1787 年国产烈性酒的税率是 2 先令 6 便士，仅是 1785 年税率的一半。1791 年，小皮特出于保卫诺卡特湾的需要而将麦芽汁的税率提高了 1 便士，相当于每加仑烈性酒 5 便士的税率。由此带来的税收收入超过了预期的 87,000 英镑。[1] 后来，因与法国作战的需要，小皮特于 1794、1795、1797 年和 1800 年将麦芽汁的税率提高了 4 便士，相当于对烈性酒征税每加仑 1 先令 8 便士，此税率超过了北美独立战争期间的税率。1800 年，国产烈性酒的税额超过 100 万英镑。1803 年战争重开后，财政大臣阿丁顿将国产烈性酒的税率提高了 2 先令 3.5 便士；1811 年，托利党财政大臣斯宾塞·珀西瓦尔（Spencer Perceval）再次将税率提高 1 便士 10.5 先令，此时的税率是 10 先令 2.75 便士，由此带来的税收收入额近 3,500,000 英镑。战争结束后，每加仑 10 先令 2.75 便士的税率一直实行到 1819 年。之后，税率提高至 11 先令 8.25 便士，由此税额每年比此前增加了 500,000 英镑。因每加仑 11 先令 8.25 便士的税率过高，导致国产烈性酒的税收额降至 2,000,000 英镑。1825 年，罗宾逊将税率降至 7 先令，因税率降低而致使国产烈性酒的消费量增加，税收收入亦同时有所增长。据统计，1827—1829 年，国产烈性酒的税额是 2,584,000 英镑，国产烈性酒的消费量 1825 年约 3,864,000 加仑，1829 年达到 7,700,000 加仑。[2]

在对国内烈性酒征税的同时，国外的烈性酒亦要缴纳较高的进口税。因 18 世纪英国的烈性酒税率很高，导致走私活动猖獗。鉴于此，小皮特执政时将国外白酒的税率降至 5 先令（关税 9 便士，消费税 4 先令 3 便士），这一措施使唤英

---

[1] Stephen Dowell, *A History of Taxation and Taxes in England,* Vol.4,London:Frank Cass & Co.ltd., 1965,pp.179-180.

[2] Stephen Dowell, *A History of Taxation and Taxes in England,* Vol.4,London:Frank Cass & Co.ltd., 1965,pp.181-182.

国 1789—1792 年间的税额增长，至对法战争开始，税额将近 500,000 英镑。对法战争开始后，国外烈性酒的税额有了很大的增长，平均每年的收入额是 1,3700,00 英镑。税率是每加仑 14 先令，1812 年，税率提高至 20 先令 7 便士，1813 年达到 20 先令 11 便士，1814 年固定在 18 先令 10 便士。由此，1815 年，国外烈性白酒的税额约 950,000 英镑。1814 年之后至 1818 年，税额达到 825,000 英镑。[①]

1819 年，哈斯基森将税率提高至 1 英镑 2 先令 6 便士。1840 年，辉格党财政大臣巴林爵士将税率增加了 4 便士，如此高的税率使英国的对外贸易出现了问题，走私猖獗。至 1860 年，格拉斯顿推行自由贸易的关税改革，将外国烈性酒和国产烈性酒的税率等同，即每加仑 10 先令 5 便士。由此，英国的烈性酒税额 1863 年达到 997,121 英镑，比 1862 年增加了 112,470 英镑；1864 年中增加了 200,000 英镑，达到 1,204,000 英镑，此后，烈性酒的税额收入情况如下[②]：

1874 年	2,241,000 英镑
1875 年	2,338,000 英镑
1880 年	1,690,000 英镑
1882—1883 年	1,532,000 英镑
1884—1885 年	1,520,000 英镑

除对国内和国王白酒和烈性酒征税外，英国还对出售白酒和烈性酒的销售商征收一定数额的执照税，此税税额不大。

第九，非饮品税。在英国的消费税结构中，还有一种属于非酒精类饮品，包括茶叶、咖啡和可可豆。其具体情况我们在下文将做简要介绍：

茶叶税：18 世纪英国的茶叶税税率比较高，如，1692 年税率是 1 先令，1695 年增加了 1 先令，1704 年因西班牙王位继承战争税率提高了 1 先令，1711 年提高了 2 先令，即 5 先令（进口茶叶的税率是 11 先令）。因茶叶税的税率过高而导致走私盛行，鉴于此，沃波尔执政时于 1723 年将货栈制度引入对茶叶的征税中。规定：所有进口的茶叶统一存入货栈中，税率是其价值的 14%，后来

①　Stephen Dowell, *A History of Taxation and Taxes in England,* Vol.4,London:Frank Cass & Co.ltd., 1965,pp.192-193.

②　Stephen Dowell, *A History of Taxation and Taxes in England,* Vol.4,London:Frank Cass & Co.ltd., 1965,p.195.

规定，用于国内消费的茶叶的税率是每镑 4 先令。[①]

因茶叶税的税率过高，财政大臣佩勒姆于 1745 年降低了茶叶税的税率（由每镑 4 先令降至 1 先令），由此，英国的茶叶税收入增加到 175,222 英镑，1746—1750 年增加到 318,080 英镑。1759 年，因七年战争之需，理雅各将茶叶税的税率提高了 5%；至 1784 年小皮特执政时，复又将茶叶税的税率降至 1745 年的水平。1793 年，茶叶税的税额约 650,000 英镑；后因与法国战争的需要，茶叶税的税率被提至 20%，后来相继被提至 30%、35%、40% 和 50%。1805 年和 1806 年财政大臣阿丁顿因与法国的战争重开之需将茶叶税的税率提高了 45%。到小皮特去世时，英国茶叶税的统一税率是 96%。1815 年，对法战争结束时，茶叶税的税额是 3,591,350 英镑。[②]

1834 年，当东印度公司对茶叶的垄断结束后，茶叶税从消费税转移至关税征收。财政大臣阿尔索普子爵实行了新的税则（不同种类的茶叶其税率不同）：武夷茶每镑 1 先令 6 便士；红茶、屯溪茶（安徽产）、熙春茶、柑橘香红茶税率 2 先令 2 便士；小种茶（一种中国红茶）、花茶、中国绿茶、平水珠茶和其他茶叶税率是 3 先令。[③] 然因区分茶叶的种类过于困难致使此方式未能实行。此后，辉格党财政大臣斯普林·赖斯于 1836 年 7 月 1 日将所有茶叶的税率统一为每镑 2 先令 1 便士。1833 年至 1837 年，茶叶的税收额约 3,800,000 英镑；1840 年，巴林爵士将的税率提高了 5%，1842 年，税额达到约 4,000,000 英镑。皮尔的关税改革将制造品从消费税的束缚下解放，再加上此时英国的国民财富大大增加及所得税为国家带来了不小的收入，茶叶税的税率进一步降至每镑 1 先令。然，后来因克里米亚战争爆发，茶叶的税率再次被提高至 1 先令 9 便士（1856），1857 年又降至 1 先令 5 便士，此税率一直持续到 1863 年格拉斯顿建议降低茶叶税。至 1865 年，格拉斯顿将税率降至 6 便士，由此税额减少至 2,300,000 英镑。税率的降低导致茶叶的消费量大增，税收收入也因此而有所增长，1884—1885 年，茶叶税的收入增加到 4,795,000 英镑。

在对茶叶征税的同时，还对茶叶销售商征收一定的执照税。此税税额不大，

[①] Stephen Dowell, *A History of Taxation and Taxes in England*, Vol.4, London: Frank Cass & Co.ltd., 1965, pp.220-221.

[②] Stephen Dowell, *A History of Taxation and Taxes in England*, Vol.4, London: Frank Cass & Co.ltd., 1965, pp.224-225.

[③] Stephen Dowell, *A History of Taxation and Taxes in England*, Vol.4, London: Frank Cass & Co.ltd., 1965, p.225.

至 1850 年，茶叶销售的执照税收入是 68,400 英镑。至 1863 年，该执照税被废止。到 1869 年，对咖啡、茶叶、可可豆、巧克力和胡椒粉的执照税被废止。

对咖啡的征税与茶叶类似，1723 年，财政大臣沃波尔将之置于货栈制度之下。1784 年，小皮特将税率降低，即英国在美国种植园的咖啡每磅 6 便士；其他地方 2 先令 6 便士。1795 年，因与法国战争的需要，小皮特将税率提高。1808 年，税率从 1 先令 7.75 便士降至 7 便士（英国种植园）、2 先令 1 便士至 10 便士（东印度产）。至 1815 年对法战争结束，咖啡税的税额是 276,700 英镑。1819 年，咖啡税的税率再次提高：英国种植园 1 先令、东印度 1 先令 6 便士、其他地区 2 先令 6 便士；税收收入每年增加 130,000 英镑。1825 年，罗宾逊将咖啡税的税率降低一半，由此咖啡税的税收收入减少 150,000 英镑。然因咖啡税的税率降低导致消费量增加而税收收入同时增长，据统计，1824 年的税额是 420,000 英镑，1835 年增加到 652,000 英镑。皮尔 1842 年的第一次关税改革将税率再次降低，1851 年，英国产咖啡和其他国家产的咖啡的区别被废除，税率统一为 3 便士。1853 年因克里米亚战争所需，税率提高至 4 便士，1857 年战争结束，税率降至 3 便士。[①]

1871 年，咖啡税的税额是 382,702 英镑，1882—1883 年间，收入约 202,000 英镑，1885 年收入低于 210,000 英镑。

对可可豆的税收自 1832 年起税率降低，1842 年皮尔的第一次关税改革将税率降至每磅 1 便士。可可豆的税额不大，据统计，1879 年为 46,000 英镑；1880 年为 50,000 英镑，1882—1883 年约为 60,000 英镑，1884—1885 年为 68,000 英镑。[②]

烟草税：烟草税于 1560 年引入西欧，1565 年第一次由约翰·霍金斯将烟草引入英国。烟草税是英国港口税的重要组成部分，至 18 世纪前，烟草税在英国已经有 300 多年的征收历史了。对烟草税的地位，财政大臣沃波尔曾在下院中说道："从王宫到简陋的茅舍，所有的人都无一幸免地要缴纳烟草税。"[③] 1732 年，烟草税的税率是每磅 6⅓ 便士，税额是 754,000 英镑（总收入），然而，烟

---

① Stephen Dowell, *A History of Taxation and Taxes in England,* Vol.4, London: Frank Cass & Co.ltd., 1965, pp.234-236.

② Stephen Dowell, *A History of Taxation and Taxes in England,* Vol.4, London: Frank Cass & Co.ltd., 1965, p.242.

③ Stephen Dowell, *A History of Taxation and Taxes in England,* Vol.4, London: Frank Cass & Co.ltd., 1965, p.253.

草税的净产值却只有160,000英镑。那么，为什么在总产值和净收入之间会有这么显著的差别呢？这其中主要的原因是在烟草税征收的时候有许多的欺骗行为造成的：一种是利用烟草出口的退税；另一种是烟草商在进口烟草时瞒报烟草的重量，而在出口烟草时却又多报烟草的重量。如此做法造成的后果是：重量100磅的烟草出口时却变成了150磅。烟草总收入和净收入之间如此大的差异就是这样通过与关税征收官员勾结造成的。除此之外，还有诸如走私等其他因素也在起作用。为了防止上述情况，财政大臣沃波尔于1733年在其著名的《消费税法案》中建议将烟草税改按消费税征收，沃波尔的建议遭到了烟草商、烟草消费者和公众的反对，因为他们认为该计划有在英国征收普通消费税的嫌疑，故而沃波尔的建议未能实施。佩勒姆任财政大臣期间，佩勒姆认为征收烟草的消费税是不明智的，其带来的税收收入亦不像沃波尔所设想的那样会有很大的增长。直至1776年，亚当·斯密的《国富论》中认为英国对烟草等征收普通的消费税，烟草税亦包括在其中。1787年小皮特执政时期的关税改革中，烟草税的税率是每镑3先令6便士（西班牙和葡萄牙烟草）、英国殖民地、美国或爱尔兰的税率是每镑1先令3便士。

1789年之前，英国烟草每年平均进口量约7,000,000磅，1789年，烟草税的净税额是408,000镑。然而，烟草税的高税率（达到烟草价值的400%）大大地鼓励了烟草走私的猖獗。为了阻止这种情况的发生，小皮特将烟草税降至沃波尔提议的水平，即进口烟草的税率是每磅0.75便士（当烟草存在货栈时），若烟草商将烟草从货栈运出用于国内消费则征收每磅4便士的消费税，通过这种方式将烟草税置于消费税制度下。尽管小皮特的措施遭到了烟草商等的反对，但最终烟草税的税率以每磅9便士固定下来（国内消费税），若是烟草进口时，则税率是每磅6便士，如此，烟草税被置于正常的消费税制的监督之下。至1790年，英国烟草税的税额约512,000英镑；1793年，税额约547,000英镑；与法国的战争开始后，烟草税的税率几经提高，至1815年，英国殖民地的烟草税率是每磅3先令2便士，西班牙和葡萄牙5先令5.5便士，税额总计超过2,025,000英镑。

1819年，出于所得税废除所造成的税收收入损失，烟草税的税率被提高，由此烟草税的税额每年增加了500,000英镑。而且，此时烟草税重新被作为消费税征收，其税率是4先令（适用于殖民地的烟草）和6先令（西班牙和葡萄牙烟草）。然而，改由消费税征收的烟草税的税量并没有因英国人口的增加而增长，由此，1825年，烟草税又被作为进口税征收，税率是每镑1先令。1826年，财政大臣罗宾逊将未加工烟草的税率定为每镑3先令，英美北美殖民地的烟草税率2先令9便士，加工的烟草和香烟的税率是每镑9先令。由此，烟草税的税额5年后总计2,850,000英镑（其中英格兰的税额为2,250,000英镑，爱尔兰的税额为600,000英镑）。[①]然而，上述烟草税税额的增长仍不能与英国的人口增长同步，有鉴于此，1834年，财政大臣阿尔索普子爵提议将烟草税的税率降低一半。1842年，皮尔的关税改革将所有的烟草税不加分类征收。1843年，烟草税的收入增加到3,711,000英镑。至1862年，烟草税的收入从未低于6,000,000英镑。[②]1863年，格拉斯顿出于减少烟草走私的考虑，降低了加工烟草和香烟的税率，同时，未加工过的烟草的税率亦有所变化。在新的烟草税下，英国烟草税的收入如下：1867年，税额6,500,000英镑；1870年，6,600,000英镑；1871年，6,800,000英镑。此后的6年中，烟草税以每年200,000英镑的速度增长，一直持续到1877年，税额达到近8,000,000英镑。[③]1878年，烟草税的税率提高了4便士，税额亦有所增长。据统计，1883—1884年，烟草税税入增加到8,991,000英镑，1884—1885年间增加到9,277,000英镑。若以1879—1880年为起点计算，英国烟草税的增长速度不低于8.83%，已经明显超过人口的增长了。[④]

除对烟草的消费征税外，英国还对销售烟草的经销商征收一定的执照税，此税数额不大。据统计，1815年，英格兰的烟草执照税额是27,563英镑，苏格兰是2,155英镑。1884—1885年间烟草执照税的税额是85,244英镑。[⑤]

英国在对消费品征税时，还对既不属于食品也不属于饮品和烟草的消费品征税，这包括对制成品和原材料的征税。因英国经济与政治发展的需要，对制成品和原材料的税收几经变化，有些中间被废除。其中的变化我们通过以下相

---

① Stephen Dowell, *A History of Taxation and Taxes in England,* Vol.4, London: Frank Cass & Co.ltd., 1965, pp.257-258.

② Stephen Dowell, *A History of Taxation and Taxes in England,* Vol.4, London: Frank Cass & Co.ltd., 1965, p.265.

③ Stephen Dowell, *A History of Taxation and Taxes in England,* Vol.4, London: Frank Cass & Co.ltd., 1965, p.270.

④ Stephen Dowell, *A History of Taxation and Taxes in England,* Vol.4, London: Frank Cass & Co.ltd., 1965, p.272.

⑤ Stephen Dowell, *A History of Taxation and Taxes in England,* Vol.4, London: Frank Cass & Co.ltd., 1965, pp.276-277.

关数据进行说明。

18世纪英国对制成品的征税物品主要有玻璃、石头和陶制瓶子、蜡烛、皮革、纸牌和骰子、肥皂、纸张、印染物品、报纸、广告、淀粉、专利药品、锻制板、砖和瓷砖、帽子、手套、洗漱用品和年历等，其征税变化情况比较如下：

英国的消费税的开征始于1643年的共和国时期。那时征收的制成品税收包括肥皂税、淀粉税、各种各样的玻璃税、金银电线税以及所有在共和国内制造的生铁税。然而，上述税收已于斯图亚特王朝复辟后被废除。光荣革命后，因上述消费税非常不受欢迎，大部分上述税种的税收没有再征收，威廉三世执政时曾征收过玻璃税，后来被废除；对石头和陶制的瓶子的征税也只存在了很短的时间；对烟斗的征税失败；对皮革的税收仅存在了三年（1697—1700）。

西班牙王位继承战争即将结束时，几种新的消费税征收建议获得议会通过。至1720年，对制成品中的银制器皿征税，此税后来改为对出售金银器皿的卖主征收一定的执照税。1746年，因奥地利王位继承战争之需，财政大臣佩勒姆重新征收玻璃税；1756年，因七年战争之需，财政大臣利特尔顿爵士（Lyttelton）建议征收砖税，但因遭到反对而未能实行。

北美独立战争期间，财政大臣诺斯因战争费用的压力增加了许多制成品的税收（其中不包括皮革税、蜡烛税和肥皂税），其原因主要是因为诺斯信奉亚当·斯密的自由贸易学说，认为在税收的问题上上述物品的税收应保持最低的税率。唯一的例外是在1782年，诺斯大幅度地提高了肥皂税。

至小皮特执政时，小皮特恢复此前利特尔顿爵士开征砖税的建议，同时还对棉制品（1785年被废除）和帽子征税。后来，因上述税收遭到反对，小皮特将之废除并代之以对银器征收一定的执照税。1785年，小皮特开始对四轮马车、手套和香料、牙粉、润发油和发粉（1786）征税。至1793年，对法战争开始前夕，英国对制成品的征税情况如下[①]：

制成品种类	税额（单位：英镑）
蜡烛	256,000
皮革	281,000
肥皂	403,000

① Stephen Dowell, *A History of Taxation and Taxes in England,* Vol.4,London:Frank Cass & Co.ltd., 1965,p.284.

续表

制成品种类	税额（单位：英镑）
纸张	83,000
印染物品	265,000
报纸	140,000
淀粉	95,000
玻璃	183,000
砖和瓷砖	128,000

除上述制成品外，还有对纸牌和骰子、镀金材料、银线、专卖药、金属板、帽子、手套、马车、香精、牙粉、润发油和发粉的征税，因其税率很小，故没有列出。

在与法国战争期间，上述制成品几乎都被征收一定的附加税，尤其是砖税、报纸税、广告税、纸张税、皮革税、玻璃税、石制和陶制瓶子等制成品税。与此同时，几种税额不大的制成品税被取消，如对手套、香精、牙粉、润发油和发粉及帽子的税收。1816 年，因所得税停征而使上述制成品的税收有一定的增长，此后，制成品的税率及税额基本上处于减少或是废除之中。如，1822 年，议会同意将皮革税的税率降低一半；1826 年，对金银线的征税废除；1830 年威灵顿执政时废除了皮革税；1833 年，财政大臣阿尔索普废除了对瓷砖的征税、降低了肥皂税（税率仅是此前的一半），由此，税收收入损失了 300,000 英镑。1834 年，废除了对淀粉的征税，税收收入减少 91,000 英镑；废除了对石制和陶制瓶的征税。1836 年，斯宾塞·赖斯降低了纸张税和报纸税。

罗伯特·皮尔执政后，出于重征所得税考虑，皮尔进行关税改革，废除了玻璃税；1853 年，格拉斯顿能够废除肥皂税；1855 年，自由党财政大臣乔治·康沃尔·路易斯爵士废除了报纸税；1861 年，自由党财政大臣格拉斯顿最终废除了纸张税。

综上，英国制成品从消费税的桎梏中解放出来并免于税收，例如，1830 年皮革税废止；1831 年废除了蜡烛和印染物品税；1834 年废除了淀粉税；1845 年玻璃税被废除；1850 年砖税废除；1853 年肥皂税废除；1855 年报纸税废除；1861 年纸张税被废；1862 年废除对骰子的征税。

除对制成品征税外，英国 18 世纪还对原材料进行征税，其中主要征税的物品有煤炭、烙铁、木材、牛脂、苏打灰、羊毛、丝绸、亚麻、棉花、大麻、靛蓝及种子等。因对上述原材料的征税阻碍了英国的工业和商业发展（如增加了成本、降低了与外国商人的竞争力），对原材料的征税遭到极大的反对，上述税收逐渐被废除。1787年皮特的关税改革后，1803年阿丁顿、1809年斯宾塞·珀西瓦尔、1819年范西塔特及此后的罗宾逊、哈斯基森等将原材料的税率进一步降低。

然因上述对原材料的征税阻碍了英国工商业的发展，到1831年时，财政大臣阿尔索普废除了煤炭税；罗伯特·皮尔执政后废除了对烙铁、苏打灰、羊毛、丝绸、亚麻、棉花、大麻和靛蓝的税收；同时，大大降低了木材、牛脂和种子的税率。至格莱拉顿任财政大臣期间，废除了对种子的征税，1860年废除了牛脂税，1866年废除了对木材的征税。

综上，20世纪，消费税历经改革之后在英国税收中已不是主要税种。消费税的开征也根据形势需要进行调整，其总体趋势是减少了消费税品种，降低或提高消费税税率，甚至取消了某些不合时宜的消费税税种。例如，1929年，财政大臣丘吉尔在其预算中废除了茶税。此前，英国的茶税是一种奢侈税，一般收入的所得者因其费用高昂而所费极少。据统计，因茶税废除给英国政府的税收收入带来600万镑的损失，[①]这一数额在英国的总收入中不很重要，所以此税废除对英国的税收总收入影响不大。除茶税外，汽油税也历经调整和变革。第一次世界大战期间，为筹集军费，战时联合政府开征汽油税。第一次世界大战结束后，1920年汽油税被废除。到1926年，丘吉尔建议开征进口石油税以刺激国内石油的开发，并在国内道路运输和铁路运输间实现汽油税的平等分配。1928年，汽油税再次开征，税率根据需要有增减。有数据显示，1928—1929年间，英国消费税收入占中央政府税收收入的比重是19.5%。[②]

此后，消费税历经改革，到20世纪70年代，英国开征增值税，增值税成为目前英国间接税中最主要的税种，与所得税、社会保障税一起成为英国的主体性税种。

（三）印花税等其他间接税

印花税是指对文件书信等所征的税收。该税收由荷兰引入英国。英国最早

① Roy Douglas,*Taxation in Britain since 1660*,London:Macmillan Press Ltd.,1999,p.117.

② Martin Daunton,*Just Taxes-The Politics of Taxation in Britain,1914-1979*,Cambridge:Cambridge University Press,2002,p.140.

的普通印花税于 1694 年首次开征。1694 年英国颁布了《印花税法案》,任命专门官员征收此税。在最初的几年,英国印花税的征收额一般在每年 5 万英镑左右,1698 年又开征了附加税,到 17 世纪末,英国的印花税年征收额约 9 万英镑。[①]1714 年,印花税收入约 117,000 英镑。1715 年,印花税收入是 142,027 英镑。[②] 到 1727 年,印花税收入是 160,000 英镑。[③]1739 年,印花税收入是 150,000 英镑。[④] 1755 年,印花税收入是 137,000 英镑。[⑤] 七年战争期间,财政大臣理雅各将契约的印花税提高了 1 先令,税率是 2 先令 6 便士。1760 年,印花税的税额是 290,000 英镑。1770 年,税额超过 366,000 英镑。1778 年达到 442,000 英镑。1783 年达到 855,025 英镑。[⑥]1807 年,各种印花税的总收入达 4,124,224 英镑。[⑦] 到 1815 年,各种印花税的收入总额是 2,811,933 英镑。[⑧]

在英国税收收入中,与关税、消费税和直接税等税收相比,印花税收入从来都不是主要的税收收入来源,其在英国税收中所占比重不大。

第二节　晚清中国的税制结构

鸦片战争以后,在列强的侵略下,中国由传统的封建社会逐步沦为半殖民地半封建社会,近代中国的政治、经济、社会、文化等发生了剧烈变化。其中,税制也发生了与传统封建税制不一样的变革,国民的税负较晚清之前更加沉重。对此,马克思曾对鸦片战争之后中国繁重的赋税进行过论述:"1840 年不幸的战争后所要付给英国的赔款,巨大非生产的消耗,鸦片贸易引起的金银外溢,国

---

① Roy Douglas,*Taxation in Britain since 1660*,London:Macmillan Press Ltd.,1999.p.15.

② D.B.Horn & Mary Ransome,*English Historical Documents,1714-1783*,London:Eyre & Spottiswoode,1957, p.297.

③ Stephen Dowell, *A History of Taxation and Taxes in England,* Vol.3,London:Frank Cass & Co.ltd., 1965,p.290.

④ Stephen Dowell, *A History of Taxation and Taxes in England,* Vol.2:London:Frank Cass & Co.ltd., 1965,p.109.

⑤ Stephen Dowell, *A History of Taxation and Taxes in England,* Vol.2:London:Frank Cass & Co.ltd., 1965,p.128.

⑥ D.B.Horn & Mary Ransome,*English Historical Documents,1714-1783*,London:Eyre & Spottiswoode,1957, p.300.

⑦ Edward Hughes, "The English Stamp Duties,1664-1764" ,*The English Historical Review*,Vol.56,No.222 (Apr.,1941),p.264.

⑧ Stephen Dowell, *A History of Taxation and Taxes in England,* Vol.3,London:Frank Cass & Co.ltd., 1965,p.296.

外竞争对本地手工业制造业的破坏性的影响，国家行政的腐败。这一切，造成了两个结果：旧税更加繁重而难以担负，旧税之外又增加了新税。"①由此可见，晚清时期政府赋税的主要特征是加重旧税，开征新税，由此，近代中国的税制结构也经历了调整和变革。

一、直接税（主要是田赋）的调整与变革

田赋是指主要针对民田征收的直接税。该税在清代中期以前曾是中国封建政府税收收入的主要税种，占政府税收收入的 70% 以上。但自进入近代以来，田赋在政府税收收入中所占的比重逐渐呈下降趋势，盐税、海关税和厘金等间接税占税收收入的比重大幅上升。

1. 晚清以前的田赋

晚清以前，中国封建社会是一个以农立国的传统社会，奉行"重农抑商"的经济政策，因此，政府税收收入的主要来源是田赋。那时，因清朝统治后实行"永不加赋""摊丁入亩"的财税政策，田赋收入基本固定，由此也决定了清政府传统的"量入为出"的税收原则的主导性地位。

鸦片战争之前，田赋作为政府税收收入最主要的组成部分，其占税收收入的比重在 70% 以上。田赋作为政府财政收入的大宗，占财政收入的比重在 50%以上。据统计，在清前中期（1840 年以前），清政府每年的财政收入约 4500 万两，其中田赋收入约为 2500 万两，占每年财政总收入的 50% 以上。②关于田赋在清前期政府财政收入中的比重情况，下表 3-16 所示。

表 3-16 前期财政收入结构比较表

岁入单位：万两

年份	地丁银		盐课		关税	
	岁入	比重（%）	岁入	比重（%）	岁入	比重（%）
顺治九年（1652）	2126	87	212	9	100	4
康熙二十四年（1685）	2727	88	276	9	120	4

① 张翔迅、王肖芳、胡公启、李茜：《历代赋税变革与管理》，郑州：河南人民出版社 2012 年版，第 207 页。

② 倪玉平：《清代关税：1644—1911 年》，北京：科学出版社 2017 年版，第 1 页。

续表

年份	地丁银		盐课		关税	
	岁入	比重（%）	岁入	比重（%）	岁入	比重（%）
雍正三年（1725）	3007	86	443	13	135	4
乾隆十八年（1753）	2938	72	701	17	430	11
乾隆三十一年（1766）	2991	61	574	12	540	11
嘉庆十七年（1812）	2953	74	579	14	481	12
道光二十一年（1841）	2943	71	747	18	435	11

资料来源：何本方：《清代户部诸关初探》，载《南开学报》，1984年第3期。

由表3-16可见，地丁银（摊丁入亩实行之前，中国封建社会的直接税中除了田赋外，还有人丁税）在政府财政收入中的比重始终保持在61%—88%之间，盐税虽是仅次于田赋的第二大税种，但其占政府财政收入的比重却远不及田赋，关税就更不必说了。但自步入近代以来，田赋的收入虽呈上涨趋势，但其占政府税收收入的比重却一直在缩减。

2. 晚清以后的田赋

鸦片战争爆发后，中国逐步沦为半殖民地半封建社会，政府的财政压力迅速增加，除传统的政府正常开支外，又新增了巨额的赔款，再加上镇压太平天国农民起义等的巨额开支，政府原有的田赋收入已不能满足上述需求，由此，政府不得不加征田赋。由此，晚清以后，田赋收入出现了三大特点：一、田赋收入总额有所增长；二、田赋占政府税收收入的比重逐渐下降；三、田赋由中央税收转变为地方税收。

第一，晚清田赋总额的增长。清朝前期，田赋的征收以银为主，外加一定的米、麦等实物。田赋的收入额比较固定，为2000多万两。到晚清时期，田赋总额较以前有所增加。究其原因，晚清田赋总额的增加一是田赋税率的提高；二是通货膨胀所致；三是白银外流导致的银贵钱贱现象。在这几个主要因素的作用下，晚清田赋收入总额较以前有所增加，据统计，乾隆末年，田赋征银

2900 余万两，粮 830 余万石。① 光绪十一年（1885），地丁、租课、杂赋、漕折、耗羡五项共计银 3241.68 万两，光绪十七年（1891）为银 3358.66 万两。光绪十七年的田赋比光绪十一年的田赋增加 36.1%。② 对晚清田赋收入额增长的情况，周志初认为物价上涨是导致田赋收入增长的重要原因："甲午战前，田赋收入仅相当于鸦片战争之际的水平。庚子以后，田赋虽有明显的增长，1911 年预算案较鸦片战争之际增加了约 2000 万两，但较乾隆三十一年的官方统计数，也仅增加了 800 余万两。然而，在一个半世纪内物价已上涨了 3 倍，因此，从购买力来讲，清末的田赋收入要远低于乾隆中期的水平。"③ 另外，田赋加征也是导致其收入额增长的重要原因，据统计，"咸丰四年（公元 1854 年）规定按粮随征津贴，其率为每银田赋一两，加征津贴一两，则增加原额一倍矣"。"同治元年（公元 1862 年），又加按粮捐输，为数 180 万两，是原数又三倍。""光绪二十七年（公元 1901 年）所谓新加捐输者，又按亩年捐银 100 万两，于是四川之田赋为数共 350 万两，为原数之五倍。"④ 这种情况在当时中国的各个省份大体类似。此外，鸦片输入导致的白银外流、银贵钱贱现象也是田赋收入总额增加的原因。由此可见，在十几年时间内，银钱的比价大幅提高，田赋收入总额的提高也就可以理解了。所谓"朝廷自守岁取之常，而小民暗加一倍之赋"⑤。

第二，晚清田赋占政府税收收入比重的下降。晚清时期，与田赋收入总额增长相反，田赋占政府收入的比重却呈逐渐下降之势，由原来的 70% 以上降至甲午战争前后的 35% 左右，1911 年预算案中，更是降至 16.5% 的低水平。⑥据哲美森的统计，1893 年中国的田赋收入为 3165 万两，占岁入总额的比重为 36%。1903 年，户部统计的田赋收入为 3546 万两，约占岁入总额的 33%。⑦1911 年预算案中，田赋收入为 4967 万两，占预算总收入的 16.5%。⑧ 由晚清前后田赋收入的比重变化可见，田赋在国家税收收入中的支柱地位逐渐下降，被海关税、盐税和厘金为主的间接税所取代。

第三，田赋由中央税变为地方税。鸦片战争之前，尤其是太平天国农民运

① 《清史稿》，中华书局标点本，第 13 册，第 3542 页。
② 根据《清朝续文献通考》卷 66，《国用考》四"刘岳云光绪会计录"所载数字计算。
③ 周志初：《晚清财政经济研究》，济南：齐鲁书社 2002 年版，第 165 页。
④ 胡钧：《中国财政史》，北京：商务印书馆 1920 年版，第 348 页。
⑤ 曾国藩：《备陈民间疾苦疏》，《曾文正公全集》奏稿一。
⑥ 周志初：《晚清财政经济研究》，济南：齐鲁书社 2002 年版，第 165 页。
⑦ 《清朝续文献通考》卷 68，第 8249 页。
⑧ 《清朝续文献通考》卷 68，第 8245 页。

动爆发之前，中国封建社会税制体系的最大特点是高度集中，所有的税收都集中于中央，由户部专门管理。但自太平天国起义爆发后，清朝传统的解款协拨制度已不能有效运行，地方钱粮很难再运到中央，由此，地方政府的军事开支等用度皆需自筹。这种情况必然导致财政权力由中央到地方的转移，导致地方财政权力过大，严重破坏了传统的财政体系。为改变这一局面，20世纪初清政府实行财政清理，原来的户部被度支部取代，试图重新建立由中央统一的财政体系，但并未成功。

二、间接税的演变

与英国不同，晚清时期，清政府赋税结构演变的趋势是以田赋为主的直接税所占比重逐渐下降，以盐税、海关税和厘金等为主的间接税所占比重逐渐提高，并成为政府财政收入的主要来源。晚清税制结构的这一演变与近代以后列强对中国的侵略有着密切联系。一方面，列强的侵略及清政府面临的越来越多的赔款和外债等导致了政府开征新税、提高旧税；另一方面，伴随着列强的侵略，清政府被迫卷入资本主义市场，近代中国工商业在这一时期也有了较快的发展，这也导致晚清税收结构由直接税为主向间接税为主的转变。当然，所有这一切都与近代列强对中国的侵略是分不开的，也就导致了近代中国的赋税结构呈现出半殖民地半封建的特点。

（一）盐税

1.近代中国的盐税概说

盐税，是中国传统赋税收入中仅次于田赋的第二大税种。近代以后，因列强侵略而导致的清政府赔款、外债的增加及政府日常开支的扩大等因素的影响，盐税的税率一再提高，甚至在太平天国以后加征了盐厘。近代以后，盐税占政府税收收入的比重大幅增加，与海关税、厘金共同成为晚清政府财政收入的主要来源。晚清时期的中国盐税不可例外地带有半殖民地半封建的特征，盐税甚至被清政府抵押出去，成为列强侵夺中国利益的工具，盐税税率的提高及盐厘等的开征也加重了老百姓的税收负担。

就近代以后盐税、盐厘收入的增加及盐税占政府收入的比重而言，盐税在中国封建社会政府的税收收入中一直占有重要的地位。鸦片战争之后，盐税征课不断增加，盐税在政府财政收入中的地位也越来越重要，《清史稿》有云："逮乎未造，加价法兴，于是盐税所入与田赋国税相埒。"[1] 有数据显示，乾隆三十一年，年征盐税 574 万两，占岁入总额的 10.3%；鸦片战争之际，年征盐税 496 万两，占岁入的比重为 10.5%。[2] 晚清时期，盐税的比重进一步提高，甲午战争前后约为 15%。1911 年预算为 15%，与田赋的比重已相当接近。对此，周志初认为："从这个角度讲，在晚清财政收入结构中，盐税的地位及作用也得到了进一步加强。这主要是因为自厘金开征以来，盐厘已成为盐税的重要组成部分。盐税虽是传统赋税，但晚清以来却又包含着新税的内容。"[3] 所谓盐税包含着新税的内容，主要是指盐税厘金的开征。对此，《清史稿·食货志》云："道光以前，惟有盐课。及咸丰军兴，复创盐厘。"盐厘属厘金的一种，而厘金的征收，完全是为了筹措军费的需要，即所谓"以抽厘为济饷之举"[4]。

到晚清时期，盐课、盐厘成为政府军费开支的主要来源。对此，骆秉章在咸丰十一年曾说："此近五六年，湖北、湖南饷源稍裕，实收蜀省盐厘之利。"[5] 又说："添兵慕勇，费用不赀……筹饷之法，舍捐输厘金（按：这里指的是川省盐厘）外，别无长策。"[6] 曾国藩也说："近年各路军营皆赖抽厘济饷。如扬州大营、镇江大营、金陵大营、皖江南北水路各营，所设之卡，皆以盐厘为大宗。"[7] 到清末，盐税收入占政府岁入的 17% 以上，与田赋相齐。

清朝末年，盐税、海关税、厘金占政府收入的比重比清朝前期大幅提高，是晚清政府财政收入的主要来源之一。盐税及盐厘大量征收固然可以增加政府的财政收入，满足政府对赔款、外债等的需求，但盐税加征加重了老百姓的税收负担，扭曲了中国正常的税制体系，导致盐政的腐败。对此，陈锋教授指出："由于盐课是一种间接税，它的税负落于纳税人（食盐者）身上，要比田赋的征课隐蔽得多。清朝历代统治者为了避免社会矛盾和阶级矛盾的加深，对田赋的加征比较谨慎，而对盐课的加征却是肆无忌惮。每遇大工大需，动辄加征盐课，以此来弥补财力的不足。毫无疑问，盐课对朝廷的财政起了重要的支撑作用，但由于不顾一切地加征搜刮，又把搜刮所得转向军费等耗用，没有或者甚少转

---

① 《清史稿》卷 123，第 3606 页。
② 《清史稿》卷 125，第 3703 页；《石渠余记》卷 3，第 144 页。
③ 周志初：《晚清财政经济研究》，济南：齐鲁书社 2002 年版，第 171 页。
④ 陈锋：《清代盐政与盐税》，第 2 版，武汉：武汉大学出版社 2013 年版，第 199 页。
⑤ 陈锋：《清代盐政与盐税》，第 2 版，武汉：武汉大学出版社 2013 年版，第 230—231 页。
⑥ 陈锋：《清代盐政与盐税》，第 2 版，武汉：武汉大学出版社 2013 年版，第 231 页。
⑦ 陈锋：《清代盐政与盐税》，第 2 版，武汉：武汉大学出版社 2013 年版，第 231 页。

用于盐业的生产和运销，也就不可避免地使盐政日趋颓败。"①

2. 盐税功能变迁

盐历来是人们生活之必需品，对盐的征税自然也就关乎国民生活及国家财政收入。历史上，盐税曾是政府财政收入的主要来源之一，各国政府无不以盐税作为筹得财政收入的主要手段。然，因各国政治、经济及财税体制的不同，盐税的功能亦有所差异。

自近代以来，英国开始了向近代社会的转型。英国的近代化以发展工商业为主要标志，这也决定了英国税收收入必然以工商税为主，其中关税和消费税占大宗。盐税在英国的开征始于 1694 年，因战争而设，之后因战争而多次提高盐税税率。但自英国 19 世纪不再陷入多发战争之后，盐税因遭到国民反对而最终被废止。中国则不同，中国的近代史是为各国列强所侵略的百年屈辱史，为偿还巨额外债及政府自我运转等所需，近代中国政府对盐课以重税，将盐税收入作为政府税收收入的主要来源，由此，近代中国国民盐税负担沉重，因此而起的抵抗盐税运动亦在各地风起云涌。只是到新中国成立后，政府对盐税多次改革，最终将盐税列入资源税征收，且占极小的比重。至此，盐税的财政收入功能趋于消失。

盐税是指以食盐为征税对象的一种税。世界各国历史上都曾将盐税作为政府主要财政收入来源。中国盐税自春秋时期管仲创立"官山海"政策以来，至战国时期的秦国正式开征，时至今日，盐税在中国已有 2600 多年的历史。在中国古代及近代历史上，盐税是与田赋、关税一起组成政府财政收入的三大支柱之一，是中国政府财政收入的主要来源。关于此，《元史》有云："国之所资，其利最广者莫如盐。自汉桑弘羊始榷之，而后世未有遗其利者也。"② 至清朝时期，盐税收入在政府财政收入中占有越来越重要的地位。

若说清朝统治前期盐税收入还归政府自主支配，然自 1840 年鸦片战争后始，中国各届政府除将盐税作为获取财政收入的主要来源外，为偿还巨额外债计，中国各界政府还将盐税作为抵押以偿还外债。由此，近代以来，中国盐税的主要作用是为政府筹得财政收入，盐税由此亦成为当时中国的主要税种。1895 年甲午战争中国政府的失败又更加剧了清政府对盐税的依赖，为偿还日

---

① 陈锋：《清代盐政与盐税》，第 2 版，武汉：武汉大学出版社 2013 年版，第 231 页。
② （明）宋濂：《元史》（卷 94），北京：中华书局 1976 版，第 2386 页。

本 2 亿 3000 万两白银，清政府以江苏盐税及厘金 ① 作为抵押，向奥地利瑞记洋行借款 100 万英镑，名曰"瑞记借款"。1898 年，又向汇丰、德华两银行借款1600 万英镑，以关税和盐税作为抵押。1901 年《辛丑条约》签订后，清政府要赔偿给各侵略国白银 4 亿 5000 万两（又称"庚子赔款"），为此，清政府又以盐税作为抵押向外国借款。由此，中国盐税自主权落入外国侵略者手中，而清政府为本国政府运转及偿还外债等计，再次提高盐税税率，加重盐税的征收。据统计，清末盐税比清初增加了近 6 倍。清初盐税每年收入为 200 万两，清末增加为 1300 万两。清末食盐税率平均每百斤为银 1.8 两，约合银圆 2.70 元，而制盐成本平均每百斤为 0.50 元，盐税为制盐成本的 5 倍以上，税负较西欧等国家要高出一倍左右。② 具体如表 3–17 所示。③

表 3–17 清末光绪年间盐税正税税率表

盐区	每引斤数	税率（银两）	盐区	每引斤数	税率（银两）
长芦	550	0.5100	四川	陆行 400 水行 5000	自 0.2770 至 3.4050
河东	550	0.7100	云南	300	2.1150
两浙	550	0.3900	山东	225	0.2400
福建	550	2.8000	淮北	400	0.8000
两广	550	1.3000	淮南	400	1.1700

由上表可见，清朝末年，各地盐税正税的税率不仅不统一，且保持了高达3.4 两的税率。不仅如此，清朝盐税的征收除正税外，还有杂课、加价、盐厘等繁多名目，如此各税加诸在盐税上必然致使盐价大涨。以直隶保定府清苑县盐价为例，康熙中期每斤 10 文，嘉庆九年每斤 16 文，光绪二十八年每斤 30 文，宣统三年每斤 44 文。山东泰安府属各县的盐价，康熙中期一般为 10 文左右，清末则达到 30 余文。④ 清末盐税税率的提高致使盐税收入大增，构成清朝末年

① 厘金：厘金制，创于咸丰时期，初仅为镇压太平天国运动权宜之计，后变本加厉，百弊众生。（具体内容参见赵丰田：《晚清五十年经济思想史》，北京：哈佛燕京出版社 1939 年版。）

② 国家税务总局：《中华民国工商税收史：盐税卷》，北京：中国财政经济出版社 1999 年版，第 23 页。

③ 国家税务总局：《中华民国工商税收史：盐税卷》，北京：中国财政经济出版社 1999 年版，第 7 页。

④ 陈锋：《清代盐政与盐税》，第 2 版，武汉：武汉大学出版社 2013 年版，第 210 页。

政府财政收入的主要来源，具体如下表 3–18 所示。[1]

表 3–18　清末盐税与其他收入比较

税目	税入额（千两）	占总额的比例	备注
田赋	46 165	17	临时岁入 100 余万两 茶税约 100 万两
盐茶课税	46 312	17.1	
洋关税	35 140	13	
正杂各税	26 164	9.6	
厘捐	43 188	16	
官业收入	46 601	17.2	
常关税	6 991	3	临时岁入 8000 余两
杂收入	19 194	7.1	
合计	269 755	100	

由表 3–18 可见，清末政府的税收收入中，田赋、盐课与关税[2]收入占大宗，是清末政府财政收入的主要来源。

1911 年，辛亥革命爆发，虽建立了具有资本主义性质的共和国，但政权却被袁世凯窃取，近代中国陷入军阀连年混战中。为稳定局势，中华民国政府继续沿用清末盐税税制，导致盐税税目、税率混乱。正所谓"民二[3]以前，盐务情形，极不统一，省自为制，各不相同，系统紊乱，弊窦百出"[4]。即使如此，袁世凯为称帝及镇压革命计，于 1914 年 4 月 26 日向英、法、德、日、俄五国借款，签订了"善后大借款"合同，亦称"五国善后大借款"。"善后大借款"借债 2500 万英镑，折扣 90%，发售债券按 84 折净收，期限 47 年，年息 5 厘。如此巨额的借款被列强要求以盐税作为抵押，中国盐税自主权丧失。不仅如此，为筹得偿还外债及窃国等对资金的需求，1913 年颁布了民国成立以来的第一部盐税法。1913 年《盐税条例》改革的目标是均税、简化税目、统一税率以保证

① 赵尔巽：《清史稿》（卷 125），台北：洪氏出版社 1981 年版，第 3707—3708 页。
② 这里的关税又称"洋关税"，是与鸦片战争前中国政府对经过本国陆路、水路、海路等征收的通过税，亦称"常关税"相对应的。所谓"洋关税"是指鸦片战争后清政府被迫开放通商口岸，中国政府由此设立海关，征收关税，此关税称"洋关税"。
③ 这里指民国二年，即 1913 年。
④ 国家税务总局：《中华民国工商税收史：盐税卷》，北京：中国财政经济出版社 1999 年版，第 19 页。

政府财政收入。正如财政部所言："盐税为外债担保，税收不能短绌，均税也要保税源的确实可靠。"①在这样的思想主导下，老百姓的实际盐税负担并没有减轻②。难怪当时有评论曰："行诸数年，划一之效未见，而支离矛盾迨尤甚焉。"③到1918年，政府又将盐税税率提升至每百斤3元④。有关1914年至1928年全国食盐平均税率的情况如表3-19所示。⑤

表3-19　1914年至1928年全国食盐平均税率概况

单位：每市担／元

年度	平均税率	年度	平均税率
1914	1.83	1922	2.25
1915	2.17	1923	2.33
1916	2.17	1924	2.27
1917	2.01	1925	2.44
1918	2.10	1926	2.51
1919	1.90	1927	2.83
1920	2.11	1928	3.11
1921	2.29		

由表3-19可见：除1917年至1919年盐税税率略有下降外，其他年份都是逐年上升的，最高年份达到3.11元。

在政府的高盐税政策下，此间盐税收入大幅增加，具体如下表3-20所示。⑥

---

① 国家税务总局：《中华民国工商税收史：盐税卷》，北京：中国财政经济出版社1999年版，第33页。
② 1913年的《盐税条例》只是将此前的最高税率每百斤5元和最低税率每百斤1元统一调整为每百斤2.5元，这一做法只是高税率有所下调、低税率有所增加而已。
③ 王仲：《袁世凯统治时期的盐务和盐务改革》，《近代史研究》1987年第4期，第111页。
④ 工业、渔业用盐除外，当时的政府为鼓励实业发展对工业、渔业用盐实行优惠政策。
⑤ 国家税务总局：《中华民国工商税收史：盐税卷》，北京：中国财政经济出版社1999年版，第54页。
⑥ 国家税务总局：《中华民国工商税收史：盐税卷》，北京：中国财政经济出版社1999年版，第53页。

表3-20　1914—1928年间政府盐税收入

年度	盐税收入（千元）	年度	盐税收入（千元）
1914	68483	1922	109011
1915	80503	1923	109118
1916	81064	1924	105401
1917	82245	1925	113818
1918	88393	1926	114152
1919	87823	1927	119638
1920	90052	1928	137045
1921	107495	—	—

由表3-20可见，1914年至1928年政府盐税收入日渐增长，沉重的盐税激起国人反对。据统计，仅1919年山东、江苏等地就发生数起抗盐税风潮。以山东为例，山东莱阳盐税的征收皆是摊入地丁缴纳，并不另外征收。然1914年盐税改行"就场征税"[①]后，其税率由每400斤5元增加至8元，乃至10元。引起当地人民的抗税风潮，数万人集聚焚毁盐局多处，杀死盐吏盐警多人。[②]至1927年4月南京国民政府建立后，为实现财政统一、为北伐战争筹得费用计，政府着手进行财政改革。1928年，第一次全国财政会议通过《整顿盐务办法案》，规定精盐的基本税率是每担2.5元，同时给予实业用盐以优惠政策。[③]1931年又通过了《盐法》，规定：食盐税每百公斤5元；渔盐税每百公斤3角。全国统一，不得重征或加征。[④]在南京国民政府的税收政策下，此间中国的盐税税率提高，盐税收入大幅增长。据统计，1928年，食盐的平均税率是每市担3.11元；至1936年增为4.76元，增幅高达53%；至1937年又增为5.98元，增幅达90%以上。自1928年至1936年，盐税收入高达2亿元以上，比1928年增加

①　"就场征税"是英国人丁恩提出的改革中国盐税的办法，即所谓"就场征税、自由贸易"的征税原则。

②　国家税务总局：《中华民国工商税收史：盐税卷》，北京：中国财政经济出版社1999年版，第76页。

③　例如，1929年公布《渔业法》，规定：渔业用盐税率每百斤最多不超过0.2元。1930年11月公布《农工业用盐章程》，规定：每百斤盐征收0.03元，经特许者可以免税。——参见国家税务总局：《中华民国工商税收史：盐税卷》，北京：中国财政经济出版社1999年版，第93页。

④　国家税务总局：《中华民国工商税收史：盐税卷》，北京：中国财政经济出版社1999年版，第100页。

了60%。1928年,盐税收入占国税收入额的47.87%,居各税之首。1929年至1937年平均每年占国税总收入的30%左右。盐税收入仅次于关税收入而居第二位。[1]1937年抗日战争全面爆发后,政府的盐税税率基本沿袭前制,降高抬低,将精盐的税率调整为每担2.5元,盐税收入有所下降。据统计,从1937年至1941年,全国盐税总收入有所下降。例如,1937年,盐税收入为217,705,000元,1938年为138,597,000元,1939年为113,276,000元,1940年为105,100,000元,1941年为125,363,000元。[2]然,此后盐税税率复又提高,据统计,1941年盐税的平均税率是每担21.13元,1942年涨到平均每担71.15元,1944年增为每担111.46元。[3]盐税税率的提高致使国民政府时期的盐税收入占很大比重,具体如下表3–12所示。[4]

表3-21　1928年至1937年间国民政府的税收收入情况表

单位:元

年度	盐税	关税	统税	印花税	烟酒税	矿税	交易所税	银行税	所得税
1928	29 542 421	179 141 917	27 691 337	3 034 342	3 549 380	90 182	—	—	—
1929	122 146 170	275 545 215	36 566 506	5 426 844	6 830 995	—	—	—	—
1930	150 484 086	312 986 653	53 330 705	6 111 114	8 617 927	—	—	—	—
1931	144 222 716	369 742 637	88 681 798	4 798 950	7 625 785	—	—	—	—
1932	158 073 565	325 534 850	79 596 999	5 118 580	9 506 988	—	—	—	—
1933	174 414 230	337 647 767	98 870 926	8 182 864	12 332 395	2 465 814	3 063	1 526 940	—
1934	175 466 172	337 973 541	139 658 310	10 162 184	18 363 404	3 958 644	326 674	1 613 539	—
1935	192 745 843	272 455 806	116 088 172	7 589 389	9 835 526	3 045 033	260 442	1 716 810	—
1936	170 144 384	408 141 422	146 469 713	8 740 023	14 266 450	5 120 130	307 373	3 7875	7 316 986
1937	228 625 553	369 267 522	176 313 905	11 300 000	24 767 524	5 522 718	170 000	1 600 000	20 237 589

由表3–21可见,国民政府前期,盐税和关税收入占大宗。

1937年全面抗日战争爆发后至抗战新中国成立,盐税收入仍占大宗。据

---

[1]　国家税务总局:《中华民国工商税收史:盐税卷》,北京:中国财政经济出版社1999年版,第166—169页。

[2]　国家税务总局:《中华民国工商税收史:盐税卷》,北京:中国财政经济出版社1999年版,第201页。

[3]　国家税务总局:《中华民国工商税收史:盐税卷》,北京:中国财政经济出版社1999年版,第224页。

[4]　付志宇:《近代中国税收现代化进程的思想史考察》,成都:西南财经大学出版社2010年版,第131页。

统计，1937 年盐税收入为 140,954,000 元，1938 年为 47,480,000 元，1939 年 61,245,000 元，1940 年 79,971,000 元，1941 年 296,241,000 元。1943 年 1,202,410,000 元，1944 年 13,439,047,000 元，1945 年 48,925,393,000 元。1946 年 210,046,438,000 元，1947 年 1,908,719,000 元，1948 年上半年度 6,597,000,000 元，1948 年下半年度 120,600,000 元，1949 年 2,525,176,000 元。[①]

到 1949 年新中国成立后，1950 年，政务院颁布了《全国盐务工作的决定》，其基本的政策精神是：既保证民食又保证国家收入。[②]此后，中国的盐税又历经几次改革，至 1994 年我国的分税制改革建立起以增值税为主，包括营业税、消费税、企业所得税和个人所得税等的税制结构。盐税至 2007 年作为资源税征收，盐税的名称由此消失。盐税收入占国家税收的百分比由 1950 年的 5.49% 下降到 2006 年的 0.04%。[③]2007 年，我国资源税的收入为 261.15 亿元，占国家收入的 0.57%。[④]由此，盐税的财政收入功能在中国税收史上几乎可忽略不计。

（二）关税

关税是国家财政的重要收入来源。鸦片战争前，清政府只对水陆交通要道、关隘等地方设关卡课征常关税。而"洋关之设，自五口通商始。前此虽有洋商来粤贸易，惟遵章向常关纳税而已"[⑤]。1840 年鸦片战争之后，英、法等列强相继对中国发动了侵略战争，攫取在华利益。其中关税作为国家重要经济支柱，更是成为列强企图侵略并占有的首要对象。在列强的侵略下，中国关税主权名存实亡，丧失了捍卫本国经济、保证财政收入的重要职能，进一步加深了中国半殖民化程度。同时，近代中国的关税也体现了关税近代化发展的趋势。对近代中国关税的变迁，倪玉平教授认为："清代关税反映了清代财政制度的发展，特别是从一个传统的经济向更现代的经济过渡，以及清代如何从'税收国家'转变为'财政国家'。"[⑥]倪玉平教授指出："清代中后期，传统财政体系甚至连同

①　付志宇：《近代中国税收现代化进程的思想史考察》，成都：西南财经大学出版社 2010 年版，第 178—181 页。

②　隋季龄、姜润洲：《产品税、增值税、营业税、盐税、其他税种和地方各税的纳税检查与账务处理》，沈阳：辽宁人民出版社 1986 年版，第 246 页。

③　宋华：《中国盐税、盐专卖制度的历史演变及财政意义》，《时代金融》2014 年第 6 期，第 1 页。

④　乔宝云、刘乐峥：《公共财政研究报告：中国税收收入和税收收入能力研究》，北京：中国财政经济出版社 2009 年版，第 28 页。

⑤　赵尔巽：《清史稿》卷一百二十五，北京：中华书局 1976 年版，第 3686 页。

⑥　倪玉平：《清代关税：1644—1911 年》，科学出版社 2017 年版，第 201 页。

整个国家都面临着巨大的挑战。国家财政发生了剧烈的变革，关税迅速增长，这一变化的结果是关税连同土地税及盐税共同组成了清朝的三大财政支柱。"[①]由此，对近代中国的关税进行系统梳理就十分必要和有意义了。

1. 常关税。鸦片战争以前，清政府也征收关税，不过那时的关税是对内地货物征收的通过税，这一关税与鸦片战争之后征收的海关税不同，因此被称为常关税。常关税收入也是政府财政收入的重要来源，那时关税征收以榷关（即内地常关）为主要来源，海关收入所占比重不大。对此，申学锋认为："关税征收以榷关即内地常关为主要来源，海关收入仅占微弱部分。可见此时的商品经济没有得到较快发展，中国仍处于比较封闭的、以农业生产为基础的封建经济阶段。"[②]据统计，乾隆三十一年，关税收入 540 余万两，约占官方统计岁入数的 9.4%。但当时的关税其实也包括了晚清时期的海关税在内，清代前期这一海关税数额约为 50 万两乃至 100 万两。因此，当时真正意义上的国内关税即晚清时期的常关税约为 440 万两，约占财政收入的 7.7%。鸦片战争之际，关税收入与乾隆中期大致相近。但晚清以来，国内关税的征税数额却明显下降。如 1891 年的岁入中，常关税为 256 万两，仅占岁入总额的 2.9%。甲午战后至庚子前的常关税为 270 万两，占岁入总额的 3.1%。1903 年的常关税虽增至 390 万两，但也仅占岁入总额的 3.7%。1911 年的预算案中，则未见常关税项，估计或与海关税合并，归入关税项下，或归入其他税项内。[③]

从数额上看，晚清时期的常关税收入占政府岁入的比重不大，在政府财政收入中的地位也十分有限。与常关税相比，鸦片战争后，海关税的收入额越来越高，海关税占政府岁入的比重越来越大，到清朝末期，海关税占政府岁入的比重在 20%—30%[④]，成为晚清政府税收收入的主要来源之一。但同时，因近代中国半殖民地半封建的社会性质，决定了近代中国的海关及关税主权并不完全由中国政府掌握，而是要与外国协商，海关税亦成了列强掠夺中国利益的重要手段。为此，近代中国关税的发展演变呈现两大特点：一是失去与收复并存，近代中国的关税主权历经变迁才最终实现了关税自主；二是被动失去与主动求变并存，近代中国关税逐步实现了现代化。

---

① 周育民：《19 世纪 60—90 年代清朝财政结构的变化》，《上海师范大学学报》2000 年第 4 期，第 52—60 页。

② 申学锋：《晚清财政支出政策研究》，北京：中国人民大学出版社 2006 年版，第 231 页。

③ 《清朝续文献通考》卷 68，第 8245—8249 页。

④ 申学锋：《晚清财政支出政策研究》，北京：中国人民大学出版社 2006 年版，第 232 页。

2. 海关税

鸦片战争之后，中国的财政自主权逐渐丧失。其中，关税自主权最早为列强所控制，海关和关税成为列强侵略中国的重要手段。鸦片战争之后，中国的关税呈现出两大特点：一是失去与收复同时交织；二是被动失去与主动求变同时并存。由此，近代中国关税主权历经变迁，这一过程要经历一个漫长的阶段。对此，倪玉平教授认为："清廷在关税方面所采取的应因之策，充分显示出鸦片战争对清朝的影响，必将是一个由表及里，逐步推进的漫长过程。"[1]"清代关税的变化，成为引领中国传统财政体制由农业型财政向工商业型财政转变的关键因素。而这一潮流，和 17—19 世纪世界范围内的财政转型完全一致。中国社会政治和经济发展的轨迹，并没有偏离世界主流道路之外，不能被看成是一个'例外'。"[2]由此可见，近代中国海关税的变化与世界上主要国家财政体制转型是同向而行的，不同的是，近代中国的关税是在政府丧失了独立主权的基础上发展演变的，是列强侵略中国的重要表现。因此，近代中国的关税发展又具有与其他国家不一样的特点。

（1）失去与收复：近代中国关税主权变迁

1840 年鸦片战争之后，英、法等列强相继对中国发动了侵略战争，攫取在华利益。其中关税作为国家重要经济支柱，更是成为列强企图侵略并占有的首要对象。在列强的侵略下，中国关税主权名存实亡，丧失了捍卫本国经济、保证财政收入的重要职能，进一步加深了中国半殖民化程度。目前，学界中关于近代中国关税问题有一定的研究成果[3]，这些成果为本文提供了一定的研究基础，但国内学术界有关近代中国关税主权收复的变迁及影响仍不够深入。有鉴于此，本书以近代中国收复关税主权为核心，梳理近代中国收复关税主权的背景、历程及影响。

①近代中国关税主权的丧失。自清初至鸦片战争以前，清政府一直独立掌握关税的自主权。鸦片战争后，伴随着列强的侵略，中国丧失了大部分主权，

---

① 倪玉平：《出入与异同：清代经济史论稿》，北京：科学出版社 2019 年版，第 108 页。

② 倪玉平：《出入与异同：清代经济史论稿》，北京：科学出版社 2019 年版，第 109 页。

③ 国内对中国近代关税的研究有：赵尔巽：《清史稿》，卷一百二十五，北京：中华书局 1976 年版；倪玉平：《清代关税：1644—1911 年》，北京：科学出版社 2017 年版；姚贤镐：《中国近代对外贸易史资料》，北京：中华书局 1962 年版；陈诗启：《中国近代海关史》，北京：人民出版社 2002 年版；戴一峰：《近代中国海关与中国财政》，厦门：厦门大学出版社 1993 年版；蔡渭洲：《中国海关简史》，北京：中国展望出版社 1989 年版；赵淑敏：《中国海关史》，北京：中央文物供应社 1982 年版；陈锋：《20 世纪的清代财政史研究》，《史学月刊》2004 年第 1 期等。

其中包括关税权。近代以来，中国关税权的丧失主要包括关税制定权、行政管理权和税款支配权。

第一，关税制定权的丧失。1840 年鸦片战争后，英国迫使清政府签订《江宁条约》《虎门条约》，从中攫取了包括关税在内的大量权益。例如，《江宁条约》第十条规定："英国商民居住通商之广州等五处，应纳进口、出口货税、饷费均宜秉公议定则例。"[1]1843 年的《五口通商章程：海关税则》中，更明确要求"定洋货税则值百征五"，其规定的进、出口税率与原粤海关税则相比大幅降低，关税保护国家主权和筹集收入的功能被列强大大削弱。具体如表 3–22 所示。[2]

表 3–22　鸦片战争后中国的海关税率变化表

商品	每单位市价	征税单位	旧税率（%）	新税率（%）
进口货				
棉花	每担 10 元	担	24.19	5.56
棉纱	每担 25 元	担	13.38	5.56
出口货				
茶叶	每担 27 元	担	30.89	12.87
湖丝	每担 350 元	担	9.43	3.97
土布	每担 50 元	担	7.37	2.74

由上表可知，棉花、棉纱等进口商品，协定税则较粤海关税则分别降低77.02% 和 58.45%；大宗出口的茶叶、湖丝、土布也降低了 58.33%、57.86%、62.29%。近代中国由此成为世界上关税进出口税率最低的国家之一。该条约的签订也成为中国协定关税的开端，标志着中国关税自主制定权的丧失。此后，清政府又与美、法两国签订了《五口贸易章程：海关税则》，规定："倘中国日后欲将税则变更，须与合众国领事等官议允。如另有利益及于各国，合众国民人应一体均沾。"[3]条约的签订亦成为其他列强订立不平等条约的范本，近代中国失去了自主修改税则的权力。继此，比利时、瑞典、挪威等列强相继与清政

①　王铁崖：《中外旧约章汇编》，第一册，北京：生活·读书·新知三联书店 1962 年版，第32 页。

②　严中平：《英国资产阶级纺织利益集团与两次鸦片战争的史料》（下），《经济研究》1955年第 2 期，第 117 页。

③　王铁崖：《中外旧约章汇编》，第一册，北京：生活·读书·新知三联书店 1957 年版，第51 页。

府签订不平等条约，进一步剥夺了中国的关税自主修订权。

不仅如此，在关税税率问题上，随着列强的侵略及大量廉价商品的输入，为了攫取更多的利益，列强又重新强迫清政府修订了关税税则和税率。例如，《通商章程善后条约：海关税则》，具体规定了各类商品进出口的从量税则，其中洋货进口税率又有所降低。以棉纺织品为例，具体如表3-23所示。[①]

表3-23 鸦片战争后各类进口商品的税率变化表

进口货名	市价	征税单位	1843年税率 （%）	1858年税率 （%）
棉花	0.85元	担	6.54	5.72
印花布	1.95元	尺	14.25	4.98
棉纱	20.0元	担	6.94	4.86

由上表可知，低廉的进口税率，极大地便利了洋货在华倾销，使中国原有的手工业受到排挤，关税自主权的丧失是导致这一后果的主要原因。例如，道光二十六年，松江太仓一带"洋布盛行，价当梭布，而宽则三倍。是以布市削减，而皆不偿本。商贾不行，生计路绌"[②]。这种情形表明，在列强的侵略下，近代中国的小农经济和传统的手工业受到极大冲击，而关税制定权的丧失是导致这一后果的重要因素。

第二，关税行政管理权的丧失。除操控关税制定权外，近代中国的海关行政管理权很快也为列强所掌握。例如，1843年清政府在与英国缔约时曾提出请求，需要驻华领事参与进出中国海关商船的报关和结关手续工作，这在《五口通商章程：海关税则》中有所体现："向例英国商船进口，投行认保，所有出、入口货税均由保商代纳。现经裁撤保商，则进口货船即由英官担保。"[③]中美《望厦条约》中也有类似的规定，要求美国商船入港须由领事照会中国海关。此后海关进出口货物都要经过外国领事的"行文通知"才能顺利出入关口，中国海关的行政管理权遭到破坏。然而，这仅仅是列强干预近代中国关税行政管理权的第一步，清政府的连续战败让西方列强看清了其软弱与腐朽，并激起了他们

---

① 严中平：《英国资产阶级纺织利益集团与两次鸦片战争的史料》（下），《经济研究》1955年第2期，第128页。

② 彭泽益：《中国近代手工业史资料》，第一卷，北京：生活·读书·新知三联书店1957年版，第495页。

③ 孙玉琴：《中国对外贸易通史》，第二卷，北京：对外经济贸易出版社2018年版，第14页。

进一步侵略中国关税主权的欲望，于是列强们达成共识：跨过协定关税，直接控制中国海关。借由1853年上海小刀会起义使得上海海关陷入瘫痪的时机，侵略者擅自颁布《海关机构空缺期间船舶结关暂行章程》，提出"改良中国关税行政计划"，即由英美两国代替中国海关，为两国商人办理通关手续、收取货物进出口关税。1854年吴健彰临危受命与英、美、法三国会谈并签订《上海海关协定》，条约中规定："每一条约国的领事……各提出司税官一名，由道台加委，并由此三名税务司组成一个行动一致的税务司署。该署得受权选任各级华洋属员。"① 这表明中国海关的最高管理权已完全脱离本国的控制，沦为列强控制下的"国际官场"。但此时的列强并不满足于仅控制一个上海海关，于是在《通商章程善后条约：海关税则》中提出，为防止偷税漏税，各个通商口岸需统一由英国帮办税务。上海海关的殖民制度迅速推行至全国，从业务管理到行政管理，完全掌握在外籍税务司手中。1864年新任中国海关税务司赫德颁布《募用外人帮助税务章程》，更是规定一律由洋人出任中高级职务，使近代中国海关成为列强控制下将掠夺式贸易合法化的重要枢纽。

第三，关税税款支配权的丧失。近代中国关税税款支配权的丧失，在第二次鸦片战争后签订的《北京条约》中初见端倪。条约中英法两国要求增加军费赔款至800万两，同时规定"在中国各海关每年收税银若干，按五分之一扣归。其交银之时，系三个月交一次。"② 中国关税税款自此成为对外赔款的抵押品。1894年清政府在甲午海战中再次战败，与日本签订了彻底改变中国社会性质的《马关条约》，要求中国赔偿日本两亿两白银，随后又要求清政府以三千万两白银赎回辽东半岛，而由此产生的巨额赔款使清政府无力偿还，被迫大量举债。为了更进一步达到操控中国海关的目的，1901年中国同十一个列强国签订《辛丑条约》，条约规定："四百五十兆按年息四厘，正本由中国分三十九年清还。"③ 也就是说，中国需向各国支付4.5亿两战争赔款，连同利息共计9.8亿两白银，分别以39年期清偿。列强将巨额战争赔款转变为政治性贷款，以海关税作为抵押和偿还基金，并提出："所有常关各进款，在各通商口岸之常关，均归新关管

① 姚贤镐：《中国近代对外贸易史资料》，第一册，北京：中华书局1962年版，第500页。
② 王铁崖：《中外旧约章汇编》，第一册，北京：生活·读书·新知三联书店1962年版，第147页。
③ 王铁崖：《中外旧约章汇编》，第一册，北京：生活·读书·新知三联书店1962年版，第1005页。

理。"① 这是继海关税款之后，部分常关税款也被剥夺了自主支配权，中国的财政咽喉被列强紧紧扼住。

综上，随着近代中国关税制定权、行政管理权和税款使用权的丧失，近代中国关税自主权已完全掌握在列强手中，中国主权的独立与统一被严重侵犯，由此，近代中国收回关税主权的任务迫在眉睫。

②近代中国收复关税主权的斗争。自《江宁条约》始定协定关税至清政府覆灭的 70 多年间，协定税则严重危害了中国的社会发展，清政府也曾多次要求修改税则。然因近代政府收复关税必然不利于西方列强的在华利益，由此，近代中国收复关税主权的斗争历经曲折。

首先，巴黎和会拉开了收复关税主权的序幕。第一次世界大战结束后，战胜国在巴黎召开会议，中国作为战胜国之一自然在参会之列。和会召开之前，美国提出"大小国家都要相互保证政治自由和领土完整"②。这无疑给了中国争取在世界平等独立地位的希望，因此中国代表在巴黎和会上正式提交说帖，希望废除外国在中国包括关税自主权、领事裁判权、"二十一条"等问题在内的一切特权。尤其是关税主权问题，"依据万国联合会之宗旨目的，中国应有改定税则之权利"。"中国并无施行保护税则或苛敛之意，不过以现行税则不得其平，不符学理，不合时宜，不敷需要，故要求修订之而已。"③ 然而，为了保证列强的在华利益，会议最终以"充分承认此项问题之重要，但不能认为在平和会议权限之内。拟请俟万国联合会行政部能行使职权时，请其注意。"④ 为借口把中国提出的正当合理的要求拒之门外，中国关税主权的收回首战失利。巴黎和会上中国政府收回关税主权的提议虽然遭到拒绝，但和会作为中国收复关税自主权的开端仍具重要的意义，为此后收回关税自主权的努力开了先例，奠定了基础。

其次，华盛顿会议上继续抗争。1921 年，为讨论太平洋地区及远东问题，美国联合英、法等九国召开华盛顿会议，并要求中国参加。由于会议议题涉及中国关税问题，中方代表再次准备恢复中国关税主权的提案。在太平洋地区及远东问题委员会第五次会议上，中方代表发表《对于中国关税问题之宣言》，阐明中国关税存在进口商品纳税过低、出口货物则纳重税以及奢侈品与必需品没

---

① 陈锋：《中国财政通史》，第七卷下册，长沙：湖南人民出版社 2015 年版，第 61 页。
② 陈诗启：《中国近代海关史》，北京：人民出版社 2002 年版，第 535 页。
③ 《秘笈录存》，北京：知识产权出版社 2013 年版，第 147 页。
④ 《秘笈录存》，北京：知识产权出版社 2013 年版，第 164 页。

有区别税率等问题，并表示现行关税制度严重侵害了中国的关税主权，妨碍了中国进出口贸易和经济发展，违背了"国际通商优待之处应彼此交换原则"，请求重新修改税则。经过六次会议讨论，1922年2月6日，《九国间关于中国关税税则之条约》签订，部分议定条款如下："一、中国进口货海关税表应立行修正，以期其税率合适于中国与各国所订商约中规定切实值百抽五之数。二、从速筹备废除厘金，并履行1902年中英商约、1903年中美条约以及1903年中日附加条约所开之条件，以期征收各该条款内所规定之附加税。三、准许对于应纳关税之进口货得征收附加税，其实行日期、用途及条件均由特别会议决议之。"①该条约的签订主要传达了帝国主义集团的两个观点：一是为贴合当时的物价水平，在实行了60多年的值百抽五的税率前再次强调了"切实"二字。二是中国与英、美、日签订的通商行船条约中就已规定将进口税率提升为12.5%，但列强以先裁厘金为借口一直没有实现，《九国条约》只不过再次肯定了与英、美、日签订的商约中的附加税，并且附加税的具体实行还要另由关税特别会议决议，中国收复关税主权的希望再次破灭。

最后，关税特别会议召开与关税自主权首次得到国际承认。巴黎和会和华盛顿会议中国收复关税主权的被阻再次说明列强对近代中国政府的欺压和掠夺，而收复关税主权的斗争也直到1925年的关税特别会议才再次被提出并首次得到国际承认。1925年10月，关税特别会议召开。关于关税主权问题，中方代表再次提案："1.与议各国向中国政府正式声明：尊重关税自主；并承认解除现行条约中关于关税之一切束缚；2.中国政府允将裁撤厘金与国定税则条例同时实行；但至迟不得过民国十八年（1929）一月一日；3.在未实行国定税则条例以前，中国海关税则照现行之值百抽五外，普通品加征值百抽五之临时附加税，甲种奢侈品（即烟酒）加征值百抽三十之临时附加税；乙种奢侈品，加征值百抽二十之临时附加税；4.前项临时附税，应自条约签字之日起三个月后，即行开始征收；5.关于前四项问题，应于条约签字之日起，立即发生效力。"②与巴黎和会及华盛顿会议上会议提案相比，中方代表在这次会议上的提案具有一定的进步性。一是中国政府要求废除原有商约订立新的条约，并由中国政府制定新的关税税则；二是将必需品与奢侈品的税率做了明确区分；三是缩短了条约

① 王铁崖：《中外旧约章汇编》，第三册，北京：生活·读书·新知三联书店1962年版，第221—223页。

② 陈诗启：《中国近代海关史》，北京：人民出版社2002年版，第575页。

生效期限，由原来以条约批准为限改为签字之日即时生效，杜绝了列强以批准条约需要时日为借口而无限拖延的弊端。该提案提出后，美国代表马克谟表示："如果中国根据华盛顿条约提出'正当'的提案，美国自当予以同情之考虑。"①这看似友好的背后，其实质是认为中国政府的提案超出了华盛顿会议中所讨论的范围。英国代表麻克雷也表达了相似的态度，认为附加税的征收要以裁撤厘金为前提。日本更是站在华盛顿会议的立场，要求中国征收附加税应在 12.5% 范围内，并规定所征缴的附加税只能用于偿还无担保的外债。因此中方代表的提案由于帝国主义集团的阻挠未能通过，而此时国内人民反帝情绪不断高涨，帝国主义者迫于压力于 1925 年 11 月 19 日原则上承认中国关税自主，但条件是推迟 4 年于 1929 年元旦裁厘后实行。次年 4 月，段祺瑞下台，国内时局动荡不安，关税会议在还没有确定具体的恢复中国关税自主权方针下就宣布无限期休会，中国恢复关税自主权的希望再一次落空。虽然关税特别会议中涉及的附加税等问题未得到解决，但在该会议中中国关税自主权第一次得到国际承认，它仍然具有非凡的意义，这与中方代表以及全体中国人民的努力抗争是分不开的。

第四，广州国民政府收复关税主权的努力。1925 年，全国掀起大规模的革命高潮，在这一背景下，广州革命政府于 1926 年 9 月率先打破帝国主义列强及各种不平等条约，颁布《出产运销暂行内地税征税条例》，并通告各国领事。《条例》规定："一、广东广西两省，与中国其他各省或外国之贸易品，不论其为出产品或运输品，一律暂时征收内地税。二、此项内地税，对于普通货物之税率，加现行海关或常关之征收额之半数，即二厘半；对于奢侈品之税率，加一倍即五厘。三、凡买卖各样货物者，若不纳此条例之税金，即处以十倍于货价之罚金。"②条约颁布后，广州国民政府外交部部长致函英国领事称："此项新税，系一种内地税，与中国所抽海关税不同。然海关若能与本政府所任收新税官员，通力合作，自无误会冲突之处也。"③对此，美国驻粤领事马克谟提出反对与警告，欲联合英、日故伎重施，企图以武力胁迫阻止广州国民政府对内地税的征收。但随着北伐战争的顺利推进，英、美政府调整了对华政策，放弃了武力对抗。鉴于国内严峻的革命形势以及广州国民政府的坚决态度，其他列强也不敢公然反对，唯有日本提出抗议称："现关税会议虽中途搁浅，但只能认为暂

① 姚永超、王晓刚：《中国海关史十六讲》，上海：复旦大学出版社 2014 年版，第 195 页。
② 陈诗启：《中国近代海关史》，北京：人民出版社 2002 年版，第 594 页。
③ 洪钧培：《国民政府外交史》，上海：上海华通书局 1930 年版，第 75 页。

时的顿挫，不能认为正式解散。故日本政府对于英国主张抛开关税会议，而以无条件允许中国自由征收附加税之新提案，决不能附和，所以反对。"①但广州附加税的开征使全国大部分地区海关纷纷仿效，附加税迅速得到推行。而拒不纳税的日货在各海关均被扣押，损失惨重，因此不得不放弃抵抗，认缴附加税。广州附加税的顺利开征有力地冲击了一直以来帝国主义集团控制下的关税制度，给了全体国人收复关税自主权的信心，也为日后收复中国关税自主权迈出了重要一步。

第五，南京国民政府基本收回关税自主权。1927 年 4 月，南京国民政府成立，为巩固政权和扩大财政收入，南京国民政府开展一系列以收回关税主权为中心的改订新约、整顿海关行政的对外活动。随后国民政府为实现关税自主一连颁布了三项条例：《国定进口关税暂行条例》《裁撤国内通过税条例》和《出厂税条例》，条例一经颁布，遭到六省当局的强烈反对，各列强国要么对此不予理会，要么欲调集兵舰对国民政府进行恐吓，日本公使芳泽谦吉更是扬言："如果中国政府要按《国定进口关税暂行条例》所载的新税率征税，日本政府就要采取适当的'对抗手段'。"②面对这种局面，国民政府提出的国定税则以及裁厘问题未能得到实施，最终失败。而历年来，列强惯用中国没有统一的政府为借口而对中国关税自主问题避而不谈，直到南京国民政府成为中国在国际上唯一代表政权，列强再无理由搪塞。因此，国民政府正式发表《对外宣言》声称："今当中国统一告成之会，应进一步而遵正当之手续，实行重订新约，以副完成平等及相互尊重之宗旨。"③即要废除与各国签订的不平等条约。《宣言》发布后，美国为了同英、日两国竞争，取得更多的在华特权，首先与南京国民政府签订了《整理中美两国关税关系之条约》。《条约》第一条就明确规定："历来中、美两国所订立有效之条约内所载关于在中国进出口货物之税率、存票、子口税并船钞等项之各条款应即撤销作废，而应适用国家关税完全自主原则。"④中美新约签订后，又相继与德、意、葡、法、比等国家签订了新的关税条约，唯有日本对恢复中国关税自主十分不甘，一再刁难，直至 1930 年 5 月才与国民政府签署《关税协定》。随着中日新约的签订，中国关税自主道路上最后一个障碍被扫

① 陈诗启：《中国近代海关史》，北京：人民出版社 2002 年版，第 598 页。
② 陈诗启：《中国近代海关史》，北京：人民出版社 2002 年版，第 618 页。
③ 陈诗启：《中国近代海关史》，北京：人民出版社 2002 年版，第 619 页。
④ 王铁崖：《中外旧约章汇编》，第三册，北京：生活·读书·新知三联书店 1962 年版，第628 页。

清，标志着中国在原则上实现了关税自主，在一定程度上打击了帝国主义，保护了本国的民族工商业，促进了中国社会经济发展。需要注意的是，列强虽然承认中国关税主权，但并没有摆脱列强的控制，依旧是半殖民地半封建社会性质，并且南京国民政府关税自主政策仍具有一定的局限性，例如，中国的关税自主是以裁撤厘金为代价。在《中英续议通商行船条约》中，英国提出"全国向设各厘卡及抽类似厘捐之关卡概予以裁撤"[①]等条件。其次，各国虽承认中国关税自主，但这些新条约中规定，中国除按原来的值百抽五原则外，最高只征收值百抽三十的附加税，没有超出关税特别会议中所规定的范围。最后，中国的海关一直以来是列强的"国际官场"，南京国民政府虽然对海关行政进行了改革，但由于英国在华仍有一定的势力，因而南京国民政府仍旧保留了外籍税务司制度，海关行政管理权仍然掌握在列强手中。

第六，中国共产党成立与关税自主权的正式收复。1921年，中国共产党成立。成立之初，中国共产党就提出反帝反封建的斗争纲领，并通过宣言、文章、政策等途径，要求收回关税主权。1922年党中央发表《中国共产党对于时局的主张》中提出"改正协定关税制，取消列强在华各种治外特权，清偿铁路借款，完全收回管理权。"[②] 这是中国第一次以政党的名义发表的废约主张。1923年再次提出"取消帝国主义的列强与中国所订一切不平等的条约，实行保护税则。"[③]1928年11月，苏区边境建立了党中央最早的海关机构"船舶检查处"。《关税条例》《关税税率表》和《关税征收细则》的制定，使苏区海关成为完全脱离殖民地制度拥有自主权的海关，虽然此时的海关机构还具有一定的战时性，但它的出现标志着充满帝国主义特权的海关制度彻底为中国人民所抛弃。抗日战争爆发后，党中央决定将县以上的海关工作由贸易局负责管理，边境地区设检查站、税务所等执行海关工作，保护解放区的正常对外贸易及财政收入，有力地支援了抗日战争，也为新中国海关的建立奠定了基础。1949年2月，《中央关于对外贸易的决定》发表："为了迅速恢复与发展新中国的国民经济……在对我有利及严格保持我国家主权独立并由政府严格管制等原则的条件下，（贸易）是可以而且应该允许的。"[④]明确将国家主权的独立自主作为新中国海关对外

---

① 戴一峰：《近代中国海关与中国财政》，厦门：厦门大学出版社1993年版，第182页。
② 《中共中央文件选集》，第一册，北京：中共中央党校出版社1989年版，第45页。
③ 《中共中央文件选集》，第一册，北京：中共中央党校出版社1989年版，第141页。
④ 《中共中央文件选集》，第十八册，北京：中共中央党校出版社1989年版，第138页。

贸易的基本原则。在党的七届二中全会上，毛泽东阐明新中国海关改革的紧迫性："不承认国民党时代的任何外国外交机关和外交人员的合法地位，不承认国民党时代的一切卖国条约的继续存在，取消一切帝国主义在中国开办的宣传机关，立即统制对外贸易，改革海关制度，这些都是我们进入大城市的时候所必须首先采取的步骤。"[①]天津、北京、南京、上海、武汉、青岛等海关立即响应，相继以星火燎原之势进行了根本性变革，由原来的半殖民地性质的海关，转变为独立自主的新海关。1949年10月25日，中华人民共和国海关总署成立，中国人民历经百年风雨沧桑，终于在这一天彻底收回了海关自主权，一个真正属于人民大众的、真正有益于国计民生的社会主义新海关从此诞生。

综上，自近代以来至中华人民共和国成立，历代先进的中国人都在努力争取收复关税自主权。近代中国人收回关税自主权的斗争历经曲折，这一方面反映了列强为维护在华利益无视中国利益诉求的主张，另一方面也反映出历代先进中国人为收回国家主权而不断奋斗、探索的爱国主义情怀。

③近代中国收复关税主权的意义与启示。近代中国关税自主权的收回，不仅标志着列强在中国统治的终结，也标志着中国海关迎来了新的历史时代，翻开了新的历史篇章。近代中国收回关税主权的斗争具有非常重要的意义，给我们以借鉴和启示。

第一，关税主权是国家主权的重要组成部分。关税是国家财政收入的重要来源，关税主权事关国家财政收入的取得和国家利益的维护。近代以来，在列强的侵略下，中国逐渐丧失了关税自主权，包括关税制定权、行政管理权和税款使用权等。近代中国关税主权被列强攫取和控制后，中国的海关不仅不能为政府提供充足的财政收入，而且不能起到维护本国经济发展和民族利益的作用。由此，近代以来，中国社会各阶层和爱国人士纷纷进行探索，提出各种收复关税主权的主张并将之付诸实践中。直到中华人民共和国成立后，中国才真正收回了关税的自主权。

第二，国家实力是国家利益的根本保障。近代以来，中国政府和爱国人士在不同的时期都曾提出要收回关税主权，但因列强的无视和故意回避，故而近代收回关税主权的多次努力都无果而终。近代中国关税主权的丧失及收复关税主权的多次失败表明：国家实力是国家利益的根本保障，关税亦是如此，只有

---

① 《毛泽东选集》，第四卷，北京：人民出版社1991年版，第1434页。

国家实力强大才能更好地维护国家利益。

第三，先进政党的正确领导是近代中国收回关税主权的重要依托。近百年来，中国社会各阶层和爱国人士为收回海关主权做出了各种不同程度的努力，这在一定程度上打击了帝国主义，维护了国家利益。尤其是中国共产党成立后，中国共产党坚定反帝反封建的革命立场，正确领导人民群众参与关税主权的斗争活动，极大地推动了中国近代民族革命高潮的到来，为社会主义新海关的建立奠定了坚实的基础。

第四，人民群众是近代中国收回关税主权的重要力量。一个世纪以来，帝国主义列强在中华民族的土地上肆意侵略，晚清政府、北洋政府、资产阶级临时政府等在探寻近代中国的国家出路时大都忽视了人民群众的力量，最终导致失败。回顾整个近代中国革命史，人民群众都展现出巨大的革命性力量，"批判的武器当然不能代替武器的批判，物质的力量只能用物质的力量来摧毁，但是理论一经掌握群众,也会变成物质力量"①。毛泽东也曾在《论持久战》中指出："战争的伟力之最深厚的根源,存在于民众之中。"②归根到底人民群众才是历史的创造者，是社会发展的决定性力量。

第五，要不断进行自我革新，应对时代挑战。一百多年前，帝国主义轰开了古老中国的大门，带来了一场延续百年的灾难。追其原因，除了列强的野蛮侵略，还需看到自身的不足。中国封建社会的专制制度阻碍了社会进步发展，要想实现民族的独立与复兴，仅仅学习西方的科技与文化是不够的，必须推翻帝国主义、封建主义的和官僚资本主义制度的束缚，打破自我封闭的格局，不断地进行自我革新发展。今天，在全球化和经济一体化的国际大背景下，在新时代的中国特色社会主义的国内环境中，要建立与时俱进的现代化关税体制，推进国家治理体系和治理能力现代化。

（2）被动失去与主动求变：近代中国关税的演变

鸦片战争前，清朝的关税制度较为稳定，鸦片战争爆发后，伴随着列强的侵略，中国的关税制度发生了重要转变，清政府逐渐丧失了对关税的自主权，关税不仅不能为国家提供正常的财政收入，而且逐渐成为列强攫取中国利益的重要工具。为重新获得对关税的控制权，晚清政府和社会各阶层纷纷提出了应对之策。晚清中国关税的演变具有非常鲜明的特点，既有被动失去，又有主动

① 《马克思恩格斯选集》，第1卷，北京：人民出版社1995年版，第9页。
② 《毛泽东选集》，第二卷，北京：人民出版社1991年版，第511页。

求变。目前，国内学界对晚清中国关税的研究主要从关税主权的丧失等方面进行论证，而对晚清中国关税主动求变的问题关注不够，有鉴于此，在结合前人研究的基础上以被动失去与主动求变为切入点对晚清中国关税进行分析，以更全面地了解晚清中国演变的历程、特点及影响和意义。

①被动失去：列强侵略下的近代中国关税。鸦片战争前，清朝一直掌握着关税的自主权，并且一直实行单口贸易政策。鸦片战争后，在列强的侵略下，中国的关税也逐渐被外国列强所控制，中国由此丧失了关税主权，这主要表现在关税制定权、关税行政管理权和关税支配权的失去和改变上。

第一，关税制定权的改变。第一次鸦片战争以后，为了攫取在华利益，英国用强迫的方式与中国签订了许多损害中国利益的条约，其中签订的《中英江宁条约》是西方列强与中国协定关税的先例，条约第十条规定："英国商民居住通商之广州等五处，应纳进口、出口货税、饷费均宜秉公议定则例。"①从此之后，中国由自主关税的时代进入了协定关税的时代，而协定关税的主动权和控制权不在清政府手中，而是由外国人决定。自此，中国关税的制定权开始逐步丧失。1843 年的《中英五口通商章程》中第六条也明确规定："凡系进口、出口货物，均按新定则例，五口一律纳税，此外各项规费丝毫不能加增。其英国商船运货进口及贩货出口，均须按照则例，将船钞、税银悉数输纳全完，由海关给发完税红单，该商呈送英国管事官验明，方准发还船牌，令行出口。"②这表明中国关税自主权进一步丧失，这可以从下表 3-24 第一次鸦片战争前后进出口关税的负担中窥见一斑。

表 3-24 第一次鸦片战争前后进出口关税负担示例

货品	市价（元）	旧征税则（两）	旧征税率（%）	新定税则（两）	新定税率（%）	新税率较旧税率增（+）减（-）（%）
进口货						
棉花	每担 10.0	1.7400	24.19	0.4000	5.56	−18.63

---

① 王铁崖：《中外旧约章汇编》（第 1 册），北京：生活·读书·新知三联书店 1957 年版，第 32 页。

② 王铁崖：《中外旧约章汇编》（第 1 册），北京：生活·读书·新知三联书店 1957 年版，第 41 页。

续表

货品	市价（元）	旧征税则（两）	旧征税率（%）	新定税则（两）	新定税率（%）	新税率较旧税率增（+）减（-）（%）
棉纱	每担 25.0	2.4064	13.38	1.0000	5.56	−7.82
头等白洋布	每匹平均	0.6459	29.93	0.1500	6.95	−22.98
二等白洋布	5.0	0.7020	32.53			−25.58
本色洋布	每匹 2.5	0.3750	20.74	0.1000	5.56	−15.18
斜纹布	每匹 2.5	0.2864	14.92	0.1000	5.56	−9.36
五种棉纺织品平均	—	—	19.88	—	6.01	
大呢	每丈	1.2420	—	0.1500	—	
六种毛织品平均	—	—	45.93	—	6.95	−38.98
出口货						
各种茶叶平均	每担 20.0	6.0000	30.89	2.5000	12.87	−18.02
湖丝	每担 350.0	23.7300	9.43	10.0000	3.97	−5.46
丝织品	每担 400.0	8.9473	3.11	12.0000	4.17	+1.06
土布	每担 50.0	2.6507	7.37	1.0000	2.74	−4.63

资料来源：严中平：《中国近代经济史 1840—1894》，上册，北京：经济管理出版社 2007 年版，第 166—167 页。

由表可见，经过第一次鸦片战争，英国强迫清政府接受了极低的海关税率，无论进口、出口商品，新定税率都比旧税率大为降低，只有出口丝织品略有提高。这点显然是为了保护英国丝织工业。当时英国最急于向中国推销的主要商品是棉毛纺织品，前者的新旧税率相比，最低下降了 7.82%，最高下降了 25.58%。出口方面，英国自华输入的最大项是茶叶，这项出口税率也下降了 18.02%。

1858 年签订的《通商口岸善后条约》中，关税税率更是进一步降低，大部分商品税率比 1843 年的《五口通商口岸章程》要低。其中进口的 176 种商品中，有 77 种商品的税率不足 5%，出口的 174 种商品中有 97 种的税率不足 5%。这进一步表明关税制定权遭到了进一步侵害，如表 3–25 所示。

表 3–25 1843 年和 1858 年的进口税率比较

货品	市价（元）	1843 年税则（两）	1843 年税率（%）	1858 年税则（两）	1858 年税率（%）	1858 年税率较 1843 年税率增（＋）减（－）（%）
棉花	每担 8.50	0.400	6.54	0.350	5.72	−0.82
斜纹布	每担 2.20	0.125	7.89	0.080	5.05	−2.82
印花布	每匹 1.95	0.200	14.25	0.070	4.98	−9.27
架裟布	每匹 1.95	0.150	18.68	0.070	4.86	−13.70
棉纱	每担 20.00	1.000	6.94	0.070	4.86	−2.80
羽纱	每丈 1.10	0.070	8.85	0.050	6.31	−2.54
羽缎	每丈 2.20	0.150	9.46	0.100	6.31	−3.15
平均	—	—	10.37	—	5.44	−4.93

资料来源：严中平：《中国近代经济史 1840—1894》，上册，北京：经济管理出版社 2007 年版，第 170 页。

以上两表表明：自鸦片战争以后，中国关税的制定权越来越不能自主，就关税进口税率而言，1858 年的关税进口税率要远低于 1843 年，这一方面说明列强对中国关税和海关的控制越来越严重，另一方面也说明当时清政府的无能和中国关税主权的进一步丧失。

第二，关税行政管理权的改变。1843 年英国与中国签订了《虎门附约》，此条约中的英舰进泊通商口岸，即由英国领事来约束英商及附属国商人的要求开启了西方列强对中国海关行政权的侵蚀与破坏。此后，因为协定关税逐渐不能满足列强攫取中国利益和控制中国的欲望，他们开始图谋掠取中国的海关行政管理权。1853 年，西方列强借由上海小刀会起义捣毁上海关的时机，侵略者趁机占领了上海海关并颁布了《海关机构空缺期间船舶结关暂行章程》，实行

"领事代征"制度，即由西方列强代中国向英、美商人征收关税，所收税款由英、美领事保管，并在此后逐步建立了外国税务司制度，海关的外国人管理制度在中国确立起来。然而列强并不满足于仅控制一个上海海关，其后通过《通商章程善后条约：海关税则》将控制上海海关的制度迅速推行至全国，此后海关完全掌握在外籍税务司手中，形成了中央集权性的组织。由 1843 年中国开始失去海关行政管理权开始，列强逐渐控制了中国的海关行政管理权，中国的关税和海关已不能起到保护本国国民经济和筹集政府财政收入的职能，成了西方列强攫取中国利益的重要工具。

第三，关税支配权的改变。近代以来，在关税问题上，列强不仅控制了关税的制定权和行政管理权，而且掌控了关税的支配权。从 19 世纪后半期开始，清政府的外债逐渐增加。在清政府的诸多借款中，初期最为典型的是 1867 年（同治六年）的西征借款。这笔借款以海关税（闽海、粤海、浙海、江汉、江海各关的洋税）为担保，这次借款的特征在于将海关税导入其中，使借款有了"安全性"保障，此后清朝对外的借款政策也定型于此了，海关关税从此成为清朝对外借款的担保。下表阐述了 1877—1888 年清政府以关税为担保的借款，表明了关税支配权用途的改变。

表 3-26 1877—1888 年清政府举借外债表

时间	借款名称	款额（库平两）	利息率	期限	担保税项	用途
1877.6	西征贷款 4	5000000	年息 10%	7 年	各关洋税	左宗棠军新疆军饷
1878.9	西征贷款 5	1750000	年息 10%	6 年	各关洋税	左宗棠军新疆军饷
1884.12	滇桂借款	100000	年息 8%	3 年	各关洋税	中法战争期间滇桂军饷各 40 万两，刘永福军饷 20 万两
1885.2	福建海防借款	3589781	年息 7%	10 年	各关洋税	中法战争期间闽省边防军饷，后余款 60 万两拨入神机营

时间	借款名称	款额（库平两）	利息率	期限	担保税项	用途
1885.2	广东海防借款4	2012500.293	年息7%	10年	粤海关税及洋药厘金	中法战争期间文东军需用款
1885.2	援台规越借款	2988861.822	年息6%		各关洋税	中法战争期间台湾及援越军饷
1885.3	神机营借款	500000	年息7%	10年	各关洋税	各为修建京西铁路，实际除付船炮款248两外，用于修建颐和园
1886.7—10	南海工程借款	300000 500000	年息7%	10年 30年	粤海关洋税	修缮南海工程用款
1887.1	三海工程借款	980000	年息5.5%	15年	各关洋税	修缮三海工程用款
1887.10	郑工借款1	968992	年息7%	1年	津海关等洋税	防堵黄河郑工决口工程及购买挖掘机
1888.5	郑工借款2	1000000	年息7%	4年	津海关等洋税	防堵黄河郑工决口工程及购买挖掘机

资料来源：徐义生：《中国近代外债史统计资料（1853—1927）》，北京：中华书局1962年版，第2—3页。

帝国主义列强通过勒索赔款及强行贷款，操纵中国财政命脉，进一步控制中国的海关关税主权。其中《马关条约》的两亿三千万两的赔款及赎金在日本的胁迫下要求几年内必须还清，但当时中国清政府的财政总收入只有八千多万两，这项巨额赔款远远超过清政府的财政负担能力，于是只能被迫向外举债。同时，帝国主义各国为控制中国，也竞相争夺贷款。而《辛丑条约》中签订的九亿八千万两赔款更是使清朝对关税的支配权进一步丧失。

综上所述，自第一次鸦片战争后到辛丑条约签订的这几十年中，中国的关税主权逐渐丧失，关税制定权、行政管理权和关税支配权逐渐被西方列强所掌握，近代中国的关税具有明显的半殖民地半封建特点。列强对中国关税的控制不仅使中国的财税命脉被掌控，而且使关税和海关失去了保护本国经济免遭外来冲击的能力。为重掌关税和海关主权，晚清政府和社会各界的有识之士主动提出要进行关税改革，重新掌握关税主权。

②主动求变：晚清政府和社会各界呼吁关税改革及实践。关税主权的不断丧失严重侵害了中国的利益，为保护本国经济不受外来侵略的冲击，晚清政府和民间出现了一批有识之士，他们认识到关税主权的丧失严重破坏了中国经济的发展，提出了关税自主的主张，他们倡导修改税则，增加税率，收回税务司部分权利等，这在当时具有一定的积极意义，推动了中国关税的近代化转型。

第一，早期中国民族资产阶级的关税自主的主张。19世纪下半叶，中国涌现了一批民族资产阶级，他们认识到关税主权的丧失阻碍了民族工商业的发展，开始提出了关税自主的主张，他们希望能够取消协议关税，收回关税制定权，其中以马建忠、郑观应的思想为代表。

马建忠对西方的国际贸易理论深有研究，是中国近代史上最先系统地提出要实行有区别的保护关税思想的人。他认为"通商而出口货溢于进口者利，通商而进口者溢于出口者不利"[①]，即贸易顺差比贸易逆差更加有利，马建忠更是进一步强调要使中国富强必须使中国对外贸易的顺差大于逆差，"欲中国之富，莫若使出口货多，进口货少。出口货多，则已散之财可复聚。进口货少，则未散之财不复散"。[②]因此，马建忠提出了要轻征出口税和重征进口税的思想。对于不同的进口货物，应按其性质适用从5%到30%高低不等的税率。另外马建忠认为加税乃是中国固有之权，他坚决反对协议关税，力求关税自主。

郑观应也提出保护关税的思想，对于当时进口关税只有5%的情况，他列举西方各国的做法："泰西各税额，大致值百抽二十，或取四十、六十为率，最多则有值百取百者。美国进口货税，值四征三，商虽非之，然不能违抗。今宜重订新章，一律加征。"[③]因此，他认为必须提高本国关税，只有这样才能有利于本国工商业的发展。同时他认为关税制定权属于中国，"客虽强悍，不得侵主权而擅断之"[④]，他强烈要求取消协议关税，由中国自行制定关税税则。他反对由外国人掌管总税务司，郑观应希望能逐步改革关税征管制度，收回行政管理权，将总税务司赫德和各口岸税务司外籍官员撤换。

简而言之，以马建忠、郑观应为代表的早期民族资产阶级都主张提高进口

① 马建忠：《马建忠集》，沈阳：辽宁出版社1994年版，第126页。
② 马建忠：《马建忠集》，沈阳：辽宁出版社1994年版，第126页。
③ 郑观应：《盛世危言》，北京：华夏出版社2002年版，第253页。
④ 郑观应：《盛世危言》，北京：华夏出版社2002年版，第60页。

续表

税，降低出口税来保护国内工商业的发展，并且他们认为中国应取消协议关税，由中国自行制定关税税则，主张收回关税的行政管理权来恢复中国的关税自主。早期民族资产阶级的这种对关税自主诉求引发了国内一批又一批有识之士对关税自主重要性的思考，在当时产生了一定的积极意义。

第二，清政府内部部分官员的关税主张和清政府对国内企业的变相保护政策。早在第一次鸦片战争以后，林则徐就认识到了关税的重要性，他提出："广东利在通商，自道光元年至今粤海关已征银三千余万两，收其利者必须预防其害。若前此以关税十分之一，制炮造船，则制夷已可裕如，何至尚行棘手。"[①] 他主张充分发挥关税的财政作用，增加国家实力。外交大臣李鸿章、户部尚书铁良、湖广总督张之洞等也反对外籍税务司掌控中国海关，认为应由中国人自己掌控海关，并且他们为了削弱总税务司的海关控制权，采取了一系列措施，如：1906 年成立了邮传部，并于 1911 年接管了原由海关代办的邮政。1906 年成立税务处，1908 年设立税务学堂，代替外务部管辖海关总税务司署和各地海关。[②] 这说明清政府内部对关税自主的重视性。而在洋务运动期间，因为进口关税太低，国内企业在国内市场的竞争中并不占什么优势，因此清政府对上海机器织布局、湖北机器织布局、北洋烟草公司、湖北造纸船等几十家企业实行免征内地税等措施，在一定程度上保护了国内企业的发展，提高了国内企业的竞争力。上述这些举措意味着清政府认识到了关税的重要性，并且在一定程度上增强了国人对海关的掌控力，起到了一定的积极意义。

第三，资产阶级维新派的关税自主主张和政策。康有为曾提出："吾民内地则有厘捐，出口则有重税，彼皆无之。"[③] 针对上述情况，康有为认为应该"蠲厘金之害以慰民心，减出口之税以扩商务"[④]，即建议清政府取消厘金，减轻出口税，借此来发展中国工商业。此外，梁启超因考虑到"海关税之收入，几占国库收入 1/3"[⑤]，他建议由中国人自己掌握关税权。以康有为、梁启超为代表的资产阶级维新派主张取消厘金，降低出口税率，收回关税制定权和行政管理权。

---

① 方之光等编：《林则徐使粤两厂奏稿》，南京：南京大学出版社 1988 年版，第 535 页。
② 蔡渭洲：《中国海关简史》，北京：中国展望出版社 1989 年版，第 179 页。
③ 康有为撰，姜义华、吴根梁编：《康有为全集》（第 2 集），上海：上海古籍出版社 1990 年版，第 91 页。
④ 康有为撰，姜义华、吴根梁编：《康有为全集》（第 2 集），上海：上海古籍出版社 1990 年版，第 92 页。
⑤ 张品兴主编：《梁启超全集》（第三册），北京：北京出版社 1999 年版，第 1678 页。

第四，资产阶级革命派的关税自主要求。孙中山曾说道："外国人管理海关，我们便不能自由增减税率；不能够自由增减税率，没有方法令洋布的价贵，土布的价贱。"① 只有"打破一切不平等的条约，收回外人管理的海关，我们才可以自由加税，实行保护政策"②，即只有收回中国海关，由中国人自己掌握海关，才能自由地增减关税税率，去实行关税的保护政策，所以孙中山在就庚款问题与西蒙谈话时，曾表示"为俯顺全国舆情的要求，我们想重新掌握海关及其税收"③。但是由于这一时期资产阶级革命派还要依靠西方列强来推翻清政府，所以他们对关税自主的要求不够彻底，最后也没有收回关税主权。

由上述可知，国人对关税自主的认识是逐渐加深的，由原先主张保护民族工商业的发展到后来认识到关税主权是中国主权的一部分，这表明晚清政府和社会各界人士对于关税自主重要性的认识不断加强。他们积极呼吁关税改革、修改关税税则、增加关税税率、主张收回税款保管权等权利并为之不断努力，并取得了一定的成果，在一定程度上捍卫了国家的关税自主权。但是因为国内国际的复杂形势，他们并没有完全成功，但是他们在此过程中他们不断抗争，为收回关税自主权的努力是值得肯定的。

③晚清中国关税演变的特点和影响。晚清关税近代化进程以第一次鸦片战争的爆发为起点，以清政府的灭亡为终点。关税由以前税率大概为出口 4%、进口为 16% 的单口贸易到后来税率进出口都为 5% 的多口贸易的过程。在此过程中，关税主权不断被侵害，中国海关的关税制定权、行政管理权和支配权逐渐丧失，但同时，清政府和社会各界的有志之士看到了关税主权丧失的危害，他们提出要修改关税税则、提高关税税率等合理要求，争取收回关税的自主权。所以说，晚清关税的变迁是关税被动丧失与主动变革相穿插的一个过程。

第一，第一次鸦片战争后，英国强迫中国政府接受了极低的海关税率，无论进口、出口商品，新定税率都比旧税率大为降低。第二次鸦片战争后，税率又进一步下降，此时清朝关税制定权已经丧失。关税行政管理权也因外籍税务司制度的建立而丧失。关税的支配权则因为清政府为镇压农民起义、修筑工事、赔偿战争赔款等众多原因将关税作为抵押而丧失。至此，海关关税的自主权已

① 孙中山：《孙中山选集》，北京：人民出版社 1981 年版，第 876—877 页。
② 孙中山：《孙中山选集》，北京：人民出版社 1981 年版，第 876 页。
③ 广东省社会科学院历史研究所，中国社会科学编：《孙中山全集》，第 1 卷，北京：中华书局 1981 年版，第 564 页。

经完全丧失，海关沦为半殖民地海关。

第二，而清政府和社会各界人士在看到关税主权的危害后，都在不断地呼吁关税改革，并为之努力，其中包括但不仅限于早期民族资产阶级、清政府和清政府内部的部分官员、资产阶级维新派和资产阶级革命派，他们主张修改关税税则、提高关税税率、争取收回关税主权等。他们的斗争历程是坎坷的，虽然最后的斗争没有完全成功，但为后世收回关税自主权奠定了良好的基础和指引了前进的方向。

晚清关税的变迁具有非常重要的影响，其中既有有利的一面，也有不利的一面。

第一，晚清关税无法发挥保护国内产业发展的作用，列强对中国关税的控制不仅使中国的财税命脉被掌控，而且使关税和海关失去了保护本国经济免遭外来冲击的能力。口岸开放以后，中国的经济受到了严重的影响，许多行业受到了严重打击，棉纺织业首先受到其影响："洋布大行，价才当梭布（土布）三分之一。吾村专以纺织为业，近闻已无纱可纺。松、太布市，消减大半；去年棉花客，大都折本。"[①] 有些行业如沙船业所受到的影响更大，外国夹板、轮船挤入航运业，沙船不断被淘汰，到了同治时期只剩几百艘。由此可见，晚清关税制度的近代化进程无法保护本国产业的发展。一般来说，征收关税的另一个目的就是获得财政收入，但晚清关税税收的大部分被西方列强所侵占，其对财政收入的贡献非常有限，无法起到发展经济的作用。

第二，晚清关税变迁的历程是中国国家主权不断被侵略的一个印照，这一过程也加速了封建王朝的灭亡。关税自主权的丧失严重阻碍了国内经济的发展，使得普通民众的生存空间进一步缩小。清政府的腐朽无能，对外实行投靠政策，对内剥削人民群众，严重引起了中国人民的不满，在中国人民的不断努力下，统治近三百年的清政府灭亡。

第三，外籍税务司制度的建立在一定程度上推动了清朝管理的现代化。在晚清时期，中国海关成了清朝效率最高的一个部门，这一点是不可否定的。海关在给中国带来了先进的管理经验的同时也带来了先进的科学技术，中国洋务运动的开办就深受其影响。在推动管理现代化这一点上还是值得肯定的。

综上，第一次鸦片战争以前，中国是一个独立的封建帝国，关税制度一直

---

① 包世臣：《安吴四种·答族子孟开书》卷26，第34页。

较为稳定。伴随着西方列强的不断侵略，晚清的关税制度发生了翻天覆地的变化，进口税率由 16% 降为 5%，由原先的广州单口贸易到后来的多口贸易再到后来成为西方列强倾销商品和资本的门户。晚清中国海关关税的制定权、行政管理权和支配权逐渐丧失，海关逐渐沦为半殖民地海关，严重侵害了中国人民的利益。但是，中国人民面对西方列强的侵略并没有束手就擒，清政府和社会各界人士呼吁关税改革，主张修改关税税则、增加关税税率，要求收回税务司的部分权力等，并提出了一系列的改革关税的措施，但是面对国内国际的复杂形势，他们的关税自主主张并没有取得完全成功，但是对后世关税主权的收回产生了积极的推动作用。总的来说，晚清关税近代化进程就是西方列强侵犯中国关税主权与晚清有志之士努力收回关税主权的斗争的进程。

综上，鸦片战争后，伴随着列强对中国的侵略及中国被迫开关，中国的对外贸易也有了较快发展，对外贸易额增长迅速，导致海关税收收入也有了很大的提高。对此，申学锋认为："晚清时期，外国逐步加强对华经济侵略，向中国倾销商品，掠夺中国原料，后来甚至直接进行资本输出，从而使中国社会经济发生了剧烈变动。最明显的变化是对外贸易的急剧增长和自然经济的逐渐解体，商品经济得到愈来愈快的发展。随着通商口岸的增多，中国对外贸易得到迅速发展，进出口贸易值与关税数额与日俱增。"[1] 当然，近代中国海关税的增长与中国巨大的入超相比则显得得不偿失。具体见下表：

表 3-27 晚清进出口贸易指数表[2]

年份	出口指数	进口指数	出超（＋）或入超（－）
1871—1873	100.0	100.0	+1
1881—1883	98.2	118.9	−18
1891—1893	151.8	206.6	−52
1901—1903	282.7	446.2	−162
1909—1911	518.2	662.3	−132

资料来源：严中平：《中国近代经济史统计资料选辑》，第 64 页。

[1] 申学锋：《晚清财政支出政策研究》，北京：中国人民大学出版社 2006 年版，第 23 页。
[2] 申学锋：《晚清财政支出政策研究》，北京：中国人民大学出版社 2006 年版，第 25 页。

表 3-28 中国对外贸易值与海关税收统计（1864—1910）（单位：千两）

年份	对外贸易值	海关税收	年份	对外贸易值	海关税收
1864	94865	8377	1865	109818	7938
1866	117770	8907	1867	114617	8927
1868	125108	9887	1869	127248	9632
1870	118988	9760	1871	136956	10717
1872	142605	11606	1873	136088	11182
1874	131074	11910	1875	136716	12172
1876	151121	12572	1877	140679	12294
1878	139976	12455	1879	154568	13196
1880	157177	14346	1881	163364	15053
1882	145052	14488	1883	143766	13604
1884	139909	13738	1885	153206	14178
1886	164686	15263	1887	188124	20082
1888	217184	23094	1889	207832	21930
1890	214237	21984	1891	234952	23126
1892	237685	22808	1893	267995	22066
1894	290208	22797	1895	314990	20985
1896	333671	22041	1897	366330	22673
1898	368616	21828	1899	460533	26015
1900	370067	24091	1901	437960	23924
1902	529546	28377	1903	541091	30423
1904	583548	30207	1905	679989	32676
1906	646728	34968	1907	680782	33198
1908	671165	32930	1909	757151	33205
1910	843798	34519	—	—	—

资料来源：郑友揆：《中国的对外贸易和工业发展》，上海社会科学出版社 1984 年版，附表二，第 334—336 页；汤象龙：《中国近代海关税收和分配统计》，第 63—66 页。

由上两表可见，晚清时期，清政府的对外贸易长期处于贸易逆差状态，这一状况说明：尽管近代中国关税收入总额有了很大增长，但与巨大的贸易赤字相比，关税收入显然得不偿失。不仅如此，近代中国的关税还被清政府抵押出去，用以保障对列强赔款和借款的顺利进行。由此，近代中国的关税带有明显的半殖民地半封建特征，对此，汤象龙得出这样的结论："从这些分配的数字中我们可以清楚地看出中国近代海关税收主要用于哪些方面，中国海关是为谁服务的。也就是说，从这五十年的海关税收的分配充分说明了中国海关的半殖民地半封建性质。"①近代的中国关税不仅不能保障本国的经济利益不受外来经济竞争的侵夺，反而由列强控制中国海关长达很多年。

（三）厘金

除海关税外，厘金也是晚清时期政府财政收入的主要来源。鸦片战争后，尤其是太平天国起义爆发之后，清政府军事开支急剧增长，为筹集军费，偿还外债等，晚清政府开征了厘金税。此后，厘金税与关税、盐税成为晚清政府财政收入的三大来源，但厘金税因具有税率不统一、税收负担重等弊端而遭到国民的反对。到国民政府统治时期，厘金被废除。厘金税的开征使清政府传统的税制原则"量入为出"也出现了新的变化，"量出制入"开始成为政府税制的重要指导原则，晚清政府的税制原则也出现了与英国同向发展的特征。

1.厘金的兴起

太平天国农民起义爆发后，起义形势迅速发展，起义军控制了东南各省并向北方发展。太平天国农民运动的发展致使"东南各省常关多停闭，军饷来源枯竭"。②由此，清政府的财政面临着两难的境地：一是传统的奏销财政制度不能有效运转，二是清政府的军费开支迅速增长，政府财政入不敷出。对此，1853年，清政府的官员在上奏时说："盖天下财赋，东南为顷者，金陵失守，安徽、两湖等处又皆蹂躏无余，岂能复为征税？计今年收入所亏又不下千万……思之实可惊心……现在户部库所存不过支三、四两月，兼之道路梗塞，外解不至，设使一旦空虚，兵饷亦停，人心猝变，其势岌岌不可终日。"③户部也在奏报中称："军兴三载，糜饷已至2963余万两"，每年高达近千万两之多，"现在（户）部库，仅存正项待支银227000余两。七月份应发军饷，尚多不敷"。④对

① 汤象龙：《中国近代海关税收和分配统计：1861—1910》，北京：中华书局2005年版，第47页。
② 武堉干：《中国关税问题》，第21页。
③ 王开玺：《晚清政治新论》，上卷，北京：商务印书馆2018年版，第348页。
④ 《文宗显皇帝实录》，卷八十九，《清实录》，第四一册，第391页。

续表

政府的财政困境，咸丰帝上谕称："军兴三载，征调频仍……比年内外拨军需不下 4000 余万两。"[1] 实际上，当时清政府的年财政收入总额也不过三四千万两。由此，清政府迫切需要采取措施筹集军费，厘金就是在这样的背景下产生的。对厘金的产生，付志宇教授认为，"在清末出现的厘金就是一个在外国压迫和内部危机合力作用下诞出的畸形产物，给当时中国的经济生活造成了极其消极的影响。"[2]

厘金是晚清时期政府新开征的一种商业税，此税于 1853 年首次开征，之后通行全国。1853 年 10 月，原刑部右侍郎、帮办江北大营军务的雷以諴首先在江苏扬州附近仙女庙、邵伯等镇米行捐厘助饷，"每米一石，捐钱 50 文，计一升仅捐半文"[3]。这是厘金的最早征收，此后，厘金在全国推广，几乎达到"无处不卡，无货不税"的程度。[4]

2. 厘金的征收及演变

厘金征收之后，其最大的特点是征税范围广、税卡林立、税率不统一、税收收入丰厚、税负沉重。就征税范围而言，厘金涉及的货物种类繁多，不仅对国内的商品征税，而且"渐渐推行到运入内地的已税外国进口货……这种新税像传染病一样地流布蔓延"。[5] 大致而言，厘金可分为百货厘、盐厘、洋药厘和土药厘四种。[6] 因盐厘通常纳入盐税统计，洋药厘通常由海关征收统计，作为海关收入的一种，所以，文中所涉厘金主要是指百货厘和土药厘两种。就税率而言，厘金初征时设定税率为 1%，但实际上各省征收的厘金税率并不统一。如，湖南厘金税率为 2%—3%，上海为 3%—4%。全国平均而言，厘金税率大致是"从货价的 1% 到 10% 不等，而最普遍的税率是每个厘卡收 2%"。[7] 甲午战争前后，一般货物的厘金税率平均约 5%。甲午战争之后，厘金税率又迅速增加，例如，河南省在 1902 年末筹解庚子赔款，将货厘征率提高 30%。广东省一般货厘

---

① 《文宗显皇帝实录》卷一一〇，《清实录》，第四一册，第 708 页。

② 付志宇：《近代中国税收现代化进程的思想史考察》，成都：西南财经大学出版社 2015 年版，第 30 页。

③ 《清史稿》卷 125，第 3694—3695 页。

④ 《清德宗实录》卷二三二。

⑤ [英] 莱特：《中国关税沿革史》，北京：商务印书馆 1963 年版，《原序》第 42 页。

⑥ 周志初：《晚清财政经济研究》，济南：齐鲁书社 2002 年版，第 174 页。

⑦ 彭泽益：《十九世纪后半期的中国财政与经济》，北京：人民出版社 1983 年版，第 158 页。

的征率为 7.5%，糖为 9.75%，烟、酒更高达 32.25%。[1]

厘金征收后，政府财政收入大大增加。据刘岳云统计，光绪十一年至二十年间，厘金岁入数约在 1400 余万两至 1600 余万两间，占岁入总额的比重约在 17.5% 到 19.8% 间。另据统计，1903 年的百货厘金数仍为 1600 万两，占岁入总额的 15.3%。[2] 赫德 1901 年也估计厘金收入为 1600 万两，占岁入总额的18%。哲美森的估计数略低，他认为甲午战前百货厘金收入为 1295 万两，占岁入总额的 14.6%。[3] 罗玉东则光绪十一年至光绪三十四年（1885—1905）的全国厘金收入数做了详细的考察，情况如下表 3-29 所示。

表 3-29　光绪十一年至光绪三十四年（1885—1908）全国厘金收数

单位：千两

年份	数额	年份	数额
光绪十一年	14343	光绪十二年	14809
光绪十三年	15950	光绪十四年	14877
光绪十五年	14585	光绪十六年	14827
光绪十七年	14628	光绪十八年	14804
光绪十九年	14428	光绪二十年	14469
光绪二十一年	16699	光绪二十二年	16367
光绪二十三年	16471	光绪二十四年	15358
光绪二十五年	14308	光绪二十六年	15913
光绪二十七年	16757	光绪二十八年	16752
光绪二十九年	17919	光绪三十年	18622
光绪三十一年	18190	光绪三十二年	18554
光绪三十三年	19846	光绪三十四年	21117

资料来源：罗玉东：《中国厘金史》下册，商务印书馆民国二十五年版，第 469 页。

由表 3-29 可见，甲午战争之前，厘金收入总额变动不明显，甲午战争之后，尤其是 1903 年之后，厘金收入明显增加，1908 年已突破 2000 万两。

---

[1] 周志初：《晚清财政经济研究》，济南：齐鲁书社 2002 年版，第 176 页。
[2] 《清朝续文献通考》卷 68，第 8237—8238、8245 页。
[3] 周志初：《晚清财政经济研究》，济南：齐鲁书社 2002 年版，第 174 页。

厘金征收范围广、税收收入丰厚导致中央及各地政府倚重厘金，国民负担沉重，国内工商业发展困顿。对厘金制的不公平及阻碍国内工商业发展方面，陈锋教授认为："厘金制度使得国内关税壁垒不断加重，严重束缚了国内市场的开拓，使中国民族资本主义近代工业的产品失去了在国内市场上与外国产品进行公平竞争的可能。"① 刘锦藻也称，厘金在太平天国起义被镇压后非但没有裁撤，且"增至每百抽三文。江浙两省岁抽各约三四百万，可不谓之臣款耶！其后卡若颁梳比，法若凝脂，一局多卡，一卡多人，只鸡尺布，并计起捐，碎物零星，任意扣罚，行旅愁叹，衢路荆棘，商民以十输公家，所入三四而已，其六七皆官私所耗费，而鱼肉之于关市为暴客于国家，直盗贼耳。大抵有厘捐之省，殆无不舞弊之委员，无不染指之大吏"。② 由此可见，厘金弊端丛生，对中国社会经济发展产生了非常消极的影响。由此，社会的进步人士纷纷提出要求裁撤厘金。例如，近代中国早期的维新思想家王韬、郑观应、严复等抨击了厘金的弊端，提出要非常厘金的主张。王韬认为："厘卡官员设卡增局，是为满足私欲，使怨归于上，利归于下。抽税加厘，无微不至。"③ 郑观应认为："若所抽之数涓滴归公，名实相符，是损于民而犹利于国。然厘抽十文，国家不过得其二三，余则半饱私囊，半归浮费。""总之，厘捐不撤，商务难以振兴。"④ 因此，王韬、郑观应等都建议裁撤厘金，促进国内工商业的发展，直到国民政府执政时期，厘金才被废除。

综上，与海关税一样，厘金是晚清政府为应对财政开支急剧增长需求、镇压太平天国农民运动而开征的，是晚清时期税制新变化的重要内容。罗玉东认为厘金是"在清廷对太平天国用兵的时期内偶然发现的一种临时筹款方法，事前并未经过任何酝酿"。⑤ 然而，厘金的开征中又蕴含着必然的因素。在中国传统的财政收入中，田赋是政府最重要的财政收入，但因传统的"量入为出"原则的约束，清政府不能随意增加赋税。到太平天国农民运动爆发后，清政府的财政支出猛然增加，传统的"量入为出"已不能满足需要，由此，清政府传统

---

① 陈锋、蔡国斌：《中国财政通史》，第七卷《清代财政史》下，长沙：湖南人民出版社2015年版，第30—31页。

② 《清朝续文献通考》，卷49，第8039页。

③ 付志宇：《近代中国税收现代化进程的思想史考察》，成都：西南财经大学出版社2015年版，第61页；王韬：《杨醒通∥弢园尺牍》，卷2，北京：生活·读书·新知三联书店1998年版。

④ 付志宇：《近代中国税收现代化进程的思想史考察》，成都：西南财经大学出版社2015年版，第66页。

⑤ 罗玉东：《中国厘金史》，北京：商务印书馆2010年版，第3页。

的财政原则逐步加入了新的因素，即"量出制入"原则的运用，这也是晚清中国税制近代化的重要内容。

第三节 中英两国税制结构的特点、成因及其影响

近代以来，中英两国税制结构呈现出不同的特点，英国的税制结构中直接税比重不断提高，间接税比重不断下降，税制结构不断优化，更加重视税收的社会调节功能。与英国不同，晚清中国的税制结构调整则呈现出间接税比重大幅提高、直接税比重大幅下降的趋势，税收征收的目的主要是筹集战争开支、偿还外债及借款等，税收的社会调节功能很弱。近代中英两国税制结构的不同特点是由两国不同的国情所决定的，对两国社会的发展产生了不同的影响。

一、近代英国税制结构的特点、成因及其影响

19、20 世纪，英国的赋税结构历经调整，体现了与之前赋税结构不同的特点，这主要表现在：一、直接税比重进一步提高，间接税比重下降；二、税收结构更加优化，更注重税收的社会调节功能；三、税收结构调整与国家战略需要同向；四、税收结构变革与国际税制竞争大趋势一致。19、20 世纪英国赋税结构的这些变化是英国税制现代化的重要标志，也是国家治理体系和治理能力现代化的重要体现，对英国社会的发展产生了非常重要的影响。

（一）特点

1. 直接税比重逐渐提高，间接税比重日渐下降。19 世纪之前，英国赋税结构基本上以间接税为主，直接税所占比重不大。这种以间接税为主的税制结构是与英国经济发展的阶段性特征相一致的。19 世纪以前，英国逐渐由中世纪的农业经济为主（此时税收亦以农业税为主要收入来源）向以工商业经济为主转变，由此，英国的税收也开始出现了农业税逐渐下降、工商税逐渐上升且居主导地位的变化。19 世纪以前英国的间接税主要以关税和消费税为主，间接税的主要特点是税负可以转嫁，不能体现纳税人的真正纳税能力，因此，此税往往被称为"静悄悄的"税收，具有隐蔽性的特点。从英国间接税的情况来看，间接税的税收负担主要由社会的中下阶层承担，富人因财富远远高于穷人且可以转嫁，因此，间接税主要是针对穷人的税收，遭到社会中下阶层的反对。到 19 世纪时，伴随着工业革命而兴起的新兴工商业制造者对市场的迫切需求，政府

此前实行的贸易保护主义和高关税政策已成为工业革命和新兴工商业制造者的障碍，由此，新兴工业资产阶级呼吁废除关税壁垒，取消贸易保护主义，实行自由贸易政策。有鉴于此，英国政府自 19 世纪 20 年代始逐渐降低了某些商品的关税，经过 19 世纪 40 年代至 60 年代的四次关税改革，以 1846 年《谷物法》的废除、1849 年《航海法》的取消和 1860 年《英法商约》的签订为主要标志，英国彻底放弃了关税保护，实行自由贸易政策。与关税降低甚至废除同步，所得税逐渐为政府和国民所接受，成为英国的常设性税种，且比重日益提高。到 19 世纪末 20 世纪初，英国在"建设性税制"改革思想的主导下，更加强调直接税的作用，改革税收结构，提高直接税比重，改革所得税和遗产税，推行累进征税原则，区分劳动所得和非劳动所得。到 20 世纪初，直接税比重首次超过间接税，此后，英国的赋税已形成直接税为主的赋税结构，目前，英国的直接税比重高达 60% 左右。

2.税种设计更加优化，更注重税收的社会调节功能。19、20 世纪英国的赋税结构不仅呈现直接税比重不断提高、间接税比重逐渐下降的总体趋势，而且在税种设计上更加合理、优化，且更加注重税收的社会调节功能。19 世纪之前，英国赋税的种类繁杂，例如，中世纪的丹麦金、卡鲁卡奇、什一税、1/10 和 1/15 动产税、关税、人头税等；到近代早期，中世纪的丹麦金等税种消失，月税、炉灶税、窗户税、土地税、关税、消费税、遗产税、所得税（临时）等是当时曾经开征的税种。这些税种中的大部分是因战争而开征，战争结束后有的废止，有的则长期保留下来。如此繁多的税种虽在一定程度上有助于国家财政资金的聚集，但税种繁杂却也给税收的征管带来了麻烦，甚至有些税种没有考虑到社会中下阶层的承受能力，因而遭到广大下层群众的反对，如窗户税、消费税等。有鉴于此，19、20 世纪，英国政府因势改革税种，其主要趋势是简化税种，强调税收的社会调节作用。例如，在间接税上，拿破仑战争结束后，英国间接税的主要调整是降低甚至取消了大部分商品的关税，废除或减少了大部分商品的消费税。在直接税上，19 世纪末的遗产税改革和 20 世纪初的所得税调整都是英国税制现代化建设的主要标志，在"建设性税制"改革思想指导下，英国政府强调税收的社会调节功能，注重发挥直接税，尤其是所得税、遗产税的社会调节功能，用税收的手段缓解日益严重的贫富分化、失业、养老、教育、住房、医疗等社会问题。目前，英国已基本形成以所得税为主的直接税与间接税并重的税制结构，税种设计更加优化，更加注重发挥税收的社会调节功能。

3.税收结构调整与国家战略需要同向。19世纪后,尤其是拿破仑战争结束后,伴随着百年和平体系的建立及英国工业革命的进一步发展,英国的税制结构也与国家战略需要同行,相继进行了一系列调整和变革。例如,拿破仑战争结束后,英国因工业革命而来的经济的快速发展及对国际自由市场的需求进一步扩大,但之前重商主义政策下的贸易保护主义和高关税壁垒政策已不能满足上述需要,如何做出调整,这是19世纪后英国历届政府要解决的问题。为此,英国政府先后进行了多次关税改革,到19世纪60年代,英国已彻底放弃了保护主义的关税政策,奉行自由放任的贸易政策。再如,在所得税的调整上,拿破仑战争结束后,所得税因是战时临时开征的税收,故战争一结束,此税即被废止。后虽因政府开支扩大等财政因素而多次临时开征所得税,但政府的最终意愿始终是一旦政府财政状况好转,即停止开征所得税。然从长远来看,所得税更符合英国国家战略调整的需求,再加上关税改革后自由贸易的施行,英国政府开始转变思想,向社会各阶层宣传所得税开征的必要性和重要意义。到19世纪60年代,所得税最终成为英国的常设性税种。但那时的所得税仍实行比例税制,累进原则和区分所得征税并未得到政府的接纳。到19世纪70年代末以后,伴随着贫穷、失业、财富分配不均等社会问题的日益严重,政府开始反思此前的税制,认识到税收社会调节功能的重要性并在理论和实践中强调和推行。到19世纪末20世纪初,英国首次实行累进征税原则,区分劳动所得和非劳动所得。政府的这一做法奠定了英国现代税制的基础,20世纪后,在税制问题上,政府因势所需多次调整税制,使税制始终与国家战略需求同向而行。

4.税收结构变革与国际税制竞争大趋势一致。19、20世纪,英国税制结构的调整还与国家税制竞争的大趋势一致。例如,拿破仑战争结束之后,英国因过高的税负(与法国等国家相比)遭到国民的抱怨和反对,同时,因高税负也阻碍了英国经济的发展。有鉴于此,英国在19世纪进行了关税和消费税改革,降低了国民的税收负担,促进了英国的经济发展。但随着形势的变化,英国的自由贸易政策因受到法国、美国等国家高关税壁垒等因素的遏制而发展缓慢,由此,英国政府根据形势调整税制,于20世纪30年代再次实行贸易保护主义,对外国商品征收高关税。到20世纪70年代末,因"滞涨"暴露了英国之前税制的缺陷和不足,为此,撒切尔政府推行税制改革,到20世纪80年代,在国际税制改革的大潮中,英国政府推行了一系列简化税制、降低税率、扩大税基等为主要内容的税制改革,力图使英国的税制既能适应本国国内的需求,也能在国际税制竞争中保持优势，促进本国经济在国内和国际的双发展。

（二）成因

近代英国税制结构的调整和变革主要是由于两大原因所致，一是英国资本主义的发展、工业革命的深入和基本完成、阶级关系的变动等因素；二是国际竞争的需要。在国内国际两大因素的影响下，近代英国的税制结构经历了与此前不一样的变迁。

1.国内因素。近代以来，英国资本主义快速发展，到19世纪中期，英国已基本完成工业革命，伴随着资本主义的发展及工业资产阶级的兴起，英国原有的重商主义税制思想及税制体系已不能满足社会经济发展及工业资产阶级、工人阶级、农民阶级等的要求。对工业资产阶级而言，他们迫切需要消除此前的贸易保护主义，放开国内外市场，提出实行关税改革的主张。对工人阶级和农民阶级等普通大众而言，重商主义的贸易保护主义提高了他们的生活成本，由此，他们提出废除《谷物法》，实行关税改革的主张。此外，因拿破仑战争结束之后政府要降低开支、偿还债务、回归和平时期正常开支等需求，英国政府及社会各阶层也提出要实行税制改革的主张。在这一背景下，关税改革、所得税重新引入并成为英国的常税、遗产税调整、累进原则和区分征税原则的实践等就成为近代英国税制改革的应有之义。

2.国际竞争的需要。除国内因素的影响外，近代英国税制结构的调整还与国际竞争有密切关系。英国资本主义的发展意味着必然需要广阔的国际市场和有竞争力的税制结构，而此前以间接税为主（关税和消费税为主）的税制结构不能满足上述需求。由此，英国政府需要优化税制结构以为经济和贸易发展提供助力。

（三）影响

19、20世纪，英国赋税结构的调整有了与此前不同的特点，同时，此阶段英国赋税结构的调整和变革也产生了诸多方面的影响，总体而言，主要有三方面：一、赋税结构的变革影响了国民的税制观念；二、赋税结构的调整对政府社会政策的推行产生了重要影响；三、世界很多国家都仿效了英国的赋税结构。

1.赋税结构的变革影响了国民税制观念。19、20世纪英国赋税结构的调整对国民的税制观念产生了重要影响。自中世纪以来，英国国民的税制观念中就有"国王靠自己过活""不经议会同意，国王不得随意征税"及"共同利益""共同需要"和"共同同意"的思想。到近代，自1688年"光荣革命"后英国建立了君主立宪政体，颁布了《权利法案》，明确规定了议会在赋税问题上的主权，这标志着近代英国公共财政管理体制的建立。此后，围绕税项立废、税率增减、税收征管等问题，英国国民始终坚持议会至上、纳税人利益至上、公平与效率兼顾等现代税收的基本原则。在赋税结构的变革问题上，英国国民也始终秉承上述原则，这些原则历代传承并沿用至今，已成为英国国民税制观念的基本指导思想。这些思想对约束政府滥用税收权力，实行于民有利的税收结构改革起了不可忽视的作用。

2. 赋税结构的调整影响了政府社会政策的实行。19、20 世纪英国赋税结构的调整还对政府社会政策的推行产生了重要影响。19 世纪之前，政府征税的主要目的是筹集财政收入，将税收用于解决贫困、卫生、教育、失业等问题。到19 世纪后，尤其是 19 世纪 70 年代后，伴随着工业革命而来的国民财富的大量积累，以及同时而来的贫困、失业、贫富分化等社会问题的日益严重，英国政府反思此前的税制结构，认识到以间接税为主的税制结构不利于解决上述问题，由此提出改革税制结构，提高直接税比重的方案并付诸实践。到 20 世纪初，英国直接税比重首次超过间接税，政府也利用税收的形式干预社会政策，1908 年的《养老金法案》、1911 年的《保险法案》和 19 世纪 70 年代后的一系列教育法案的推行是政府用税收手段解决社会政策问题的重要标志，为此后政府利用税收解决社会问题奠定了基础。

3. 英国的税制结构为世界很多国家所效仿。经过 19、20 世纪的税制结构变革后，英国已基本形成以所得税为主的直接税与间接税基本并重的税制结构。英国的所得税开征于 18 世纪末，至 19 世纪 60 年代方成为英国的常设性税种，到 20 世纪初，所得税才实行累进征税原则并区分征收劳动所得和非劳动所得。这就意味着所得越高，纳税越多，这种以个人所得税为主的直接税占主导地位的税制结构有利于发挥税收的社会调节作用，能较好地体现纳税人的纳税能力，更好地发挥税收的公平作用。除所得税外，遗产税、社会保障税、财产税等直接税也较好地发挥了税收的社会调节功能。英国这种以直接税为主、直接税与间接税基本并重的税制结构为世界很多国家所效仿，是国家税制现代化的重要标志。目前，中国的税制现代化改革也提出并实行提高直接税比重、优化税制结构、充分发挥税收社会调节功能的指导思想，这对中国特色社会主义现代化建设及推进国家治理体系和治理能力现代化起到了积极的推动作用。

二、晚清中国税制结构的特点、成因及其影响

与英国不同,晚清中国税制结构的特点主要有以下几方面:一是以田赋为主的直接税比重下降,而以海关税、盐税、厘金为主的间接税的比重大幅增加;二是晚清中国的税制结构带有半殖民地半封建的特征。晚清中国税制结构的上述特点一方面与列强对中国的侵略和掠夺密不可分,另一方面也在一定程度上反映了晚清政府在国内外形势变化下或主动或被动求变的特点。晚清中国税制结构的调整和变革对近代中国社会的经济、财税、贸易等产生了深远影响。

(一)特点

1.直接税比重下降,间接税比重大幅增加。鸦片战争以后,由于列强的侵略,清政府传统的税制结构已不能满足赔款、外债、战争等巨额开支的需求。同时,伴随着资本主义侵略,中国被卷入资本主义世界市场,国内的民族资本主义逐渐发展,在这一背景下,工商业收入越来越占主导地位。由此,晚清政府调整了税制结构,之前传统的以田赋为主的直接税占政府收入的比重逐渐下降,而以关税、盐税、厘金等间接税为主的工商税的比重日益提高并成为政府财税收入的三大主要来源。英国则不同,伴随着英国资本主义的发展和工业革命的完成,英国需要进一步打开国际市场,改革传统税制以适应新形势的要求,由此,19世纪中期以后英国的税制结构与晚清政府不同,间接税所占比重逐渐下降,直接税(尤其是所得税)所占比重日益提高,并开始注意发挥直接税的社会调节功能。

2.晚清中国税制结构的半殖民地半封建特征。与英国不同,晚清中国的税制在列强的侵略下逐渐失去了自主权,具有半殖民地半封建的特征。这一方面表现为海关税、盐税、厘金等收入大部分为偿还赔款、外债上,另一方面也表现为海关税、盐税作为抵押为外国列强所控制。尤其是海关税,自鸦片战争以后,晚清政府的关税制定权、行政管理权、税款使用权都为外国列强所把持,这严重损害了中国的关税独立权,使海关和关税不能起到保护本国民族经济不受外来侵略的作用。而与晚清时期的中国不同,近代英国正处于蓬勃发展阶段,国家拥有独立的主权,建立了资本主义制度,保障了国内民族经济的发展,税制结构的调整和变革完全由本国政府自主决定。

(二)成因

1.外国列强侵略的结果。鸦片战争之后,清政府的财税体制也面临着危机。王开玺认为,鸦片战争之后,清政府经历了三次财政危机:第一次是太平天国

运动时期，第二次是甲午战争时期，第三次是义和团运动之后。到20世纪初辛亥革命爆发时，清政府的财政体系已彻底崩溃了。[①] 在列强的侵略下，清政府传统的财政体制已不能解决赔款、外债、镇压农民起义等开支的需要，由此，晚清政府不得不开征新税、加重旧税。对此，申学锋教授说："摊派与加税几乎成为清政府应对洋款的两根救命稻草。"[②] 政府的税收结构也因此而发生巨大变化，传统的田赋为大宗的直接税占主导地位的税制结构开始向以海关税、盐税、厘金等间接税为主的税制结构演变。有数据显示，鸦片战争之前，清政府财政收入的主要来源是田赋、盐税，其中田赋一项就占政府全部岁入的三分之二。但鸦片战争以后，政府的财政收入除原有的项目以外，又新增了海关税、厘金等。据统计，1911年海关税为3513万两；厘金4318万两；官业收入为6265万两，这三项新增收入达14096万两，几占当年清廷岁收的一半。[③]

晚清中国赋税结构的这一演变趋势一方面说明中国税制结构的近代化调整，另一方面也说明了列强对中国的侵略和掠夺，使晚清中国的税制结构呈现半殖民地半封建的特征。

2. 西方资本主义影响下中国政府主动或被动求变的结果。19世纪中期以后，世界历史发生了重大转折，有学者称之为"大分流"。就19世纪中期以后的英国和中国来说，英国基本上完成了工业革命，实现了现代化，而晚清中国在列强的侵略下逐步沦为半殖民地半封建社会，经历了百余年的屈辱历程。晚清中国的政治、经济、财税、社会结构等都经历了与此前不同的变迁，19世纪中期以后的中国经历了长期的衰落。对此，安格斯·麦迪森认为："19世纪中叶是中国经济从长久繁荣走向长期衰落的转折点。"[④] 为挽救自身的统治，晚清政府在西方资本主义影响下，被动或主动地进行了税制变革，调整了税制结构。

（三）影响

1. 促进了近代中国由传统的农业型财政国家向现代工商业财政国家的转变。鸦片战争以前，中国是传统的封建性的农业型财政国家，以田赋为主的农业税占政府收入的大宗。据统计，1776年，清政府财政收入的70%来源于土地税，

① 参见王开玺：《晚清政治新论》，上卷，北京：商务印书馆2018年版。
② 申学锋：《晚清财政支出政策研究》，北京：中国人民大学出版社2006年版，第91页。
③ 赵尔巽：《清史稿·志一百·食货六》，卷125，北京：中华书局1976年版，第3708页。
④ 倪玉平：《清代关税：1644—1911年》，北京：科学出版社2017年版。

其他来源于各种形式的商业税收。非货币的实物税收仅占20%。[①] 鸦片战争以后、咸丰以前，清政府税收来源主要是田赋、盐课、关税三项。其中来自农业的田赋收入所占比重为 70%—80%，而来自工商的盐、关两税仅占 20%—30%。咸丰以后，特别到了光绪年间，田赋收入比重大为下降，即由 1849 年的 77% 逐渐下降到 1911 年的 27%，而其他三项收入，即盐课、关税、厘金，因都来源于工商领域可合并计算，由 1849 年的 23% 逐渐上升到 1911 年的 73%。这表明在晚清税收结构中，以田赋为代表的农业税已不占主要地位，占主要地位的是以厘金、盐课、海关税为代表的工商税。[②] 鸦片战争以后政府税制结构的这一演变促进了中国由传统的农业型财政国家向现代工商业财政国家的转型。

2. 促进近代中国由国家财政向财政国家的转型。封建中国的财税体制属于国家财政，鸦片战争以后，中国已由传统的农业型财政国家向现代工商业财政国家转型，财政的性质发生了重要变化。对此，倪玉平教授指出："晚清时期，中国已经从农业型财政国家转变为现代、商业型财政国家，其财政特性也随之发生改变，即从一个稳固型的财政演变为扩张型的财政，从一个保守的财政发展为一个先进、更有适应能力的财政。"[③] 倪教授将其概括为"从国家财政转向财政国家"。近代中国由国家财政向财政国家的转型虽然有在列强侵略下被动求变的特点，但也反映了晚清中国政府为适应形势而做出的调整，这一调整与英国同向，能够反映国际税制变革和税制现代化发展的趋势。

综上所述，19 世纪中期以来，因各自的国情及国际形势需要，中英两国的税制结构都发生了调整和变革。在英国，19 世纪中期以后，税制结构变革的基本趋势是间接税比重逐渐下降，直接税比重逐渐提高。到 20 世纪初，直接税首次超过间接税。在间接税上，因国内资本主义的发展及对广大国际市场的需求，英国政府进行了一系列关税改革，取消了此前奉行的重商主义财税政策，废除了《谷物法》，倡导自由贸易，降低甚至取消了多种商品的关税。直接税上，拿破仑战争结束以后，所得税再度被废止，但因政府开支等因素的需求，皮尔再度引入所得税。格拉斯顿执政时期，所得税最终成为英国的常税，所得税占英国政府税收收入的比重逐渐提高，20 世纪初，所得税实行累进征税及区别征税，

---

① 马德斌：《中国经济史的大分流与现代化——一种跨国比较视野》，徐毅、袁为鹏、乔士容译，杭州：浙江大学出版社 2020 年版，第 45 页。

② 邓绍辉：《晚清赋税结构的演变》，《四川师范大学学报》（社会科学版）1997 年第 4 期，第 108 页。

③ 倪玉平：《清代关税：1644—1911 年》，北京：科学出版社 2017 年版，第 3 页。

成为调节贫富差距的重要手段。除所得税外，遗产税也是英国直接税中的重要税种，19世纪末哈考特遗产税改革后，遗产税的比重提高且社会调节功能日益凸显。今天，英国已形成以所得税、遗产税、增值税等直接税与间接税基本并重的税制结构。

与英国不同，近代中国的税制结构则呈现出不一样的特点。鸦片战争之前，中国传统的税制是以田赋为主（土地税为主）的简单直接税占主导地位的税制结构，盐税、关税（常关税）和杂税等间接税所占比重不大。但到鸦片战争爆发以后，伴随着西方资本主义的入侵及资本主义经济因素卷入中国，近代中国的工商业较之前有了较快发展，由此，近代中国的税制结构逐渐由以直接税为主向间接税为主转变，直接税中的田赋所占比重逐渐下降，而盐税、关税（海关税）和厘金为主的间接税则成为政府税收收入的三大主要来源。晚清中国税制结构调整的这一特点与近代以来列强对中国的侵略密切相关，因为列强的侵略，中国要偿付大量的赔款、举借巨额的外债，为此，清政府不断加征旧税、开征新税，这一方面加重了国民的税收负担，激化了国内矛盾；另一方面也反映出近代中国税制结构调整的半殖民地半封建特征，海关、关税、盐税被政府抵押给外国列强，成为列强掠夺中国的重要手段，从而造成了近代中国税制结构的半殖民地半封建化特征。当然，晚清中国税制结构的变革也在一定程度上受西方资本主义税制变革的影响，呈现一定的近代化特征。

19世纪中期至20世纪初中英两国税制结构的异向发展是由两国不同的国情及形势决定的，对两国产生了不同的影响。通过比较19世纪中期至20世纪初中英两国税制结构的不同演变历程，我们可更深入系统地了解中英两国税制的差异和趋同，认识税制对国家发展走向的重要意义。

第四章　赋税用途变迁比较

　　众所周知，税收的主要目的是满足国家和政府的运转需要，向社会提供公共产品，国家职能的扩充必然导致财政开支的增加，而公共财政开支的主要来源则是税收，正所谓"公共事务几乎没有一项不是产生于捐税，或导致捐税"[①]。赋税在很大程度上体现了国家在不同时段的主要经济和政治生活。对此，马克思和恩格斯曾说："国家存在的经济体现就是捐税。"[②] 著名的经济学家马赛厄斯（Mathias）和奥布赖恩（O'Brien）也认为："税收对任何一国的经济和政治具有非常重要的意义。事关一国经济和政治的主题。"[③]

　　近代以来，中英两国的赋税在用途上也有很大差异。就英国而言，19世纪中期以后，税收除了为政府筹集财政收入外，政府开始关注税收的社会调节功能，利用税收杠杆干预养老、失业、财富分配不均、教育等社会问题，推动了英国社会政策和社会保障体系的发展和完善。与英国不同，近代中国的半殖民地半封建社会性质决定了政府税收的主要功能是为政府筹集财政收入，以偿还巨额的赔款、外债、内外战争的军费及政府的日常开支，税收的社会政策功能及社会调节功能未能引起政府重视，也基本上没有发挥作用。比较19世纪中期以来中英两国赋税用途的变化，可看出税收对社会政策的重要作用及对社会发展的重要影响。

---

　　① [法] 托克维尔：《旧制度与大革命》，冯棠 译，北京：商务印书馆1992年版，第127页。

　　② 《马克思恩格斯全集》，第9卷，北京：人民出版社1982年版，第50页。

　　③ J.V.Beckett & Michael Turner, "Taxation and Economic Growth in Eighteenth-Century England", *Economic History Review*,Vol.43,No.3(1990),p.380.

第一节 英国的赋税用途演变

与 18 世纪税收主要用于战争不同，19、20 世纪，伴随着工业革命而来的国民财富的大量增长，贫穷、失业、财富分配不均等社会问题日益严重，由此，英国政府和社会各阶层开始思考此前的税制，认为税收在满足政府财政收入需求的同时，还需要发挥其社会调节功能，政府也不能再像以前一样不干预或很少干预社会政策，而是应该充分发挥政府的干预作用，用税收手段解决社会财富再分配、失业、养老、教育等社会问题。

19 世纪是英国历史上的黄金时期，经过了 18 世纪工业革命的发展，19 世纪 40 年代英国工业革命已基本完成。机器大生产导致英国国民财富急剧增长，至 19 世纪 70 年代，英国的国际地位位居世界第一，被称为"世界工厂"和"日不落帝国"。然而 19 世纪 70 年代后，尤其是 19 世纪末 20 世纪初，英国在享受巨大的帝国荣誉的同时，还面临着一系列社会问题，比如贫困、失业、社会财富分配不均等，这些问题在英国急于发展国家经济时未能引起政府的高度关注。到 19 世纪末 20 世纪初，上述问题日益严重，由此，要求政府干预和解决上述社会问题的新古典政治经济学兴起，他们主张政府用税收杠杆作为调节、缓解贫困、失业、财富分配不均的重要武器。有鉴于此，"建设性税制"改革思想应运而生并对政府的税制改革和社会政策调整产生了重要影响。19 世纪末 20 世纪初的遗产税、所得税改革、"人民预算"的通过等都是"建设性税制"改革思想在实践中的重要表现。"建设性税制"改革为英国积累了较多的社会财富，也为政府社会政策的实施积聚了大量可以运用的资金，在这样的背景下，《养老金法案》《国民保险法案》等一系列涉及养老、失业、健康、教育等的社会政策出台，这是英国政府运用国家力量推行社会政策、实行社会控制[1]的有益实践，是政府用软权力[2]解决社会问题的重要尝试，为国家现代化和政府管理社会提供了非常有意义的借鉴。

---

① 陈晓律：《以社会福利促社会控制——英国的经验》，载《经济 - 社会史评论》，第四辑，北京：生活·读书·新知三联书店 2008 年版，第 13—22 页。

② 社会控制的方式可分为"硬"和"软"两种，"硬权力"表现为暴力；"软权力"则代表社会福利等一系列非暴力手段。

一、税收与养老

1.1908 年《养老金法案》。在英国,养老金的历史自中世纪即已有之。但那时的养老金范围较窄且数额有限,不能满足 20 世纪初的形势需求。19 世纪末 20 世纪初,英国老年人口数量增长迅速,老年人的养老问题迫切需要得到解决。据统计,19 世纪 70 年代后,英国 65 岁以上的老年人口增长很快,由 1871 年的 1248800 人增加到 1911 年的 2136000 人。伴随着老年人口的增加,老年贫困问题日益凸显。据英国社会学家布思统计,19 世纪末,英国 60—65 岁老人的贫困率为 10%,65—70 岁老人为 20%,70—75 岁为 30%,75 岁以上为 40%。整个 19 世纪 90 年代,至少 40% 的英国老年人及小手工业者遭受贫困的威胁。[1] 老年人养老问题的解决需要不仅需要政府的干预,而且还需要大量的政府财政收入支持。据统计,1908 年,英国的财政收入有 4,726,000 镑的盈余。在这样的情况下,阿斯奎斯指出:“实行养老金计划不仅在实际上是可行的,而且在操作上也是顺畅的和容易的。”[2] “在新的背景下,议会没有任何捷径可走。我们不能因为这项任务的困难和复杂而就此止步。我们应该首先迈出完成这项伟大而仁慈的任务的第一步。”[3] 有了政府的财政支持和政府干预,1908 年《养老金法案》出台。规定:在英国凡年满 70 岁的老人,只要满足该法的相关条例,就可以拿到免费的养老金。该笔财政支出都由当时的议会拨款支付。支付的方案是根据年龄确定数额,同时确定了所领养老金的最高值。下表是有关养老金领取的不同等级及数额。

表 4-1 1908 年《养老金法案》规定的养老金分类及领取数额[4]

领取养老金的年收入分类	领取养老金的周数额(先令)
低于 21 镑	5
21 至 23 镑 12 先令 6 便士	4
23 镑 12 先令 6 便士至 26 镑 5 先令	3

[1] Doreen Collins, "The Introduction of The Old Age Pension in Great Britain", *The Historical Journal*,1965,No.2.pp.247-248.

[2] J.F.Rees,*A Short Fiscal and Financial History of England,1815-1918*,London:Methuen & Co.ltd., 1921,p.194.

[3] Ronald V.Sires, "The Beginnings of British Legislation for Old-Age Pensions", *The Journal of Economic History*,Vol.14,No.3(Summer,1954),p.249.

[4] David C.Douglas,*English Historical Documents*,Eyre & Spottiswoode Ltd.,1977,pp.582-585.

续表

领取养老金的年收入分类	领取养老金的周数额（先令）
26 镑 5 先令至 28 镑 17 先令 6 便士	2
28 镑 17 先令 6 便士至 31 镑 10 先令	1
31 镑 10 先令以上	不能领取养老金

1908 年《养老金法案》实施后，领取国家养老金的人数及养老金支出不断上升。如下表 4-2 所示。

表 4-2　养老金法案实施后领取国家养老金的人数及养老金支出表 [1]

时间	领取养老金的人数	养老金开支（单位：百万镑）
1909—1910	647,497	8.6
1910—1911	699,352	9.67
1911—1912	907,461	11.3
1912—1913	942,160	12.41
1913—1914	967,921	12.53

由表 4-2 可见，《养老金法案》实施后，英国领取养老金的人数及养老金开支迅速增长。法案实施后受到了普遍称赞，人们将 1909 年的 1 月 1 日称为"养老金日"，在那天的若干条幅上写着"养老金日，幸福的退伍老兵，国家荣誉的恢复，伟大的新年"等标语。等着领取养老金的人们老早就等在邮局门口，当他们数着手中领到的养老金时，他们简直不相信这是真的。在布里格豪斯（Brighouse），领到养老金的人看起来非常吃惊，他们慢慢数着手里的养老金看数额是否正确，然后慢慢地离开了邮局，脸上挂着微笑。[2]

1908 年《养老金法案》是 20 世纪英国一系列伟大改革的第一次，它不仅规定 70 周岁以上的老人可以免费领取养老金，而且还规定不得因领取养老金而剥夺其应享有的选举权等任何一切权利。[3] 同时，法案还规定所有的养老金一律由议会拨款支付。1908 年《养老金法案》是英国政府第一次明确国家承担社

---

① Martin Pugh, "Working-class Experience and State Social Welfare,1908-1914:Old Age Pensions Reconsidered", *The Historical Journal*,Vol.45,No.4(2002),p.784.

② Martin Pugh, "Working-class Experience and State Social Welfare,1908-1914:Old Age Pensions Reconsidered", *The Historical Journal*,Vol.45,No.4(2002),pp.788-789.

③ Doreen Collins, "The Introduction of Old Age Pensions in Great Britain", *The Historical Journal*,Vol.8, No.2(1965),p.259.

会责任、干预社会生活。"它开创了以国家财政手段来保证社会保障得以施行的先河。"①《养老金法案》是英国历史上第一个由国家承担费用并组织实施的社会福利政策立法，是英国步入现代福利国家的重要开端，也是英国政府运用软权力实行社会控制②的重要手段。1908 年的《养老金法案》与 1911 年的《国民保险法》及其他各种社会立法结合起来，在英国建立起具有现代性质的社会保障制度。

2. 第一次世界大战期间的养老金问题。第一次世界大战爆发后，英国政府的开支除主要用于战争外，养老年金并没有因战争而削减，仍然保持了一个与战前相比稳定的开支。1908 年《养老金法案》是英国政府开始积极参与社会公共事务的开始，当时的《养老金法案》的确给予年满 70 岁老人的晚年生活以重要的保障，该法案由此也获得了英国领取养老金的老年人的赞赏。但第一次世界大战爆发后，因战争导致的物价上涨再加之 1908 年《养老金法案》的一些弊端被重新认识，致使英国政府在第一次世界大战期间对此前的《养老金法案》进行了调整和变革。1908 年的《养老金法案》中规定的领取养老金的年龄限制是年满 70 岁，领取养老金的数额是每周 5 先令（在当时仅相当于一个工人每周工资额 1/5）。但第一次世界大战的爆发致使物价上涨，之前的每周 5 先令的养老金便再也不能起到战争之前对老年人的帮助作用了。有关一战期间的物价上涨指数，若以 1914 年 7 月为 100，至 1918 年 7 月的 4 年间，每年 7 月的物价指数分别是 132、161、204、210。③如此看来，若继续采用以前的养老金标准则不能保证老年人的日常生活所需。在这样的背景下，英国工党和工会会员要求政府考虑物价上涨的因素，适当提高养老金的给付标准并对 1908 年《养老金法案》中的一些弊端加以改革。在工人阶级的强烈要求下，为保证战争的顺利进行和战时联合内阁的统一，英国政府于 1915 年 10 月通过《海陆军战争养老金法案》，规定：战争期间给予老年人以养老金之外每周 3 先令的补贴，而且老年人不会因领取了这一补贴而被取消消受养老金的资格。④此补贴法的通过暂时缓解了老年人的生活困境，但因其是一种战时临时行为且独立于整体的养老金法案之外而显得不足。故而，英国工人阶级对该法案并不满意并继续为

---

① 李琮：《西欧社会保障制度》，北京：中国社会科学出版社 1989 年版，第 187 页。
② 陈晓律：《以社会福利促社会控制——英国的经验》，载《经济—社会史评论》，第四辑，北京：生活·读书·新知三联书店 2008 年版，第 13—22 页。
③ 汪建强：《20 世纪英国养老金制度研究》，济南：齐鲁书社 2011 年版，第 87 页。
④ 汪建强：《20 世纪英国养老金制度研究》，济南：齐鲁书社 2011 年版，第 89 页。

之与执政党博弈。1916 年 7 月，全国养老金大会（National Conference on Old Age Pensions）成立，提出有关养老金的两点要求：第一，要求审查条件的彻底取消①；第二，将此前的养老金提高 2 先令 6 便士。在工党的要求下，英国政府于 8 月建立了一个补充津贴制度，规定：对那些因物价上涨而过着"特别艰难"生活的老年人的每周养老金津贴每周增加 2 先令 6 便士。② 通过上述第一次世界大战期间英国养老金的变化可见，尽管战争是当时英国政府要应对的首要大事，但政府在战争期间亦不是一无作为。比如，在取消审查资格方面、在年龄限制方面等都有所改进。③

3.第一次世界大战结束后的养老金改革。1908 年英国通过《养老金法案》，规定年满 70 岁以上的老人可领取一定数额的养老金，这是 20 世纪初英国政府明确承担养老责任的标志，是英国迈向福利国家的第一步。然而，1914 年第一次世界大战的爆发使英国的养老问题一度搁置。第一次世界大战后，联合政府首相劳合·乔治即开始着手处理养老金问题。1919 年 4 月，劳合·乔治任命自由党议员阿特金斯组成专门调查养老金的委员会，调查英国的养老金问题并提出具体方案，因此被称为"阿特金斯委员会"。阿特金斯委员会成立后，针对英国养老金者的生活状况、现行养老金制度的效果及运行情况进行了调查，并于 1919 年 12 月向议会提交"阿特金斯委员会报告"。该报告在议会中经过激烈争论后最终获得议会通过成为法律，这就是我们熟知的 1919 年《养老金修正案》（*Old Age Pensions Amending Bill*），法案规定把养老金的标准增加到每周 10 先令，④ 同时延续之前的财产资格条件审查，规定凡年收入在 26 镑 5 先令至 49 镑 8 先令之间的英国国民，都可领取养老金。⑤1919 年"阿特金斯委员会"的报告及《养老金修正案》的通过是第一次世界大战结束后英国在社会政策领域的重大举措，它缓解了英国的社会贫困及养老问题。然而，1920 年 5 月，英国经

---

① 1908 年《养老金法案》规定了领取养老金的资格：第一，年满 70 岁（1911 年英国人的平均寿命是 63.7 岁）；第二，年收入不得超过 31 英镑 10 先令；第三，申请人必须向养老金管理机构提交真实材料证明其在成为养老金领取者之前作为英国公民至少已达 20 年，并居住在联合王国的土地上也已达 20 年；第四，犯罪的、不努力工作的和精神有疾病的被排除在外。

② 汪建强：《20 世纪英国养老金制度研究》，济南：齐鲁书社 2011 年版，第 91 页。

③ 到 1917 年 8 月，劳合·乔治又将所谓的"生活特别艰难"的条件限制取消，英国养老金领取的资格审查条件进一步放宽。

④ 1908 年《养老金法案》中规定每周的给付标准是 5 先令。但第一次世界大战以来英国物价指数的上涨使得每周 5 先令的标准远远不能满足需要。

⑤ P.Thane,*Foundations of the Welfare State*,Addison Wesley Longman Ltd.,1996,p.134.

济重又陷入困境[①]，对此，奇波拉说："1920年4月一切都很好，到1921年4月一切都很糟。"[②]

在这样的情况下，劳合·乔治任命艾瑞克·戈德斯为主席组成专门委员会为来年预算进行评估并提出可行性报告，这就是著名的"戈德斯斧"（或称"戈德斯大削减"）。1922年2月报告问世，其中心思想是对政府的所有开支进行大幅度削减，包括教育经费、养老金、对失业者的补贴、儿童福利等。对此，劳合·乔治说："鉴于我们发现自己正处于这个国家有史以来最为严重的经济萧条之中，许多在正常情况下我们认为是必要的费用支出项目在现在的条件下我们可能将不再负担得起了。"[③]劳合·乔治的这一做法使之不仅失去了左翼力量的支持，而且相对温和的保守党人亦因反感"戈德斯大削减"而与之疏离。结果导致联合政府统治结束，保守党上台执政。1922年11月，保守党领袖博纳·劳出任首相，1923年5月，鲍德温接替博纳·劳任新首相，张伯伦任财政大臣。保守党执政后，尽管他们希望通过减轻税收的方式解除英国工业发展的负担，以恢复和发展英国经济。但在社会政策领域，保守党吸取劳合·乔治的教训，在养老金问题上，组成了安德森委员会，委员会在报告中建议将65岁至70岁的老年人的养老纳入缴费制养老金制度中。该计划还未得以实施，1924年1月，工党上台执政，这是工党第一次单独执政。对此，麦克唐纳说："我的前任有现成的秘书和运转机器，而我却什么都没有，必须白手起家。"[④]工党执政后，在养老金问题上还是提出了自己的政策主张。当时的财政大臣斯诺登主张建立和实施完全的免费养老金制度，在斯诺登的财政预算中，斯诺登提出：该计划的支持费用总计达3800万镑；将领取养老金的起始年龄降低到65岁，实行寡妇养老金制度；向所有每周收入15先令的老年人提供每周10先令的养老金，每周收入34先令者可领取按比例减少了的养老金。根据斯诺登的估计，这一养老金计划将会使领取养老金者增加5万人，使70%的65岁以上老年人能领取到养老金。然而，斯诺登的计划并未来得及实施，因工党执政后试图在与苏联的

---

① 1919年4月至1920年5月，英国经济因战时被压抑的需求得到释放而经济出现短暂的繁荣。

② ［意］卡洛·M.奇波拉：《欧洲经济史》，第六卷上册，李子英等译，北京：商务印书馆1991年版，第103页。

③ 汪建强：《20世纪英国养老金制度研究》，济南：齐鲁书社2011年版，第107页。

④ 汪建强：《20世纪英国养老金制度研究》，济南：齐鲁书社2011年版，第110页。

关系上有所改善，这激起了保守党和自由党的怀疑和反对。① 在这样的背景下，保守党和自由党联合起来推翻了工党政府，斯诺登的养老金计划被搁浅。在随后的 1924 年 10 月大选中，保守党获胜，鲍德温任首相。在养老金问题上，保守党政府提出："我们将把工党只停留在口头上的养老金付诸实际。"1925 年 8 月 7 日，英国议会批准了养老金法案。该法案的全称是《寡妇、孤儿、老年人缴费养老金法案》(*The widows', orphans' and old age contributory pensions bill*)，法案规定："一、向过世的被保险人遗孀提供每周 10 先令的养老金，向其 14 岁以下的长子（长女）提供每周 5 先令的补助，直到 14 岁，其他孩子给予每周 3 先令的补助，直到 14 岁；二、向过世的被保险人的孤儿每周提供 7 先令 6 便士补助，直到 14 岁；三、从 1926 年 7 月 2 日开始向所有 70 岁以上的老年人提供每周 10 先令补助，且不带有任何财产状况调查；四、从 1928 年 8 月开始向年龄在 65 至 70 岁的被保险人提供每周 10 先令的养老金，70 岁以后进入免费养老金系统。同时，财政部设立专门的'财政养老金账户'，每年支付约 400 万镑的养老金费用。"② 1925 年的养老金法案引入了缴费制养老金，这一方面减轻了国家的财政负担，另一方面开始逐步体现个人权利与义务的结合。该法案实行后，当时负责法案的张伯伦受到了保守党的一致称赞："他抓住了机会使养老金问题成为新保守主义的一面旗帜。"自 1925 年以后至第二次世界大战爆发，英国养老金问题争论的焦点主要是提高国家养老金的给付额。第一次世界大战以后，英国接受养老金的人数明显增加，政府在养老金上的开支亦大为提高。据统计，1933 年，英国政府在养老金等上的投入是 5,000 镑，1934 年则提升到 6,000 镑。③ 1937 年，英国政府针对没有参加国民保险的收入较高者，颁布了面向寡妇、孤儿和老年人的自愿缴费养老金法案。1939 年第二次世界大战爆发及二战以后，英国的养老金制度又经过了一系列调整与变革。

二、税收与失业保险

1. 1911 年《国民保险法》之失业问题。1908 年《养老金法案》通过后，财政大臣劳合·乔治立刻着手建立国民健康保险制度。国民保险包括国民健康保

---

① 实际上，工党自一开始产生就已经引起英国保守党和自由党的恐慌和担忧，他们认为："在大英帝国的历史上，一个革命党第一次把手伸向了国家。……这种变化将摧毁文明社会生活的根基。"——参见汪建强：《20 世纪英国养老金制度研究》，济南：齐鲁书社 2011 年版，第 110 页。

② 汪建强：《20 世纪英国养老金制度研究》，济南：齐鲁书社 2011 年版，第 116—119 页。

③ 何炳松：《英国财务论》，北京：商务印书馆 1936 年版，第 104 页。

险和失业保险两部分。

就国民失业保险而言，有关 19 世纪末 20 世纪初英国的失业情况前此已有叙述，失业问题的日益严重使得政府不得不考虑如何应对工人的失业问题。20 世纪初，伴随着政府社会政策理念的变化，英国政府认识到要加大国家在社会政策上的干预力度，承担解决社会不公正的责任并履行相应的义务。加之 20 世纪初税制变迁给政府带来了可供社会改革利用的财源，《失业保险法》得以付诸实践。法令规定：任何未被雇佣的符合法令规定的条件 [1] 的失业者都可领取一定数额的失业保险津贴。失业保险暂时只包括 7 个行业，这些都是处于衰退之中或动荡不安的行业，如建筑、土木工程、造船、铸铁、车辆装配等。大约有 500 万工人在这些行业就业。雇主每周为每个投保雇员缴纳 2.5 便士，雇员本人缴纳 2.5 便士，政府则补贴上述两项款项总数的 1/3，大约每周 1⅔便士。[2] 年龄不满 18 岁者，每周缴纳 1 便士。国家垫付工人及雇主缴款和的 1/3。具备领取失业保险津贴资格者，从失业后的第 2 周开始每周可领取 7 先令。年龄不满 17 岁者不能领取失业保险津贴；年龄在 17—18 岁之间者，只能领取半额的失业保险津贴。被保险人每缴纳 5 次失业保险费，才能享受 1 周的失业保险津贴，在 1 年中领取失业保险津贴的时间最多不能超过 15 周。失业保险津贴的申请、发放、仲裁调解等事务均由依该法指定的失业保险官员处理。[3]《失业保险法》通过后，雇主、国家在失业保险津贴上的贡献额基本上呈增加趋势。国家的津贴数额由 1912 年的 378,000 镑增加到 1921 年的 2,168,239 镑，其增幅达到了 574%。[4]

1911 年《国民保险法》的实施是国家对健康、失业等社会问题承担责任的

[1] 规定的条件是指：申请人在过去的 5 年中曾在该法所规定的上述行业中工作 26 周以上；申请人以规定的方式提出申请并且自申请之日起一直失业；申请人能够工作但未能得到合适的就业机会；申请人有资格领取失业津贴。有下列情况之一的被保险人，不得领取失业保险津贴：工人因为发生在工厂、车间及其他类似地方的纠纷而停止工作造成失业，只要这种停工状态处于继续之中，即无资格领取失业保险津贴；工人由于不良行为或毫无正当理由而自愿放弃工作，从其放弃工作之日起 6 周内没有资格领取失业保险津贴；被拘禁于监狱或住在由公共基金维持的济贫院及其他同类地方的人没有资格领取失业保险津贴；居住在英国以外者也没有资格领取失业保险津贴；领取任何健康保险津贴者无资格领取失业保险津贴。

[2] Derek Fraser,*The Evolution of the British Welfare State*,Macmillan Publishers Ltd.,1978, pp.160-161.

[3] Roy Douglas,*English Historical Documents*,Eyre & Spottiswoode Ltd.,1977,pp.597-602.

[4] Jose Harris,*Unemployment and Politics:A Study in English Social Policy,1886-1914*,Oxford:Oxford University Press,1972,p.379.

重要转折，是 20 世纪英国重要的社会发明之一，体现了个人与国家间关系的重大转变，"是英国福利调控史上的一个重要转折点"[1]。

综上，无论是 1908 年的《养老金法案》还是 1911 年的《国民保险法》，其在理论和实践上都与英国的税收有着密切的联系。因为其中国家财政贡献的部分基本上都来自税收，尤其是遗产税、所得税等直接税（此时间接税在英国税制中的比重已大大降低，低于直接税）。这一时期英国的其他福利规定的资金来源主要是税收，但税收的来源有所变化。1906 年，地方当局被授权给予一定年龄的儿童提供免费的膳食（school meals）。1914 年，免费的膳食支出不再由地方政府全部承担，而是由中央政府承担其中的一半费用。对此，劳合·乔治说："我们希望在福利问题上能够包括最大多数的英国国民，我们需要整合国家资源。《国民保险法》是盎格鲁 - 撒克逊历史上所实行过的最大胆的、范围最广的社会立法改革。"[2]《国民保险法》实施后，英国享受国民保险的人数大大增加。据统计，1911 年，英国的人口是 45,368,675 人，其中 1912—1913 年享受保险津贴的人数就达到了 13,089,000 人。[3]

2. 第一次世界大战结束后的失业政策。伴随着 20 世纪 20 年代英国短暂"繁荣"的结束，英国的经济陷入困境，失业人数增多。据统计，1913—1924 年，英国的失业人数由 300,000 人增加到 800,000 人。[4] 有鉴于此，1920 年，联合政府颁布了《失业保险法》。该保险法将失业保险的范围进一步扩大，实际上包括所有年收入 250 镑以上的工人，并同时为失业者家庭提供补贴。[5] 据统计，1920 年《失业保险法》覆盖了 1,200 万工资收入者。[6] 这与 1911 年的《失业保险法》相比是巨大的进步。[7] 据统计，1913 年英国失业保险金的数额达 1,648,907

①　吴必康：《英美现代社会调控机制》，北京：人民出版社 2002 年版，第 155 页。

②　Edward Porritt，"The British National Insurance Act"，*Political Science Quarterly*，Vol.27，No.2 (Jun.，1912)，p.260.

③　Edward Porritt，"The British National Insurance Act"，*Political Science Quarterly*，Vol.27，No.2 (Jun.，1912)，p.272.

④　P.Ford and G.Ford，*A Breviate of Parliamentary Papers,1917-1939*，Basil Blackwell，1951，p.161.

⑤　Derek Fraser，*The Evolution of the British Welfare State*，Second Edition，Macmillan publishers Ltd.，1984，p.184.

⑥　Leonard Dudley and Ulrich Witt，"Arms and the Man:World War I and the Rise of the Welfare State"，Kyklos，Vol.57，2004，p.475.

⑦　1911 年的《失业保险法》仅涉及建筑、造船等行业，覆盖人口约 200 万。

镑，到 1920 年 11 月则提高到 21,325,568 镑。[1] 到 1921 年，因英国经济不景气，政府将失业保险金由 20 先令降到 15 先令。1921 年 3 月，英国议会通过了给予失业者 32 周的无任何条件限制的失业津贴。[2] 此外，第一次世界大战后，英国传统的工业部门，如煤炭、纺织、钢铁、造船、重机械等已经失去了传统的在世界贸易中的地位，新兴的石油、电力开始取代煤炭，汽车开始取代铁路，人造纤维和塑料开始取代棉花和其他传统产业。由此带来的不可避免的结果是旧的传统工业部门的大量失业，例如，煤矿业。据统计，1922 年 8 月，英国英格兰东北部的哈特尔普尔（Hartlepool），60% 的工人失业；在附近的蒂斯河畔斯托克顿，将近 49% 的人没有工作。同样地，在传统的造船业城市巴罗弗内斯，其失业人数亦居高不下。1921—1939 年，英国的失业人数从未低于 100 万人。[3] 对此，保守党首相鲍德温说："失业是我们国家的严重问题。如果我能够同它斗争，如果我愿意同它斗争，我不能赤手空拳。"[4] 1924 年大选中，工党在其竞选宣言中说："工党的口号仍然是工作或生活（work or maintenance）。"[5] 于是，新政府执政后做的第一件事情就是改善失业保险制度，将失业男子的补助金由 1920 年的每周 15 先令增加为 18 先令，失业工人的小孩每人由 1921 年的每周 1 先令增加为 2 先令。[6] 然而，1929 年世界性经济危机的爆发又加重了英国的失业。据统计，1929 年 9 月，英国的失业人口达 1,150,000 人，到 1930 年 2 月，英国的失业人数已经上升到 1,500,000 人，到 1932 年后期，失业人口已达 2,757,000 人。其中，60% 的失业人口是造船业及相关行业，46% 集中在钢铁行业。其中，1933 年 7 月，英国长期失业的人数已经超过 480,000 人。据统计，1929 年，每 100 个在职业介绍所排队寻找工作的人中，就有 5 个或 6 个人长期失业；1932 年，每 100 个人中有 20 个长期失业；1933 年中，每 100 人中

---

[1] Helen Leland Witmer, "Unemployment Insurance in England today", *Social Forces*, Vol.8, No.3(Mar., 1930), p.434.

[2] W.G.Runciman, "Has British Capitalism Changed since the First World War?", *The British Journal of Sociology*, Vol.44, No.1(Mar., 1993), p.57.

[3] C.L.Case and D.J.Hall, *A Social and Economic History of Britain, 1700-1976*, Second Edition, Edward Arnold, 1977, p.97.

[4] T.F. 林赛 迈克尔·哈林顿：《英国保守党：1918—1970》，复旦大学世界经济研究所译，上海：上海译文出版社 1979 年版，第 37—38 页。

[5] Iain Dale, *Labour Party General Election Manifestos, 1900-1997*, London and New York: Routledge, 2000, p.29.

[6] 陈晓律、陈祖洲：《当代英国》，贵阳：贵州人民出版社 2000 年版，第 134 页。

就有 25 人长期失业。[①]1929 年，英国参加保险的失业人数达 10.4%，1930 年上升到 16.1%，1931 年达 21.3%。[②] 到 1932 年，英国失业人数达到 270 万人。[③] 到 1933 年 1 月，英国失业人数达到 295 万人。[④] 总体说来，1921 年至 1938 年间，英国的失业率保持在 11% 左右。[⑤] 最高年份达到 22.5%。[⑥]

严重的失业必将引起工人的恐惧及社会的不稳定，对此，霍恩（Sir R.Horne）说："失业是工人的灾难，工人对失业的恐惧是社会不稳定、不和谐的主要原因。如果我们能够消除工人对失业的恐惧，我相信我们能够创造一个和谐和幸福的氛围。工人对失业的恐惧是国家繁荣的巨大障碍。"[⑦]1926 年大罢工是因煤矿工厂主削减工资和增加工时而引起的，罢工中，煤矿工人组成统一的委员会，其口号是"不削减一便士收入，不增加一分钟工时"（not a penny off the pay,not a minute on the day）[⑧]。第一次世界大战后因失业而引起的工人罢工频频出现，到 1929 年世界性经济危机爆发后，英国的失业现象更为严重。

为解决日益严重的失业问题，1924 年，工党执政后复又将失业保险金提升到 18 先令。1928 年 4 月，英国通过了第 18 个《失业保险法》，将享受失业保险的人数扩展至 1,200 万人。[⑨] 据统计，1929 年 9 月，英国有 43,000 男性申请失业津贴，到 1937 年 8 月，人数增加到 288,000 人。[⑩]1929 年，公共援助委员会建立，专门管理失业保险金，由此，《济贫法》委员会寿终正寝。据统计，到 1931 年，工党政府在失业上的财政支出已经达到 7000 万镑，而且这个数字还

---

① B.W.Clapp,*Documents in English Economic History*,London:G.Bell & Sons Ltd.,1976,pp.54-55.

② Roy Douglas,*Taxation in Britain since 1660*,Macmillan Press Ltd.,1999,p.118.

③ Edward Royle,*Modern Britain,a Social History 1750-1997*,Second Edition,Arnold,1997,p.175.

④ T.F.Lindsay and Michael Harrington,*The Conservative Party,1918-1979*,Second Edtion,The Macmillan Press Ltd.,1979,p.116

⑤ Patrick K.O'Brien, "Britain's Economy between the Wars:A Survey of a Counter-Revolution in Economic History" ,*Past & Present*,No.115(May.,1987),p.113.

⑥ B.R.Mitchell,*European Historical Statistics,1750-1970*,The Macmillan Press Ltd.,1978,pp.66-69.

⑦ B.W.Clapp,*Documents in English Economic History*,London:G.Bell & Sons Ltd.,1976,p.437.

⑧ C.L.Case and D.J.Hall,*A Social and Economic History of Britain, 1700-1976*, Second Edition,Edward Arnold,1977,p.98.

⑨ Helen Leland Witmer, "Unemployment Insurance in England today" , *Social Forces*,Vol.8,No.3(Mar., 1930),p.433.

⑩ N.F.R.Crafts, "Long-term Unemployment in Britain in the 1930s" , *Economic History Review*,2nd series,Vol.40,No.3(Aug.,1987),p.419.

在不断地上升。[1] 到 1929 年，英国成年男性申请失业津贴的人数占所有申请者的 86%，而到 1932 年则上升到 91%。[2] 1934 年，英国政府通过《失业法案》，《失业法案》分两部分：一、失业保险；二、失业救助。法案规定：扩大强制保险的范围，计划到 1937 年扩大到 1420 万工人；失业保险的费用在雇主、工人和国家三者间平均分配；针对那些没有参加失业保险的人新建立一个失业救助委员会，为所有有劳动能力的失业者提供国家援助，其资金支持有两条途径：一、由公共原则委员会拨款 800,000 镑；二、由公共原则委员会再拨款 200,000 镑用于失业救济。1934 年《失业法案》实施后，标志着 1834 年英国《新济贫法》时代的终结。[3] 据统计，第一次世界大战后，英国用于失业问题的开支大大增加。我们以 1929 年至 1938 年间为例进行说明：

表 4-3 1929 年至 1938 年间英国政府用于解决失业问题的费用指数 [4]

年度	失业率（%）	平均失业周数	失业开支指数（1929=100）
1929	10.4	22.3	100
1932	22.1	33.2	316.4
1933	19.9	39.0	334.6
1934	16.7	38.5	277.2
1935	15.5	40.4	270.0
1936	13.1	40.2	227.1
1937	10.8	41.6	193.7
1938	12.9	36.4	202.5

由上表可见，1929 年至 1938 年间，伴随着英国失业的变化，政府在失业问题上投入了相当大的资金。这对缓解失业问题、保持社会稳定具有非常重要的意义。

---

① Andrew Thorpe,*A history of the British Labour party*,Third Edition,Palgrave Macmillan, 2008,p.77.

② N.F.R.Crafts, "Long-term Unemployment in Britain in the 1930s",*Economic History Review*,2nd series,Vol.40,No.3(Aug.,1987),p.419.

③ Derek Fraser,*The Evolution of the British Welfare State*,Second Edition,Macmillan Publishers Ltd.,1984,pp.196-197.

④ N.F.R.Crafts, "Long-term Unemployment in Britain in the 1930s",*Economic History Review*,2nd series,Vol.40,No.3(Aug.,1987),p.427.

三、税收与教育

1. 19 世纪 70 年代的一系列教育法案。除《养老金法案》和《国民保险法》外，19 世纪末 20 世纪初英国政府还加强了对教育的重视。对此，阿斯奎斯说："假若我们眼皮下的帝国中心，总可以发现大批的人不能接受教育，根本没有可能过上任何真正意义上的社会生活，空谈帝国又有什么用呢？"[①]19 世纪末 20 世纪初英国政府出台了一系列的教育法案，对教育进行了一系列调整和改革。

1870 年，英国政府通过了福斯特《初等教育法》，此教育法由时任枢密院教育委员会副主任威廉·福斯特提出，故又称《福斯特教育法》，这是英国教育史上的第一部立法。此法案颁布之前，英国的学校主要由私人或某些私人集团建立，国家的主要作用是给予这些学校以建校的物质帮助以及帮助支付教师的工资。此时，英国尚没有国家或地方政府意义上的学校，这样就给英国学校的发展造成了很大的阻碍。再加上工业革命对技工的教育要求日渐增强，使得国家对学校的教育干预变得更为迫切。而工业革命积聚的社会财富的大量增长也为政府投资教育奠定了物质基础，在上述背景下，《1870 年教育法》出台。《法案》规定：5—12 岁的儿童必须接受义务教育，若家长无正当理由而不让子女入学，则给予 5 先令以下罚款。1876 年，议会批准《桑登法》，明确规定了儿童接受初等教育的法律责任。1880 年，英国议会通过《芒代拉法》，对 5—13 岁儿童入学接受教育的条件进行了相关规定，这是英国初等义务教育体系正式确立的标志。英国政府相继通过的一系列教育法案和在教育上的投资大幅增加，据统计，19 世纪 70 至 80 年代中期，英国仅教育一项的开支就达到 325 万镑。[②] 若以 1880—1881 年度和 1884—1885 年度英国的教育及科学、艺术开支而言，1880—1881 年的开支是 430 万镑，而 1884—1885 年度则增加到 517 万镑。[③]19 世纪 90 年代政府又出台了《免费义务教育法》，要求 10 岁以上的儿童必须接受教育。19 世纪 70 年代以后政府对教育的干预和投入主要集中在初等教育上，中等教育并没有涉及，为此，1902 年英国首相在下院演讲时说："初等教育制度与中等教育制度缺乏合理的或有机的联系，中等教育制度作为与整个教育大厦之顶的大学教育也未衔接好……只有在一个良好的普通中等教育基础上，才

---

① 钱乘旦、陈晓律：《英国文化模式溯源》，成都：四川人民出版社 2004 年版，第 117 页。

② Stephen Dowell, *A History of Taxation and Taxes in England*, Vol.2 ,Frank Cass & Co.Ltd. 1965,p.389.

③ Stephen Dowell, *A History of Taxation and Taxes in England*, Vol.2 ,Frank Cass & Co.Ltd. 1965,p.426.

能妥善地进行高等技术教育。"①1902 年 12 月 18 日议会通过《1902 年教育法》，规定：废除原来的地方教育委员会，在各郡和郡自治市设立地方教育当局，地方教育当局有权建立中等学校并用地方税款提供资助。②《1902 年教育法》是英国教育史上的一个重要标志，该法是英国发展中等教育的标志，打破了由特权阶层垄断中等教育的观念和状态，"1902 年教育法在英国历史上具有革命性意义"③。格利佛认为："从积极的角度分析，《1902 年教育法》接受了普及中等教育的原则，它建立的教育行政体系一直延续至今。"④1906 年，英国政府又通过了《1906 年教育法》，规定：学校必须向小学生提供饭食，不过可以向家长收取少量的餐费。1907 年教育法规定，学校必须建有自己独立的医疗室，给孩子提供完善的医疗服务，保证孩子的健康。其后学校开始对家庭不富裕者提供午餐。英国政府 19 世纪末 20 世纪初实施的一系列基础教育政策是政府干预社会政策的重要表现，也是政府履行公共服务责任的重要标志。

19 世纪末 20 世纪初英国政府通过的一系列教育改革大大提高了英国国民的文化素养，正如尼古拉斯·巴尔所言："制定以上这些法案的动机部分出自于人道主义的考虑，更主要的是出自于提高国民效率的考虑。"⑤1870 年教育改革后至 1913 年，英国的识字率又远远高于其他国家。这其中与政府对教育的大力干预和投入是分不开的。19 世纪 70 年代后，政府用于教育的开支亦明显增长，据统计，1891—1895 年用于教育的开支是 19800 镑；1896—1900 年是 29200 镑；1901—1903 年是 41100 镑；1904—1905 年是 97200 镑；1906—1910 年是 129200 镑；1911—1913 年是 142200 镑。⑥

综上，19 世纪末 20 世纪初，英国税制变迁及政府社会政策观念的变化推

① 易红郡：《从冲突到融合：20 世纪英国中等教育政策研究》，长沙：湖南教育出版社 2005 年版，第 150 页。

② 易红郡：《从冲突到融合：20 世纪英国中等教育政策研究》，长沙：湖南教育出版社 2005 年版，第 154 页。

③ [英]埃德蒙·金：《别国的学校和我们的学校——今日比较教育》，王承绪等译，北京：人民教育出版社 1989 年版，第 224 页。

④ N.R.Gullifer, "Opposition to the 1902 Education Act",*Oxford Review of Education*,Vol.8,No.1 (1982),p.93.

⑤ [英]尼古拉斯·巴尔：《福利国家经济学》，邹明泗 译，北京：中国劳动社会保障出版社 2003 年版，第 22 页。

⑥ Robert Millward & Sally Sheard, "The Urban Fiscal Problem,1870-1914:Government Expenditure and Finance in England and Wales",*Economic History Review*,New Series,Vol.48,No.3(Aug., 1995),p.506.

动了 1908 年《养老金法案》、1911 年《国民保险法案》及一系列教育法案等社会政策的实行。政府的社会政策开支和公共开支迅速增加。据统计，1853—1854 年，政府支出 5580 万镑，1873—1874 年为 7460 万镑，1893—1894 年为 9850 万镑，1914—1915 年，英国政府的支出第一次超过了 20000 万镑。[①]1913 年的社会服务费要比 1887 年增加了 5 倍多。[②]19 世纪末 20 世纪初英国一系列税制改革及社会政策立法反映了英国公众及政府观念的深刻变化，即：国家应该采取措施保护其国民免于老年、疾病及失业之苦，政府应该为其社会成员提供广泛的社会服务，以保证他们正常的生活权利。20 世纪一系列社会政策的实行若没有强有力的财源加以支撑是不可能实现的，随着政府更广泛的社会政策参与，又需要开辟新的税源以满足其需要。所以说税制与社会政策之间是一种互相推动、交叉发展的关系。19 世纪末 20 世纪初英国税制的一系列变迁及相应的政府社会政策变化即说明了这一点。

　　2. 第一次世界大战结束后的教育改革。早在第一次世界大战还未结束时，英国战时联合政府于 1918 年通过了《费舍教育法》(*The Fisher Act*)，法案规定将义务教育年龄延长到 14 岁，之后的补习教育延长到 16 岁乃至 18 岁。[③]《费舍教育法》是第一次世界大战结束时英国议会通过的教育法案，它对于英国国民素质的提高具有重要意义。根据法案规定，教育的费用由地方政府和中央政府共同负担，其中，地方政府负担从战后的 4000 万镑提高到 1939 年的 10000 万镑，中央政府负担从 2500 万镑提高到 6000 万镑。[④]《费舍教育法》是第一次世界大战的产物，对此，彼特·戈登等学者认为："1918 年教育法不仅是战时的直接产物，也是几十年以来各项改革计划达到的一个高潮，以及对未来的一个宣言。"[⑤]

　　对 1918 年《费舍教育法》的意义，评价不一。例如，1918 年艾金 (A.E.Ekin) 在对 6,000,000 名儿童进行调查的基础上说："在初等学校中有 20% 以上的学生有能力接受更高层次的教育，但他们被排除在中学大门之外。如果撇开社会公平问题，那么中等教育的选拔制度证明是一个巨大的浪费。"托尼则认为，"无论 1918 年教育法有什么缺点，它毕竟做了两件极为重要的事。它在英国历史上

---

① Roy Douglas,*Taxation in Britain since 1660*,London:Macmillan Press Ltd.,1999,p.102.
② 财政金融研究所：《英国战时财政金融》，上海：中华书局 1940 年版，第 75 页。
③ Roy Douglas,*Taxation in Britain since 1660*,London:Macmillan Press Ltd.,1999,p.108.
④ Roy Douglas,*Taxation in Britain since 1660*,London:Macmillan Press Ltd.,1999,p.108.
⑤ 易红郡：《从冲突到融合：20 世纪英国中等教育政策研究》，长沙：湖南教育出版社 2005 年版，第 175 页。

第一次赋予地方教育当局组织更高阶段教育的责任；第一次宣称，任何能获益于更高教育的儿童都不得因无力缴纳学费而受不到这种教育。后一条规定实际上大体承认了普及中等教育的要求，那正是教育家们极力主张的要求，也是工党 30 年来的政策。"[1] 关于此，笔者更倾向于第二种观点。尽管 1918 年《费舍教育法》有其不足之处，但该法案的确促进了英国教育的发展，其对离校年龄的限制及普及中等教育的要求对英国国民素质的提高有很大帮助。有关此点，我们以 1919—1921 年间英格兰的中学数、学生数及 1917—1921 年间威尔士中学生数为例进行说明，具体如表 4-4、表 4-5 所示。[2]

表 4-4 1919—1921 年英格兰的中学数及学生数

单位：人

年度	性质	校数	学生数		
			男生	女生	总数
1919—1920	受补助者 不受补助者	1022 202	147 268 20 394	134 840 15 958	382 108 36 352
	总数	1224	167 662	150 798	318 46
1920—1921	受补助者 不受补助者	1076 255	100 779 24 649	150 979 20 230	311 758 44 879
1921	总数	1328	105 428	171 209	356 637

表 4-5 1917—1921 年威尔士中学生数量增加表

单位：人

年度	学生数	增加数	增加百分数
1917	21 541	—	—
1918	23 697	2148	9.9
1919	25 754	2057	8.7
1920	28 696	2942	11.4
1921	30 257	1661	5.8

---

① 易红郡：《从冲突到融合：20 世纪英国中等教育政策研究》，长沙：湖南教育出版社 2005 年版，第 178 页。

② 易红郡：《从冲突到融合：20 世纪英国中等教育政策研究》，长沙：湖南教育出版社 2005 年版，第 176 页。

由表4-4、表4-5可见：第一次世界大战后，英国的中学数及中学生数有很大增长，这说明政府在中等教育上的投入加大。

到20世纪20年代，伴随着英国经济复苏的缓慢，政府不得不削减在教育上的开支，1922年的"戈德斯斧"即是政府大规模削减开支的表现。1924年大选中，工党在其竞选宣言中宣称："工党的目的是给每个孩子平等受教育的机会。"[①]1924年，工党政府任命哈多爵士（W.H.Hadow）为主席调查全日制初等教育后的适当形式问题并提出报告。1926年调查委员会发表了题为《关于青少年的教育》报告，被称为《哈多报告》，报告把学生的最早离校年龄提高到15岁。哈多报告描述了工党执政后的教育政策蓝图，然而，当《哈多报告》提出的时候，第一届工党政府已经被鲍德温为首的保守党政府所取代。所以，《哈多报告》的有关中等教育的建议被搁置。直至1929年第二届工党政府执政时，教育委员会主席特里维廉（C.Trevelyn）爵士提交了提高离校年龄至15岁及对14岁以上学生给予生活补助的建议，然因财政压力及派别分歧而遭议会否决。此后，直至第二次世界大战爆发，英国的中等教育政策几乎没有重大的改变。

第二次世界大战爆发后，1944年，英国政府又通过了新的教育法，规定对所有11岁到15岁的孩子实行免费中等教育。[②]1944年教育法的提倡者是巴特勒，故此法又称《巴特勒法案》。1944年教育法是英国教育史上的重要里程碑，"它是自1870年以来教育发展中最伟大，也许是最著名的措施"[③]，也是"英格兰和威尔士在后来的二十五年时间内教育空前大发展的序曲"[④]。"这是1870年以来教育的最伟大的进步。"[⑤]该法案奠定了二战后英国教育政策的基础。

四、税收与健康

1. 1911年《国民保险法》之健康问题。1908年《养老金法案》通过后，财政大臣劳合·乔治立刻着手建立国民健康保险制度。国民保险包括国民健康保

---

① Iain Dale,*Labour Party General Election Manifestos,1900-1997*,London and New York:Routledge,2000, p.28.

② Pete Alcock,*Social Policy in Britain*,third edition,New York:Palgrave Macmillan,2008,p.41.

③ 易红郡：《从冲突到融合：20世纪英国中等教育政策研究》，长沙：湖南教育出版社2005年版，第219页。

④ ［英］邓特：《英国教育》，杭州大学教育系外国教育研究室译，杭州：浙江教育出版社1987年版，第22页。

⑤ Derek Fraser,*The Evolution of the British Welfare State-A History of Social Policy since the Industrial Revolution*,Second Edition,Macmillan Publishers Ltd.,1984,p.221.

险和失业保险两部分。就国民健康保险而言，1899—1902 年英布战争后，英国国民身体素质的低劣已到了令人担忧的程度。"1899 年至 1900 年 7 月间，在曼彻斯特报名当兵的 11000 人中有 8000 人身体不适合扛枪和不能忍受艰苦的训练。据当时的一项调查显示，每五个应征者经过两年的服役后只有两人仍能成为合格的士兵。"[1] 乔治认为国民健康状况的恶化是因疾病而引起的，政府应高度重视，这是因为因疾病而引起的贫穷的痛苦将祸及整个家庭。而"国民健康保险制度不仅将使国家而且将使雇主一道来帮助工人克服这些困难，并给工人提供有效的保障措施。"[2] 由于政府的重视加之 20 世纪初的一系列直接税改革给政府推行社会政策提供的资金保障，1911 年，英国议会批准《国民保险法》，它包括《国民健康保险法》和《失业保险法》两部分。

《国民健康保险法》规定：无论是受雇或未受雇，只要年满 16 岁，只要符合被保险人资格，就可以得到该法规定的健康保险津贴。[3]《国民健康保险法》的资金来源于政府、雇主[4] 和雇员，其缴费标准是，工人供款是：男工每周 4 便士（1.7%）、女工每周 3 便士；雇主每周供款 3 便士（1.25%）；国家每周供款 2 便士（0.8%）。正因为如此，劳合·乔治才宣称此方案是有代表性的"九便士对 4 便士"（ninepence for fourpence）。[5] 虽然这项计划最初实施时只适用于年收入低于 150 镑者，但这其中包括了大多数体力劳动者。当被保险人年龄达到 70 岁即不再缴纳保险费，而是开始领取一定数额的养老金。健康保险津贴包括医疗、疗养、疾病、伤残、生育等方面。被保险人从患病的第四天起可领取一定数额的疾病津贴（不超过 26 周），每名男工每周可领取 10 先令，女工可领取 7 先令 6 便士；若工人患病或伤残的时间超过 26 周还未恢复健康，不能工作，则无论男女每周都可领取 5 先令的津贴（若有必要，可延迟至 70 岁）；女工在产期每周可领取 30 先令。被保险人达到 70 岁时，即无权领取疾病津贴与伤残津

---

[1] 高岱：《20 世纪初英国的社会改革及其影响》，《史学集刊》2008 年第 3 期，第 57 页。

[2] 丁建定、杨凤娟：《英国社会保障制度的发展》，北京：中国劳动社会保障出版社 2004 年版，第 48 页。

[3] Roy Douglas,*English Historical Documents*,London:Eyre & Spottiswoode Ltd.,1977,p.640.

[4] 20 世纪初雇主已经认识到随着工业革命的进展，实行社会福利方面的立法有助于工人生产率的提高，由此，他们认为社会保险已经成为一种投资人力资本的有效方式。［Roy Hay,"Employers and Social Policy in Britain:the Evolution of Welfare Legislation,1905-14",*Social History*,Vol.2,No.4(Jan.,1977),p.435.］

[5] Roy Douglas,*Taxation in Britain since 1660*,London:Macmillan Press Ltd.,1999,p.100.

贴。[①]任何暂时或永久居住在英国以外的居民均无资格领取英国的健康保险津贴。法案同时规定：被保险人可以到政府指定的医院接受指定医生的治疗，医生按年收取少许象征性的费用，而所开药物的费用完全免费，英国的医保制度得到了很好的发展，国民的健康在很大程度上得到保障。

2.第一次世界大战结束后的健康问题。第一次世界大战后，英国政府在国民健康问题上进行了一系列变革，于1918年通过了《产妇与儿童福利法》，法案规定了地方政府有权对产妇提供牛奶与营养品、家庭服务及产妇用品。法案还规定了地方政府有权建立产妇与婴儿福利中心和产前诊所。1919年，英国成立了卫生部。1920年，英国政府通过了新的《国民健康保险法》，给予患有疾病、伤残、产妇等以优于此前的医疗福利和疗养福利。具体如下表4-6所示。

表4-6 1920年《国民健康保险法》规定的福利项目及支出表[②]

保险项目	男性			女性		
	1920.7.5前	1920.7.5后	增加额	1920.7.5前	1920.7.5后	增加额
福利名称	先令 便士	先令 便士	先令 便士	先令 便士	先令 便士	先令 便士
疾病（每周）	10 0	15 0	5 0	7 6	12 0	4 6
残疾（每周）	5 0	7 6	2 6	5 0	7 6	2 6
产妇	30 0	40 0	10 0	30 0	40 0	10 0
每年的医疗福利	6 6	9 6	3 0	6 6	9 6	3 0
每年的疗养福利	0 9	0 0	—	0 9	0 0	—

由上表可见：根据1920年《国民健康保险法》规定，1920年7月5日后，英国国民的疾病、残疾及疗养福利皆比此前有所增加。

到1927年，出于财政压力的考虑，英国政府制定新的《健康保险法》，法案规定了除自愿参加者之外的65岁以上的老人外，其他人都不能领取健康保险津贴。1932年，又规定：把患病妇女领取健康保险津贴的标准从每周12先令减少到10先令，长期患病者的病残津贴从每周7先令6便士降到每周5先令。

① Robert F.Foerster, "The British National Insurance Act",*The Quarterly Journal of Economics*, Vol.26,No.2(Feb.,1912),pp.288-289.

② Henry J.Harris, "British National Health Insurance Act of May 20,1920",*Monthly Labor Review*,Vol.11,No.3,(Sep.,1920),p.3.

1936 年，英国社会学家朗特里再次对约克城的贫困状态进行了调查，发现：约克城 17.8% 的人不能支付足够的营养、基本住房、衣服、供暖及照明灯的费用。朗特里认为导致这一现象的主要因素有三：一、工人的低工资（32.8%）；二、失业（28.6%）；三、老年（14.7%），再加上工作不稳定（9.5%）、丈夫去世（7.8%）和疾病（4.1%）。[1] 据统计，1936 年，英国最贫穷的人每周每人消费牛奶 1.8 品脱（pints），最富有者则是每周每人 5.5 品脱。最贫穷的人每周每人吃 1.5 个鸡蛋，最富有者吃 4.5 个；最贫穷的人每周每日蔬菜的花费是 2.4 便士，最富有者是 1 先令 8 便士。[2] 英国国民健康问题的不理想促使政府进行了一系列政策调整，在政府的作为下，第一次世界大战以后，英国国民的健康状况有很大提升，以 1 岁以下婴儿死亡率（每千人计）的下降为例。据统计，1913 年，英国每 1000 安全出生的婴儿中不满 1 岁的婴儿死亡者有 108 人，1914 年为 105 人，1918 年为 97 人，1919 年 89 人，1920 年 80 人，1921 年 83 人，1922 年 77 人，1923 年 69 人，1924 年 75 人，1925 年 75 人，1926 年 70 人，1927 年 70 人，1928 年 65 人，1929 年 74 人，1930 年 60 人，1931 年 66 人，1932 年 64 人，1933 年 63 人，1934 年 59 人，1935 年 57 人，1936 年 59 人，1937 年 58 人，1938 年 53 人，1939 年 51 人。[3] 国民健康状况的提高是政府用财税政府干预的结果。

五、税收与济贫（救助）

1. 1834 年《新济贫法》。为修正此前斯品汉姆兰制度的公平与效率缺失的问题，1834 年，英国颁布了《新济贫法》，其主题和基调是通过惩治"懒惰"贫民根治贫穷问题，特点是实行院内救济。贫困者必须进入济贫院中才能得到救济，接受院内救济者不再拥有选举权，以示对济贫者在政治上的一种惩罚，目的是让任何一个贫民都努力通过个人而非政府与社会帮助来摆脱贫困。[4] 1842 年通过《劳工检验法》（*Labour Test Orders*）规定任何人如果想接受救济，必须为教区干活。1844 年颁布《禁止户外救济法》（*Out Relief Prohibitory*

---

① Edward Royle,*Modern Britain,A Social History 1750-1997*,Second Edition,Arnold,1997,p.175.

② B.W.Clapp,*Documents in English Economic History*,London:G.Bell & Sons Ltd.,1976,p.460.

③ B.R.Mitchell,*European Historical Statistics,1750-1970*,The Macmillan Press Ltd.,1978,p.43.

④ Derek Fraser,*The Evolution of the British Welfare State,A History of Social Policy since the Industrial Revolution*,London:Macmillan,1973,pp.258-259.

Order）禁止对健壮男子实施救济，除非他进入济贫院。[①]

《新济贫法》带有明显的"惩贫"色彩，如规定穷人要想接受救助必须付出一定代价，如丧失个人声誉、失去个人自由、丧失选举权利等。在如此苛刻的条件下，有些人宁愿挨饿也不入院，已入院的人也有因无法忍受济贫院监狱般的生活而离开济贫院，在外流浪或靠亲朋好友的施舍过日子……政府之所以规定了如此苛刻的条件，是因为政府相信，通过严厉的"劣等处置"原则和"济贫检验"原则有助于穷人的道德完善并使他们勤奋起来。正如诺丁汉郡倡导济贫法制度改革的尼科尔斯所言："我希望看到济贫院让我们的劳动者阶层感到畏惧，从家长到孩子都要认识到一旦沦为济贫院的居民将是一种耻辱……因为，如果没有这一切，哪里还有对勤奋劳动所必不可少的刺激呢？"[②]《新济贫法》对接受救济者的严苛规定使其缺失了公平和正义的色彩。如，威廉 Chance 于 19 世纪 90 年代曾对限制院外救济的好处进行了如下概括："第一，减少贫困人口；第二，不会致使接受院内救济的贫民增加；第三，降低济贫费用；第四，鼓励节俭；第五，对穷人要仁慈，倡导真正的慈善和善心。"[③]然而，《新济贫法》实施后，院内救济的花费每年要比院外救济的费用至少高 50%。有数据统计，19 世纪 60 年代，每人每年接受院外救济约 2.5 镑到 5.5 镑，而院内救济费用则是每年每人从 5.5 镑到 20 镑。[④]从这一数字可见，《新济贫法》并没有真正实现减少贫困的目的，工人的生活状况并未得到很大改善。有数据统计，在曼彻斯特的纺织工厂中失业人数占相当比例。如表 4-7 所示。[⑤]

① 郭家宏：《19 世纪上半期英国的贫富差距问题及其化解策略》，《学海》2007 年第 6 期，第 85 页。

② 丁建定：《英国新济贫法的出现及反新济贫法运动》，《东岳论丛》2011 年第 5 期，第 20 页。

③ Mary Mackinnon，"English Poor Law Policy and the Crusade Against Outrelief"，*The Journal of Economic History*，Vol.47,No.3(1987),pp.607-608.

④ H.M.Boot，"Unemployment and poor law relief in Manchester,1845-50"，*Social History*,Vol.15,No.2 (1990),p.608.

⑤ H.M.Boot，"Unemployment and Poor Law Relief in Manchester,1845-50"，*Social History*,Vol.15,No.2 (1990),p.219.

表 4-7 曼彻斯特纺织工人失业比例表

产业种类	工厂				工人（以千计）			
	总额	完全雇工	部分雇工	停产	总额	完全被雇	部分被雇佣	失业
棉花	91	38	34	19	28	13.4	7.2	7.4
丝织品	8	2	6	0	3	0.6	2.1	0.3
小商品	18	11	6	1	2	1.6	0.2	0.1
毛织品	2	2	0	0	0.2	0.2	—	—
印染	20	5	15	0	2	0.6	0.7	0.4
帽子	2	0	2	0	0.1	0.01	0.04	0.05
机械制造	32	5	24	3	6	2.8	1.6	1.6

  由表 4-7 可见：在曼彻斯特的 173 家纺织厂中，能够完全雇佣工人的有 63 家，部分雇工的 87 家，停产的 23 家，占到了 14%；在 41300 个工人中，能够被完全雇佣的有 19100 人，部分被雇佣的有 12100 人，失业者达 9800 人，占 24%。失业人数如此之多，充分说明了《新济贫法》并没有实现减少贫困的目标。1842 年居住在曼彻斯特上乔治路段的人们已经"贫苦不堪，手织工中感受最深，他们每天干 14 小时活，挣的钱还不够吃两顿饭，所以假如持续失业两三个星期，他们就真的要饿肚子了，而近来这是常事"。①

  究其原因，《新济贫法》规定的"劣等处置原则"和"济贫院检验原则"使接受救济的贫民的生活状况非常糟糕。当时，保守主义经济学家 J.R. 麦库奇（J.R.Mculloch）这样写道："济贫院内的贫民应当感到他的处境要比自食其力的工厂劳工要差一些。"济贫院内供给的食物粗糙，而且院内实行夫妻子女分居的隔离制度，居住条件也很恶劣。在济贫院内，人们必须穿统一的制服，按时作息。院内贫民失去政治自由，选举权被剥夺。这样做带有明显的人格侮辱与政治性惩罚，其目的是希望全体社会成员都依靠自助摆脱社会问题的困扰。正如迪格贝所说："济贫院内的残暴不在于物质的匮乏，而是心理的折磨。"②因此，作为一种社会救济制度，《新济贫法》是失败的。正如 1867 年利物浦慈善家威廉·拉斯博（William Rathbone）所言："（济贫院）确实成功地阻止了贫民向教

---

  ① Harold Perkin,*The Origins of Modern English Society,1780-1880*,London:Routledge & K.Paul, 1969,p.165.

  ② 郭家宏：《工业革命与英国贫困观念的变化》，《史学月刊》2009 年第 7 期，第 56 页。

区申请支出，消灭了贫困，有效地制止了在伊丽莎白旧济贫法之下的道德败坏的趋势，但是作为公共慈善制度，它是失败的。"①

《新济贫法》中对接受救济者的苛刻规定使济贫法缺失了本应有的公平和正义内涵，19 世纪末 20 世纪初英国通过社会保障和税收制度，较好地解决了贫困与贫富差距问题，并在此基础上发展出了新型的社会保障制度，国民救济制度取代了传统的济贫制度为社会提供各种社会救济，救济方式更为合理而公正。

2. 第一次世界大战后的济贫。第一次世界大战后，英国政府的济贫支出大幅增加。据统计，1919 年，英国地方政府的济贫开支每年控制在 1,500 万镑，1920 年英国贸易迅速下滑使得接受救济的人数大幅增长，据统计，1920 年，英国每 1000 人中在家里接受救济的人就有约 18 人；到 1922 年则每千人中约有135 人接受室内救济。而 1920 年，英国接受救济的总人数有 4,493 人，1922 年则增加到 29,329 人，这其中还包括 6,527 个有劳动能力的独立家庭。② 到 1922年时增加到 3,500 万镑。同时，中央政府在健康、保险等领域的开支也大为增长。据统计，到第一次世界大战结束时，英国中央政府在这些领域每年的投入是 2,000 万镑有余，到 1922 年提高到 5,000 万镑。③ 1929 年经济危机后，到1929 年 12 月，英国接受室外救济的有劳动能力者将近 700,000 人。④ 到 1930 年，旧有的济贫法工会被取消，代之以公共援助委员会。1930 年，有两个孩子的已婚夫妇每周领取失业救济金 30 先令，1931 年，因经济衰落，降低到每周 27 先令 6 便士；单身汉每周领取的失业救济金是 15 先令。同时，地方援助委员会还实行经济情况调查制度，对每位申请领取失业救济金的人的经济状况进行调查，切斯特顿说："经济情况调查（means test）制度是不人道的，是令人恐惧的。"⑤到第二次世界大战结束后，英国的济贫制度消失，代之以 1948 年的《国民救济制度》。

综上，第一次世界大战前后，英国接受救济的人数及比例皆有大幅提高。据统计，1913 年接受救济的人数及比例是 784,000 人，2.2%；1920 年是563,000 人，1.5%；1925 年是 1,229,000 人，3.2%；1930 年是 1,183,000 人，3.0%；

---

① 郭家宏、唐艳：《19 世纪英国济贫院制度评析》，《史学月刊》2007 年第 2 期，第 88 页。

② P.Ford and G.Ford,*A Breviate of Parliamentary Papers,1917-1939*,Basil Blackwell,1951,p.368.

③ Roy Douglas,*Taxation in Britain since 1660*,London:Macmillan Press Ltd.,1999,p.110.

④ P.Ford and G.Ford,*A Breviate of Parliamentary Papers,1917-1939*,Basil Blackwell,1951,p.370.

⑤ C.L.Case and D.J.Hall,*A Social and Economic History of Britain,Second Edition,1700-1976*,Edward Arnold,1977,p.104.

1935 年是 1,529,000 人，3.2%；1939 年是 1,208,000 人，3.0%。[①] 这一提高的救济幅度和比例对英国贫困者的生活起了一定的缓解作用。

六、税收与社会政策间的互动

19 世纪末 20 世纪初，失业、贫穷、健康及社会财富分配不均等社会问题日益严重。如何解决这些问题，英国社会各阶层及政府都开始寻求解决之策。他们认为税收是解决上述问题唯一重要的武器和手段。在这样的背景下，英国进行了与之前大不相同的税制改革，因 19 世纪末 20 世纪初英国的税制改革具有更多的建设性意义，因此被称为"建设性税制"改革。所谓"建设性税制"改革，是指税收不仅仅用来为政府筹得财政收入，而且还被用于解决社会财富分配不均、缓解贫富差距等社会问题。19 世纪末 20 世纪初英国的"建设性税制"改革的表现有三：一、在税制理论上，"建设性税制"改革主张实行累进征收原则，依靠直接税（主要包括遗产税、所得税、土地税等）实现对社会资源和社会财富的重新配置和重新分配，以期实现社会的公平和正义，解决英国政府面临的贫困、失业、健康、社会财富分配不均等社会问题。二、在税制结构上，"建设性税制"改革主要依靠直接税、降低间接税所占比重。19 世纪末 20 世纪初英国的"建设性税制"改革主要表现是 1894 年哈考特的遗产税改革、20 世纪初的所得税改革和劳合·乔治的"人民预算"上。通过上述直接税改革，英国首次确立了累进征税原则，并区分了劳动所得和非劳动所得，遗产越多、所得收入越多纳税越多。不仅如此，"人民预算"中提出征收土地税的建议亦具有重要的革命性意义，因为征收土地税主要是针对英国传统的大土地所有者，该税的征收数额虽小，但却在调整社会财富分配和社会资源再配置上迈出了革命性的一步。三、在税收用途上，19 世纪末 20 世纪初，英国的税收除了满足政府的行政开支和国防需求外，还用于解决养老、失业、健康、教育等社会问题。经过 19 世纪末 20 世纪初一系列"建设性税制"改革，英国的税制更加科学化和现代化。在"建设性税制"改革的财源支撑下，英国政府在社会政策领域进行了一番变革，1908 年《养老金法案》、1911 年《国民保险法》及一系列教育法案等的实施即是"建设性税收"理论在实践上的体现。20 世纪初英国政府一系列社会政策的实行为英国迈向福利国家奠定了基础，对后来政府的社会

---

① Roderick Floud and Paul Johnson,*The Cambridge Economic History of Modern Britain*, Cambridge:Cambridge University Press,2004,p.297.

政策具有不可忽视的影响。

　　然而，1914 年第一次世界大战的爆发使英国政府的税制和社会政策又进行了新的调整以适应战争的需要。第一次世界大战 1914 年爆发，1918 年结束，战争历时 4 年。战争的爆发意味着政府需要筹集更多的收入以支撑战争的需要。那么，如何筹得战争所需的财源呢？对政府来说，方法不外两种，一是借款，二是税收。在税收方面，为保证战争所需，英国政府不断调整税制，其主要表现有：一、提高所得税税率、降低起征点；二、提高附加所得税税率；三、提高遗产税的征收；四、首次开征超额利润税；五、进行了关税改革；六、提高了茶税、可可税等间接税的税率；七、新开征火柴税、汽油税。在政府的多次税制调整下，英国第一次世界大战前后税收的收入有了明显增长，为最后赢得战争提供了财政支撑。1914 年第一次世界大战的爆发及随之而来的政府对税制的多次调整和改革使英国税制进一步朝着现代化和民主化的方向发展，战争结束后，英国在战争期间确立的税收体制并没有完全废除，而是根据战后新的形势需要加以重新调整，使之适应英国新阶段的需要。

　　第一次世界大战结束后，英国面临着沉重的债务压力和经济下滑的困境。在这样的背景下，政府不得不思考解决问题之法。其中，最好的方法是变革税制。第一次世界大战后至第二次世界大战之间，英国由联合政府、保守党、工党和国民政府或轮流或单独或联合执政。由于各政党代表的阶级利益不同，导致相应的税制思想和税收政策实践的差异。以工党而言，20 世纪初，英国工党作为一支新兴的政治力量崛起。工党兴起之初，以维护工人阶级利益、反映广大劳工要求为主要目标。由此体现在税收政策上则是主张一系列有利于工人阶级利益的税收政策，主要对食利者和大所得者征重税。1918 年 6 月，工党颁布了第一个纲领性文件《工党与社会新秩序》，提出了普遍实行国家的财政改革、国民最低生活标准、工业的民主监督和剩余财富用于公共福利四方面主张。1922 年的竞选宣言中，工党再次宣称其政策的出发点是体现社会公平和正义，实现对国家财富的更公平的分配。在这样的税收政策思想指导下，英国工党的税收政策中更加强调税制的公平和平等问题，强调税收的财富再分配功能。由此，第一次世界大战后执政的两届工党政府主张开征资本税，对食利者阶层征税。在税收方法和税收原则的设定上，更加倾向税收的累进性征税。由此，工党主张对大所得者征收高税收，设定高税率。其中，高税率的劳动所得和非劳动所得及遗产税的征收即是很好的例证。与工党相比，第一次世界大战后的联合政府（保守党占主导）和保守党执政期间，因其代表的工业资本家和金融资本家的利益，所以，保守党反对开征资本税，而是将税收政策倾向于中产阶级，给予中产阶级家庭以税收津贴并设立寡妇津贴和儿童津贴。尽管第一次世界大战后执政的各政党代表的阶级利益有所不同，然而，在英国的政治文化中，任何政党都是"国王陛下的执政党或是反对党"，而不能仅仅是某一特定集团的政党。由此，第一次世界大战后，尽管执政的政党有所变化，但其在税制变革时都不能无视人民的需要而仅实行代表本阶级利益的税收政策。基于这样的背景，第一次世界大战后的英国税制变革既要体现不同政党的利益差异，又要兼顾社会各阶级的利益。由此，第一次世界大战结束后，英国无论是联合政府执政还是保守党或工党或国民政府执政，其税制改革的基本特点是以直接税（所得税、超额所得税和遗产税为主）为主要税收来源，并利用直接税的累进特点进行财富的再分配，以体现社会的公平和正义。第一次世界大战结束后至第二次世界大战期间，英国通过一系列直接税变革，在一定程度上实现了社会财富再分配，缓解了社会贫富差距的扩大。不仅如此，第一次世界大战后各届政府的税制变革为政府增加了收入，从而为政府推行住房、教育、失业、养老、惠农等一系列社会政策提供了可供利用的资本，这些政策的实行扩大了政府在社会政策领域的责任，扩展了国民的社会福利享有。

由 19、20 世纪英国税制变迁与政府社会政策的一系列调整和变革可见：20世纪，英国的税收随着形势的变化而不断调整，这一调整的结果是使税制更加现代化和科学化，更加符合英国现代化进程的需要。20 世纪英国税制的一系列变革不仅为国家筹得了财政之需，而且还为政府推行一系列社会政策提供了必不可少的财政支撑，为英国的现代化进程做出了不可忽视的贡献。

通过梳理 20 世纪英国税制变迁与政府社会政策的一系列调整，我们理应看到税制现代化与社会政策的调整对国家现代化建设的重要意义，对维护和体现社会公平和正义的重要意义。目前，中国正处于现代化建设和全面建成小康社会的关键时期，为了实现小康社会的全面建成和社会的公平、正义，我们有必要建立符合中国国情的现代化税制以为国家的现代化建设做出应有的贡献。对20 世纪英国税制变迁与政府社会政策调整的研究可为中国目前的税制改革和现代化建设提供一定的借鉴。

第二节　晚清中国的赋税用途变迁

与英国不同，晚清时期，赋税的用途与此前相比有了很大变化。鸦片战争之前，税收主要用于兵饷、皇室经费、官员俸禄、河工费、驿站及学校等经费，其中，兵饷是鸦片战争之前政府开支的最大宗，有"费天下正供之半"之说。[①]鸦片战争以后，税收则主要用于赔款、外债、军费、实业支出。例如，宣统元年，度支部曾抱怨说："近年库储奇绌，消耗之最巨者，以洋款军饷为大宗。此外各项新政为用弥广，无一事不关紧要，无一款可议裁减。"[②]晚清中国赋税用途的变化与近代以后中国的社会发展紧密相关，在列强的侵略下，中国逐步沦为半殖民地半封建社会，由此，赋税的征收及开支与列强侵略下中国政府巨额的赔款、外债密不可分，晚清中国赋税用途的变化反映了近代中国半殖民地半封建的基本特征。

一、税收与赔款

鸦片战争之后，在列强的侵略下，晚清政府的财政支出结构发生了明显变化，由之前兵饷、皇室开支及官员薪俸等为主向以赔款、外债和军费为主转变。对此，御史熙麟曾于1899年指出："清廷近今有大费有三，曰军饷、曰洋务、曰息债"。[③]到20世纪初，赔款、外债、军费及洋务实业费用开支增长迅速。据统计，辛亥年时，政府的军政费达9749万两；洋务交通费达5502万两；赔款与外债本息达5263万两，分别占岁出的33%、19%和18%，共占岁出的70%。而行政经费仅为2606万两，尚不及岁出的9%。[④]由上可见，到20世纪初时，清政府的军费、洋务、赔款及外债支出占大宗，其中，军费和洋务费用大多用于内政，用于强化清政府统治，推动近代中国社会经济的发展。赔款和外债则反映了近代中国财政的半殖民地半封建化特征，这对近代中国的财政经济造成了极大的损耗。

就赔款而言，鸦片战争之后，清政府要支付给列强的赔款数目巨大。有数据显示，1842年的中英《南京条约》规定：中国赔偿英国鸦片费600万元，累

---

① 陈秀夔：《中国财政史》（增订本）下册，台北：台湾正中书局1983年版，第346页。
② 《清朝续文献通考》卷72，《国用十·会计》，第8285页。
③ 王开玺：《晚清政治新论》，上卷，北京：商务印书馆2018年版，第366页。
④ 赵尔巽：《清史稿·志一百·食货六》，卷125，北京：中华书局1976年版，第3708页。

欠英商费 300 万元, 军费 1200 万元, 共银 2100 万元。中方除当年交银 600 万元外, 余款第二年交 600 万元, 第三年交 500 万元, 第四年交 400 万元。如有按期未能交足之数, 则酌定每年每百元加息 5 元。[1] 另外, 1841 年清政府官员奕山与英方订立的所谓《广州和约》又规定, 中方向英方缴纳 600 万元 "赎城费" 和所谓英商损失费 67 万元等。有数据显示, 鸦片战争一役, 英国从中国榨去赔款银 2800 万元, 折合银 1960 万两。这笔巨款, 直接取自商民的, 约计 1510 万元, 占总数的 54%; 余下的 1290 万元, 取自官库, 占 46%。[2] 第二次鸦片战争之后, 《北京条约》又规定: 清政府向英、法各支付银 800 万两的赔款, 即赔款总额达 1600 万两。甲午战争爆发后, 清政府的赔款数额日巨, 仅《马关条约》与《辛丑条约》两项, 不计利息即须支付 6.5 亿两。为偿付这些赔款, 清政府只得大借外债, 外债本息的偿还又成为沉重负担。[3] 有关鸦片战争之后清政府的赔款情况, 可见下表:

表 4-8 近代中国对外战争赔款情况表[4]

赔款名称	确立年份	赔偿对象	赔款额	赔款内容
鸦片战争赔款	1842	英国	2100 万银圆, 合库平银 1470 万两	军费、鸦片费、商欠
第二次鸦片战争赔款	1860	英、法	1670 万两	军费、抚恤银
琉球事件赔款	1874	日本	50 万两	修道筑房、抚恤费
马嘉理事件赔款	1876	英国	关平银 20 万两	军费、抚恤费、商欠
伊犁事件赔款	1881	俄国	900 万卢布, 合库平银 600 万两	兵费
甲午战争赔款	1895	日本	23150 万两	军费、威海卫驻军费、赎辽费
庚子赔款	1901	俄、英、美等十一国	4.66 亿余两	各国军费、抚恤费、地方赔款
拉萨事件赔款	1906	英国	250 万银卢比	军费

---

① 王铁崖:《中外旧约章汇编》, 第一册, 上海: 上海财经大学出版社 2019 年版, 第 28 页。
② 严中平:《中国近代经济史 (1840—1894)》, 第一册, 北京: 人民出版社 2012 年版, 第 456 页。
③ 申学锋:《晚清财政支出政策研究》, 北京: 中国人民大学出版社 2006 年版, 第 38 页。
④ 申学锋:《晚清财政支出政策研究》, 北京: 中国人民大学出版社 2006 年版, 第 84 页。

由上表可见，鸦片战争之后，清政府的赔款次数多、赔款数额大，为偿还巨额赔款，清政府不断加征旧税，开征新税。另外，为偿还巨额的赔款，清政府还举借大量外债，这些外债的特点是数额多、利率高、偿还周期长，且以关税和盐税作为抵押，这严重损害了中国的国家利益，是近代中国半殖民地半封建社会的财政写照。

二、税收与外债

除巨额赔款外，晚清财政支出的另一大项为外债。鸦片战争之后，尤其是 19 世纪 50 年代以来，清政府举借外债由来已久，且频繁，数额巨大。早在 1853 年上海失守后，为绞杀黄浦江的小刀会，上海道兼江海关监督吴健彰赊雇英国、美国船只，价值洋银 13000 元，这些费用皆从江海关所收洋关税偿还。此后，吴健彰还多次借贷洋款。镇压太平天国运动期间，苏松太道经手的借款就多达十余次，所借款额按库平银折算，有 138 万余两。[1]1895 年 7 月，俄国和法国联手借给清政府 4 亿法郎，利息 4 厘，36 年为期，以关税为担保，这一借款合同称为《四厘借款合同》或《俄法洋款合同》。此举遭到英国的强烈反对，它与德国联手向清廷施压。1896 年和 1898 年，清政府分别和英、德两国签订借款合同，每次借款 1600 万镑，利息分别为 5 厘和 4.5 厘，期限分别为 36 年和 45 年。这两次借款合同被称为《英德洋款合同》和《续借英德洋款合同》。借款合同规定清廷须从 1899 年开始偿还借款，每年应偿本息自百万两至二千四百余万两不等，45 年内本息共计 8 亿多两，以海关税为担保。

据徐义生统计，晚清中国借用各类外债共计库平银 1249748421.784 两。[2] 许毅先生等人的最新统计则认为，晚清外债可以确认者有 208 笔，债务总额为库平银 1305888297 两。[3]光绪十一年（1885）至二十年（1894），清政府外债本息支出所占财政总支出的比例还不算太高，平均为 4.3%，最高时亦不过 6.0%。具体如下表 4–9 所示。

① 倪玉平：《晚清史》，北京：人民出版社 2020 年版，第 210 页。
② 徐义生：《中国近代外债史统计资料》，北京：中华书局 1962 年版，第 10、52 页。
③ 许毅等：《清代外债史论》，北京：中国财政经济出版社 1996 年版，第 672 页。

表 4-9　1853—1894 年中国的外债

	债务（银百万两）	占比
军事开支	34.3	75
工业发展	4.7	10
皇室开支	4.5	10
水利工程	2.3	5
其他	0.2	1
总计	46.0	

资料来源：陈旭麓：《近代中国社会的新陈代谢》，北京：中国人民大学出版社 2015 年版，第 329 页。

由表 4-9 可见，1853 年至 1894 年，清政府的军事开支占债务支出总额的 75%，甲午战争以后，清政府举借外债的数额更是迅速增长。据统计，甲午至辛丑年间举借的八项外债，清政府应付本息在光绪二十五年（1899）约占财政支出总额的 22.8%，到三十一年（1905）更占岁出的 31%。[①] 如下表 4-10 所示。

表 4-10　甲午战后至 1900 年清政府财政收支情况表

单位：万两

岁入		岁出	
项目	数额	项目	数额
地丁钱粮	2650	各省行政费	2000
漕折	310	陆军	3000
盐课盐厘	1350	海军	500
常关税	270	京饷、旗饷、宫廷经费	1248
厘金	1600	海关经费	360
海关税	2380	出使经费	100
—	—	河道工程	94
—	—	铁路	80
—	—	债款开支	2400

① 徐义生：《中国近代外债史统计资料》，北京：中华书局 1962 年版，第 5、25 页。

岁入		岁出	
项目	数额	项目	数额
—	—	准备金	330
合计	8820	合计	10112

资料来源:《中国海关与义和团运动》,北京:中华书局 1983 年版,第 64—65 页。

由表 4–10 可见,甲午战后至 1900 年间,清政府的财政开支总额为 10112 万两,其中,债款开支 2400 万两,陆军军费 3000 万两,各省行政费 2000 万两,是晚清政府财政支出的三大主要项目。晚清政府所借巨额外债的具体用途如下:

表 4–11　晚清外债用途分类一览表[①]

外债用途	举借笔数	举借数额(库平两)	所占比例(%)
赔款借款或赔款转化为外债	6	793 883 340	61
各种实业借款	85	374 560 965.7	29
海防、塞防与抵御外侮借款	23	79 501 078.99	6
行政经费借款	59	40 993 647.2	3
镇压国内起义与革命外债	35	16 949 265.62	1
合计	208	1 305 888 297	100

资料来源:许毅、金普森、隆舞华等:《清代外债史论》,北京:中国财政经济出版社 1996 年版,第 672 页。

由上表可知,为偿付赔款、发展实业和对内对外战争,清政府举借了巨额外债。为偿还外债本息,清政府除加税外别无他法。对此,1909 年(宣统元年),御史胡思敬曾说:"业之至秽且贱者灰粪有捐,物之至纤且微者柴炭酱醋有捐,下至一鸡一鸭一鱼一虾,凡肩挑背负、日用寻常饮食之物,莫不有捐。"[②]

晚清政府巨额外债是清政府财政支出的沉重负担。这些外债的特点是利率

[①]　申学锋:《晚清财政支出政策研究》,北京:中国人民大学出版社 2006 年版,第 106 页。

[②]　申学锋:《晚清财政支出政策研究》,北京:中国人民大学出版社 2006 年版,第 107 页。

高、还款时间长、外债多有折扣，中国实收减少。以利率为例，清政府所借外债年息多为6%—9%，仅利息一项即须大笔开支。[1] 更严重的是，为保证清政府偿还外债的顺畅，近代中国的关税和盐税被抵押给列强，这严重损害了近代中国的经济发展和国家利益。有数据显示，19世纪50年代至甲午战争以前，清政府所借的近4600万两外债，大多是以海关税为担保。[2] 在1885—1894年间，外债支出占海关税收的比重，低的为12.1%，高的达19.6%。[3] 第二次鸦片战争失败，清政府支付给英、法各800万两的赔款，也规定按年从海关税种扣还。[4] 这是外国列强控制中国财政命脉的重要手段。

对清政府所借巨额外债的弊端，清政府的上层统治者和国内先进人士都曾提出要慎重对待对外借债。例如，薛福成曾指出：中国举借外债向以关税为抵押，债息又过重，如果"因累于输息而辗转加借，十年之后积累益巨，利不胜害"，故"不可不慎"。[5] 马建忠认为，中国修筑铁路资金缺乏，"无已则有借洋债之一法"；借债须有三原则：取信之有本、告贷之有方、偿付之有期。[6] 由此可见，晚清政府举借的巨额外债对中国经济、社会等造成了非常严重的影响，这使得近代中国的财政体系呈现半殖民地半封建的特征。

三、税收与军费

除赔款、外债外，晚清政府财政支出的另一主要项目是军费。尤其是1851年太平天国农民起义之后，清政府的财政体制受到重创，财政经济一度处于崩溃的境地。为镇压太平天国农民起义和其他国内动乱，清政府的财政开支急剧增加。有数据显示，仅道光三十年和咸丰元年，各省例外拨用的军费就有："广西军需银1124.7万两，湖南军需银418.7万两，广东军需银190余万两，湖北防堵银45万两，贵州防堵银20万两，江西防堵银10万两。"[7] 合计达1800余万两。而到1853年7月，军兴三载，"糜饷已至银2963万余两"。至1857年6月，仅户部所拨军费银"已及6500余万两"[8]。1853年以后，随着战争的扩展，

---

① 申学锋：《晚清财政支出政策研究》，北京：中国人民大学出版社2006年版，第89页。
② 徐义生：《中国近代外债史统计资料》，北京：中华书局1962年版，第4—10页。
③ 徐义生：《中国近代外债史统计资料》，北京：中华书局1962年版，第21页。
④ 王铁崖：《中外旧约章汇编》，第1册，上海：上海财经大学出版社2019年版，第135页。
⑤ 薛福成：《筹洋刍议·利器》。
⑥ 马建忠：《借债以开铁道说》，见《适可斋纪言纪行》卷一。
⑦ 《清朝续文献通考》卷67，第8232页。
⑧ 周志初：《晚清财政经济研究》，济南：齐鲁书社2002年版，第64页。

清政府的统治区域日益缩小，传统的解款协拨财政制度逐渐被破坏，清政府原有各种财政收入不到旧额的十分之四五，而各种财政开支则成倍增加，1857 年仅户部拨款就达 6500 余万两。从财政库存来看，战前存积约为 800 万两，太平天国起义后，逐渐出现了入不敷出的现象，如 1852 年亏银 190 多万两，1853 年亏银 400 多万两。根据 1865 年户部报告，战时银库每年结存的实银，1853—1857 年间平均约 11 万两，1858—1864 年平均只有 6 万多两。[①] 由此导致国家财源日竭，财政危机日益加深。甲午战争失败和庚子赔款后，财政赤字数额进一步加大。根据海关总税务司赫德的统计，1900 年中央财政收入 8800 万两白银，支出 10100 万两，赤字为 1300 万两。1903 年收入 10492 万两，支出 13492 万两，赤字 3000 万两，是庚子前的两倍多。到 1910 年，收入为 29696 万两，支出 33865 万两，赤字为 4169 万两，是庚子前的三倍多。[②]

为弥补财政赤字，清政府除加征旧税外，还开征了厘金等新税，使中国传统的财税体制逐渐瓦解，这一方面与列强对中国的侵略是分不开的，另一方面也促进了中国传统财税体制的近代化发展。

四、税收与社会保障支出

与英国不同，19 世纪中期至 20 世纪初（晚清政府时期），晚清政府对社会保障的关注还远远不够，社会保障支出很少，甚至可以忽略。对此，申学锋认为，晚清时期，政府在赈济灾荒、赡养孤贫、恤养狱囚等方面投入了一定资金，有时甚至是巨额款项。其目的不外二端：一是宣扬朝廷爱民恤民的仁政，以收拢民心；二是通过这些措施维护农业经济的正常发展与社会秩序的稳定。但是，清政府用于社会保障的资金十分有限，该项支出所占国家财政支出总额的比重亦微乎其微。[③] 具体可如表 4–12 所示。

---

① 付志宇：《近代中国税收现代化进程的思想史考察》，成都：西南财经大学出版社 2015 年版，第 53 页。

② 刘锦藻：《清朝续文献通考》，卷 68，杭州：浙江古籍出版社 2000 年版，第 8246—8249 页。

③ 申学锋：《晚清财政支出政策研究》，北京：中国人民大学出版社 2006 年版，第 146 页。

表 4-12 1911 年全国的财政支出结构统计 ①

单位：两

项目	数额	比重	项目	数额	比重
行政	25635430	8.5	实业	5732595	1.91
司法	6832946	2.27	交通	48908563	16.3
民政	20254430	6.74	官业	7945462	2.64
财政	18526684	6.16	工程	255021	0.86
海关	1484574	1.94	交涉	3452131	1.15
常关	1484574	0.49	军事	84373659	28.1
典礼	747705	0.25	防费	1239908	0.41
教育	13392118	4.45	赔款欠款	51171849	17.0
—	—	—	合计	300700882	100.00

由表 4—12 可见，晚清政府财政开支的主要项目是军事、赔款和交通。在民政、教育等社会政策上的开支占有的比例很小。以清政府的赈灾经费支出为例，更可窥见一斑，如下表 4—13 所示。

表 4-13 清政府筹集赈灾经费情况示例表 ②

年份	受灾地区及灾情	政府财政救济情况
同治五年（1866）	直隶水旱蝗灾	本省先酌拨三万两，嗣上谕长芦应解部款内拨给制钱 9 万串以为加赈之需，后又发给帑银十万两，江、浙碾动谷仓各八万石一体开放
光绪二年（1876）	近畿省份旱灾	户部奏准拨给十万两赈济，由部库拨交顺天府尹、直督酌分成数派员接济
光绪十三年（1887）	福建厦门火药库失慎	抚恤灾毙丁口、赏给烧毁坍折民房破损民房修费，共用银 11612.9454 两

① 周志初：《晚清财政经济研究》，济南：齐鲁书社 2002 年版，第 224 页。
② 申学锋：《晚清财政支出政策研究》，北京：中国人民大学出版社 2006 年版，第 147—148 页。

年份	受灾地区及灾情	政府财政救济情况
光绪十四年（1888）至十五年（1889）	河南黄河决口水灾	截留京饷、漕折等银 52 万两，冬漕 5 万石，朝廷颁发内帑 10 万两，拨给江北江苏河运漕折等银 266390 余两，本省外省捐输 90 余万两，陕甘两省节省项下提拨 30 万两，用于冬赈；截留应解京饷银 20 万两，截留划拨应解、漕折正项银 20 万两，以济春赈
光绪十八年（1892）至十九年（1893）	直隶所属水灾	藩库地粮项下先后拨给赈抚银 30 万两
光绪二十二年（1896）至二十四年（1898）	安徽凤阳等处水旱灾害	奉特旨开办振捐，1898 年户部拨给 8 万两，藩司拨解 8 万两，金陵赈捐局筹济 3 万两
光绪二十四年（1898）	江苏徐海各属被灾	截留漕粮，拨给广东等省昭信股票银 30 万两，江苏藩司筹措 1 万两
光绪二十五年（1899）至二十九年（1903）	山西赈务	共支款银 4881124 余两，钱 8742 千 78 文，粮 1298481 余石
光绪二十六年（1900）	陕西旱灾	截留湖南应协甘肃今明两年之饷，是年已解清 16 万两，年底再解奉拨明年甘饷三成 48000 两
光绪二十六年（1900）	贵州水灾	奏准四川司道库拨解银 10 万两
光绪三十年（1904）	福建水灾	支给赈需银共 885022.378 两

　　由清政府的赈灾清单可见，与巨额的赔款、外债和军费相比，清政府用于赈灾的经费支出很小，这与近代以来中国半殖民地半封建的境地有着非常密切的关系。同时，也说明了传统中国财税体制的弊端，在这种财税体制下，统治者对教育、赈灾、救济等社会政策的关注不够，支出不足，这与 19 世纪中期以后至 20 世纪初的英国截然相反。

第三节　中英赋税用途变迁的特点、成因及其影响

　　19 世纪中期以来，中英两国都处于时代变革和社会转型的大背景下，由此，两国的赋税用途也出现了与此前不一样的变迁。通过分析 19 世纪中期至 20 世纪初中英两国赋税用途变迁的特点、成因及影响可更深入地了解国家主权、国

家经济和社会地位、文化等因素在赋税用途变迁中的重要作用。

一、英国赋税用途变迁的特点、成因及其影响

19世纪中期以前，尤其是18世纪，英国的赋税主要用于战争。但自拿破仑战争结束之后，尤其是19世纪中期以后，伴随着英国工业革命的完成，英国的社会财富大量积累，国际地位迅速提升。与此同时，贫困、失业、财富分配不均等社会问题也日益严重，与英国的经济地位和国家财富及国际地位相比，呈现出巨大的差距，由此导致社会不稳定，引起英国政府的关注。19世纪中期以后，尤其是19世纪末20世纪初，英国政府开始反思之前传统的税制，认为税收不能仅仅用于为政府筹集财政收入，还应重视和发挥税收的社会协调功能。有鉴于此，政府进行了"建设性税制"改革，以税收为主要手段缓解了英国的教育、养老、失业和健康保险等社会问题，由此奠定了英国福利国家的基础。

1. 特点

第一，赋税用途由主要为政府筹集收入向重视税收的社会协调功能演变。19世纪中期（尤其是19世纪末）之前，英国政府征收赋税主要用于战争及由战争引起的国债、外债及政府日常开支等方面，那时，赋税的主要功能是为政府筹集财政收入。赋税的财政收入筹集功能在那时是适应英国的国内外形势需要的，是能够解决政府对财政收入需求的。但伴随着英国工业革命的完成和现代化的进展及英国国家财富的急剧增长，税收仅用于为政府筹集财政收入的功能已不能适应新的国内外形势需要，不能有效解决社会上的贫富差距扩大、失业、贫困及教育不足等社会问题。到19世纪70年代以后，上述问题的日益严重已危及社会秩序稳定和政府统治，有鉴于此，英国政府开始重新定位赋税的作用及功能，认为税收的主要作用除为政府筹集财政收入外，还应发挥税收的社会调节功能，政府需要重视税收的社会协调作用，以税收为主要手段干预教育、养老等社会问题，缓解社会财富差距扩大。19世纪末20世纪初的"建设性税制"改革就是在这样的背景下产生的。

第二，赋税理论变化与赋税用途实践的变革紧密结合。19世纪末20世纪初"建设性税制"改革理论为政府所接受后，很快就在实践中加以运用。例如，在赋税结构上，提高所得税、遗产税和土地税等直接税的比重，优化税收结构。在赋税原则上，实行累进征税原则并区分征收所得税和附加税。其中，1894年的遗产税改革和1907年的所得税改革及1909年乔治的"人民预算"都是明显

的案例。在税收协调功能上，19世纪70年代之后的一系列教育法案、1908年的《养老金法案》、1911年的《国民健康保险法案》等都是政府用税收手段干预社会政策的重要标志，为英国福利国家的建设奠定了基础。

2. 成因

第一，国家经济地位的提升与和平的环境为赋税用途的变迁提供了坚实的基础。19世纪中期，英国基本上完成了工业革命，实现了现代化，国民财富大量积累。同时，英法战争后，英国长期处于和平时期。国家经济地位的提升与和平的环境为英国政府重新思考和定位赋税的观念提供了必不可少的基础。

第二，阶级关系和社会结构的变化为赋税用途的变迁提供了社会基础。19世纪中期以后，伴随着英国经济的发展，阶级关系和社会结构也发生了变革。工业资产阶级兴起的同时，中间阶级、工人阶级等的社会地位也逐渐提高并要求适当的经济权利和政治地位。而赋税作为调整社会各阶级间的关系发挥着重要作用，这为英国赋税用途的变革提供了必备的社会基础。

第三，国家地位的上升为政府重视赋税的社会调节功能提供了重要力量。19世纪中期以后，英国的国际地位也迅速上升，成为"世界工场"和"日不落帝国"。伴随着国际地位的提升，英国不仅需要而且也开始重视国际竞争力对国家发展的重要影响，赋税作为提升国家国际竞争力的重要因素自然也为政府所关注。

3. 影响

第一，英国现代化的税制为世界许多国家所借鉴。19世纪70年代以后，英国政府逐渐认识到税制现代化与国家现代化密切相关，是国家现代化发展和完善的应有之义。为此，政府重视发挥税制现代化的重要作用，使英国不仅成为世界上最早实现现代化的国家，也是最早实现税制现代化的国家，英国的税制现代化为世界很多国家所借鉴。

第二，税制现代化与国家现代化相互促进。英国政府重视税收的社会调节功能，利用税收手段解决教育、养老、失业、财富分配不均等社会问题，这些不仅促进了英国税制用途现代化的完善和发展，也促进了英国国家现代化的完善和发展。

二、中国赋税用途变迁的特点、成因及影响

与英国不同，19世纪中期以后，中国开始由一个拥有完全独立主权的国家

237

逐步沦为半殖民地半封建社会。相应地，近代中国的财税体制也发生了与此前完全不同的变革，赋税的用途也有了巨大的变化。鸦片战争以前，政府的赋税主要用于兵饷、政府官员官俸等，但鸦片战争以后，在列强的侵略下，赋税的用途主要用于战争赔款、外债和军费。晚清政府对赈灾、教育、社会救济等问题的关注和投入很少，几乎可以忽略不计。晚清政府时期赋税用途的上述变迁有着明显的特点和特定的背景，对晚清中国社会的发展产生了与英国不一样的影响。

1. 特点

第一，赋税主要用于赔款、外债及军费。与19世纪中期以后的英国不同，晚清时期中国的赋税用途与之前相比有了明显变化，鸦片战争之后，赋税主要用于巨额的赔款、外债及政府的军事开支，其中，清政府偿还外国列强的赔款、外债数额之多、负担之重、条件之苛刻在中外历史上都是少见的，这在很大程度上阻碍乃至迟滞了近代中国的发展。

第二，政府对税收的社会调节功能认识不足，投入远远不够。与19世纪后期的英国开始重视税收的社会调节功能不同，晚清时期政府对税收的社会调节功能尚没有充足的认识，政府用于赈灾、救济等社会问题上的资金很少，更谈不上社会保障体系的建立这一问题了。

2. 成因

第一，外国列强对近代中国的侵略是导致近代中国赋税用途变化的根本原因。回顾19世纪中期以后中国赋税用途的变化可见，鸦片战争之后列强对中国的侵略是导致近代中国赋税用途变化的根本原因。在列强的侵略下，清政府面临着大量的赔款，负担着巨额的外债，为筹集巨额的赔款和外债，清政府正常的税收收入远远不能满足需要，由此，除加征旧税、开征新税外，清政府不得不用盐税、关税作为抵押，以保证偿还列强巨额赔款和外债的顺畅。

第二，晚清政府对传统税制的固执和坚守是导致政府忽视税收社会调节功能的重要因素。除列强的侵略外，晚清政府对传统税制的固执和坚守也是导致税收社会调节功能被忽视的重要因素。中国传统的税制理论是"量入为出"，"量出制入"作为一种税制原则虽在近代中国被倡导并实践过，但终究未能成为近代中国的基本税制原则。因中国传统的税收收入以田赋为主，而田赋在晚清中国财政收入中所占的比重日渐减少，反之，洋关税、盐税和厘金所占比重日渐增多，洋关税和盐税又因要偿还巨额外债和借款而被抵押给列强。由此，近代中国税收的社会调节功能自然也就未能引起重视，在实践中运用极少也就显而易见了。

第三，晚清中国社会结构的基本固化也是导致赋税用途较少变化的重要原因。与 19 世纪中期以后的英国不同，晚清中国的社会结构和阶级关系虽有变化但基本上还是固守着原有的社会基本结构。统治阶级仍是地主阶级，新兴的资产阶级虽有发展但终究未能成为近代中国的主流，农民阶级、工人阶级等社会下层阶级属于被统治阶级，力量尚不能与地主阶级相抗衡，因此，在争取权利方面不仅意识不足，而且力量不够。自然，关于税权的合法性和利民性问题的认识也就薄弱很多，这也是导致晚清中国赋税用途较少变化的重要因素。

3.影响

第一，阻碍乃至迟滞了近代中国社会保障体系的发展。19 世纪中期以后，晚清政府的赋税主要用于赔偿巨额的赔款和外债及高额的军事开支，政府对救济、赈灾、教育、养老等社会问题的重视不足，对税收社会调节功能的认识不够，这是在很大程度上阻碍乃至迟滞了近代中国社会保障体系的发展。

第二，导致了近代中国税制现代化的缓慢发展。19 世纪中期以后，政府对税收社会调节功能的忽视也导致了近代中国税制现代化的缓慢发展，从而在一定程度上阻碍了中国社会的近代化进程。

综上所述，19 世纪中期以后，因不同的国情和有差异的国际环境，中英两国的赋税用途也经历了不同的变迁。就英国而言，19 世纪中期以后，伴随着英国经济地位的提高、国际地位的上升及和平的国际环境的依托，英国政府开始重新认识赋税的功能，认为政府不应该仅仅把赋税作为筹集政府财政收入的手段，还应该重视税收的社会调节功能，以税收手段干预教育、养老、失业、健康、住房、财富分配不均等社会问题，把税制现代化与国家社会发展结合起来，相互促进、共同发展。

与英国不同，19 世纪中期以后的中国在列强的侵略下逐步沦为半殖民地半封建社会，国家主权丧权、国家利益受损。在这样的背景下，政府的税收收入主要用于赔款和外债等，对救济、赈灾等社会问题无暇顾及或重视不够，由此导致了近代中国税制现代化的缓慢发展。

中英两国赋税用途的不同走向具有不同的特点，有不一样的国内国际环境，对两国的税制及国家发展产生了不同的影响。由中英两国赋税用途的比较可见：国家主权、国家经济地位、国际环境及社会结构和阶级关系等对税制的重要影响。

结　论

综上所述，19 世纪中期至 20 世纪初期，中英两国的税制都经历了重大的调整和变革，这些变革既包括税制理论和税制原则的调整，也包括赋税结构和税收用途的变迁。由 19 世纪中期以后中英两国税制变迁的演变历程可见，不同的社会制度、不同的社会文化、有差异的社会结构和不一样的国际环境等都对国家的税制调整具有非常重要的影响。比较 19 世纪中期至 20 世纪初期中英两国税制的变迁，不仅可以使我们更深入地了解两国的税制演变历程、特点及影响，而且对今天中国的税制现代化改革也具有一定的借鉴意义和启示。

第一，税制现代化与国家现代化密切相关。回顾近代以来中英两国税制的发展历程可见，一国现代化的实现与税制现代化的调整是分不开的。就英国而言，19 世纪中期，英国基本上完成了工业革命并实现了现代化，但 19 世纪中期的英国税制却仍保留近代早期税制的形态及特点，如税收结构上以关税和消费税等间接税为主，直接税所占比重很小且税种不稳定；赋税用途上强调税收的财政收入功能，忽视税收的社会调节功能等。英国上述传统税制的这些特点在 19 世纪中期以前能够满足政府需求，适应社会发展。但 19 世纪中期以后，伴随着英国现代化的基本完成及一系列社会问题的日益严重，传统的税制已不能适应新的形势，不能有效地解决新的社会问题，由此，英国政府重新审视了传统的税制，提出了"建设性税制"改革理论并付诸实践。19 世纪末 20 世纪初，英国经过"建设性税制"改革，优化了税收结构，提高了直接税比重，实行了具有现代特征的累进征税原则，区分征收了所得税，并对超出一定数额的所得税开征超额所得税，用税收手段干预社会政策，注重发挥税收的社会调节功能。由此，20 世纪初，英国基本上建立起现代税制体系，为现代福利国家的建立奠定了基础，英国税制现代化的调整和变革也推动了英国国家现代化的完善和发展。与英国不同，鸦片战争之后，中国逐步沦为半殖民地半封建社会。

在这样的背景下，晚清政府或主动或被动地进行了税制改革，介绍和引进了具有西方现代化特征的税制理论和税收思想，但因近代中国的半殖民地半封建社会性质，再加上中国根深蒂固的封建传统税制理论的影响，近代中国的税制现代化并未在实践中得以推行，国家的现代化也就无从谈起。

第二，国家的经济实力的提高为税制现代化改革提供了坚实的物质基础。由近代中英税制发展的历程可见，国家经济实力的提高为税制现代化改革提供了坚强的基础。以英国为例，19世纪中期以后，英国的经济快速发展，国民财富大量积累，这些都为推行税制现代化改革提供了基础。有了坚强的经济基础，政府才有能力进行税制改革，才有可能打破原有税制的弊端，建立具有现代化特征的现代化税制体系。与英国不同，19世纪中期以后的中国，在列强的侵略下，国家主权逐渐丧失，国家利益为外国列强所攫取，政府收入的大部分都用于偿还赔款和外债，由此，政府无暇顾及也没有能力推进税制现代化改革，所进行的税制调整大都具有临时性特征，且在实践中很少运行。

第三，和平的国际环境更有利于提高税制的国际竞争力。拿破仑战争结束后，英国迎来了百年和平，资本主义快速发展，国家财富迅速积累，国际地位快速提升，由此为英国推行税制改革提供了稳定的国际环境。与英国不同，鸦片战争之后，中国陷入了一百多年的被侵略被奴役的屈辱史，其间的战争不计其数，这使得近代中国的税制现代化调整和变革几乎不可能被实行。

第四，税制调整的时代需求性。税制的形成具有时代性，不同的国情、不同的形势对该国的税制提出了不同的要求。由此就要求税制需要根据变化的形势进行不断地调整，由此建立更加适合新形势需要的税收体系。19世纪末20世纪初，英国"建设性税制"改革的推行即是对新形势新需要进行调适的结果，通过调整和变革，剔除此前税制体系中不合理的因素，建立更加科学、合理的现代税收体系。不仅英国，近代中国的税制调整也在新的国内外形势要求下进行了一系列调整，在一定程度上推动了税制的现代化。

第五，国家财富增长与国民福利公平享有离不开政府的税收调节。19世纪末20世纪初，伴随着英国工业革命的基本完成和国家财富的极大增长，社会上的贫困、失业、财富分配不均等社会问题日益严重，这些问题依靠市场的自动调节无法解决，由此，需要政府利用其行政权力干预解决，解决的最好途径是税收。为此，英国进行了一系列现代化税制改革，使用累进税收原则征收赋税、调节税收在不同收入者间实现比较公平的分配，建立起一系列现代税制基本原则，推进国家的现代化发展。与英国相比，晚清政府的税制改革因特殊的国情未能关注税收的社会调节功能，这在一定程度上阻碍乃至迟滞了近代中国社会保障体系的建立，延缓了国家的现代化进程。

综上所述，不同的历史时期、不同的国家因国情及所面临问题的不同而形成了不同的税制体系。中英两国现代税制体系的发展演变历程各有差异，税制体系各有特点，产生的影响不尽相同。由近代中英两国税制体系的比较可见，现代化税制体系的建立需要有一个稳定的国际环境，有强大的国家经济实力，要更加注重税收的公平和效率，更加关注税收的国民经济稳定原则，更加强调税制体系对国民权利的保护，更加规范对税制管理机构的违宪审查制度，通过一系列的调整和改革，使税制体系比之前更为科学和合理，具有更强的调适能力。

后　记

　　2019 年 3 月 15 日，我申请的课题"中英近代税制变革比较研究（19 世纪中期至 20 世纪初期）"（批准号：19YJA770014）有幸获得教育部人文社会科学研究一般项目立项。这是我继 2013 年获得国家社会科学基金青年项目"税制变迁与 20 世纪英国政府社会政策研究"（批准号：13CSS019）立项（该项目 2017 年顺利结项，等级为良好）和 2018 年主持国家社会科学基金重大项目"多卷本英国赋税通史"（批准号：18ZDA212）子课题四以来首次获得教育部人文社会科学研究项目立项。能够获得教育部人文社会科学研究的项目立项是一件值得高兴的事情，但高兴之余又感到很大的压力。高兴的是我可以在英国赋税史研究之路上尝试新的研究，忧虑的是要完成中英近代税制变革比较研究这一课题并非易事，在资料的使用上要爬梳大量的文献和数据，不仅要阐述清楚这一时期中国和英国税制变迁的主要表现，而且要将两国在赋税理论、赋税结构、赋税用途、赋税原则等方面的异同进行比较，从而归纳出中英两国近代税制变迁的特点、发展趋势及其原因，这是本课题研究的重点，也是难点。这无疑给本课题的研究增加了更多的压力。尽管如此，怀着对课题的研究热情和负责任的态度，历时 4 年，课题的研究基本完成。

　　本课题之所以能够进展得如此顺利，要感谢恩师钱乘旦先生和顾銮斋教授的一路提携。2005 年，我考入山东大学历史文化学院世界史专业，有幸师从钱乘旦先生和顾銮斋教授，两位先生在我的研究之路上倾注了大量心血。2008 年博士研究生毕业后，我就职于山东财经大学从事教学和科研工作，取得了今天的一点成绩，这首先要感谢两位恩师的严格要求和提点。师恩不能忘！师恩不敢忘！

　　同时，还要感谢学界同人对本课题提出的宝贵意见，感谢山东财经大学马克思主义学院提供的研究平台，感谢家人的支持和包容！

本课题的研究要结项和出版了，这是值得高兴的事。但课题的结项和著作的出版并不意味着研究的结束，伴随着新的研究资料的发现和阅读的进一步深入，本课题还需要进一步修正和丰富。另外，因本人水平所限，本课题的写作未免有许多不足甚至谬误之处。这完全是我自己的责任，我愿意虚心接受批评，期望得到方家的指点。

2024 年 1 月

参考文献

一、英文文献

（一）英文档案

1. Andrew Browning, *English Historical Documents, 1660-1714*, Eyre & Spottiswoode, 1953;Aspinall and E.Anthony Smith, *English Historical Documents, 1783-1832*, London:Eyre & Spottiswoode, 1959;G.M.Young and W.D.Handcock, *English Historical Documents, 1833-1874*, London: Eyre & Spottiswoode, 1956;David C.Douglas, *English Historical Documents, 1874-1914*, London:Eyre & Spottiswoode, 1977.

2. British Parliamentary Papers

3. W.Clapp, *Documents in English Economic History*, London:G.Bell & Sons Ltd., 1976.

（二）英文专著

1. B.Atkinson, *Incomes and the Welfare State-Essays on Britain and Europe*, Cambridge:Cambridge University Press, 1995.

2. W.Acworth, *Financial Reconstruction in England, 1815-1822*, London:P. S.King & Son Ltd., 1925.

3. Alan O'Day, *The Edwardian Age:Conflict and Stability, 1900-1914*, London:Macmillan, 1979.

4. Andrew Thorpe, *A History of the British Labour party*, Third Edition, Palgrave Macmillan, 2008.

5. R.Mitchell and Phyllis Deane, *Abstract of British Historical Statistics*, Cambridge:Cambrige University Press, 1962.

6. Bartolomé Yun-Casalilla & Patrick K.O'Brien, *The Rise of Fiscal States:A Global History 1500-1914*, New York:Cambridge University Press, 2012.

7. Bernard Mallet, *British Budgets, 1887-88 to 1912-13*, London:Macmillan and Co.Ltd., 1913.

8. Bruce Murray, *The People's Budget 1909/10:Lloyd George and Liberal Politics*, Oxford:Clarendon Press, 1980.

9. L.Case and D.J.Hall, *A Social and Economic History of Britain, 1700-1976*, Second Edition, Edward Arnold, 1977.

10. T.Sandford, *Economics of Public Finance-An Economic Analysis of Government Expenditure and Revenue in the United Kingdom*, Oxford:Pergamon Press, 1969.

11. Charles Adams, *For Good and Evil:the Impact of Taxes on the Course of Civilization, second edition*, Madison Books, 2001.

12. B.Horn & Mary Ransome, *English Historical Documents, 1714-1783*, London:Eyre & Spottiswoode, 1957.

13. David Kynaston, *The Chancellor of the Exchequer*, Lavenham. Suffolk:Terence Dalton Ltd., 1980.

14. Denis Judd, *Radical Joe:A Life of Joseph Chamberlain*, London:Hamilton, 1977.

15. Derek Fraser, *The Evolution of the British Welfare State*, Second Edition, Macmillan publishers Ltd., 1984.

16. H.H.Green, *The Crisis of Conservatism:the Politics, Economics and Ideology of the British Conservative Party, 1880-1914*, London:Routledge, 1995.

17. Edward Hughes, *Studies in Administration and Finance, 1558-1825*, Manchester:Manchester University Press, 1934.

18. Edward Royle, *Modern Britain, a Social Histroy 1750-1997*, Second Edition, Arnold, 1997.

19. Edwin Robert , *Anderson Seligman, The Income Tax: A Study of the History, Theory, and Practice of Income, third printing*.The Law Book Exchange, Ltd.2005.

20. Ellis Sandoz, *The Roots of Liberty:Magna Carta, Ancient Constitution and the Anglo-American Tradition of Rule of Law*, Columbia and London:University of Missouri Press, 1993.

21. Shehab, *Progressive Taxation-A Study in the Development of the Progressive Principle in the British Income Tax*, Oxford:Clarendon Press, 1953.

22. W.Hirst and J.E.Allen, *British War Budgets*, Oxford University Press, 1926.

23. W.Hirst, "The English Policy of Free Trade with the History of Tariff Reform and its Position in 1914, " Welt Wirts Chaftliches Archiv, 3.bd., 1914.

24. C.Peden, *The Treasury and British Public Policy, 1906-1959*, Oxford:Oxford University Press, 2000.

25. L.Harriss, King, *Parliament and Public Finance in Medieval England to 1369*, Oxford:Clarendon Press, 1975.

26. Harold Perkin, *The Origins of Modern English Society, 1780-1880*, London:Routledge & K.Paul, 1969.

27. Harry Rothwell, *English Historical Documents, 1189-1327*, London:Eyre & Spottiswoode, 1975.

28. Harvey E.Fisk, *English Public Finance from the Revolution of 1688*, New York:Bankers Trust Company, 1920.

29. Henry Higgs, *The Financial System of the United Kingdom*, London:Macmillan and Co., Ltd., 1914.

30. Henry Roseveare, *The Treasury 1660-1870*, London:George Allen & Unwin Ltd., 1973.

31. Henry Roseveare, *The Treasury-the Evolution of a British Institution*, New York:Columbia University Press, 1969.

32. Hope-Jones, Arthur, *Income tax in the Napoleonic Wars*, Cambridge: Cambridge University Press, 1939.

33. Hubert Hughs, *A History of the Custom Revenue in England from the Earliest Times to 1827*, 2 Volumes, London, 1885.

34. Iain Dale, *Labour Party General Election Manifestos 1900-1997*, London & New York:Routledge, 2000.

35. Iain McLean, *The Fiscal Crisis of the United Kingdom*, Palgrave Macmillan, 2005.

36. J.F.Rees, *A Short Fiscal and Financial History of England , 1815-1918*, London:Methuen & Co.Ltd, 1921.

37. J.R.Maddicott, *The Origins of the English Parliament, 924-1327*, Oxford:Oxford University Press, 2010.

38. Janet Roebuck, *The Making of Modern English Society from 1850*, London:Routledge, 1982.

39. John W.Hills and E.A.*Fellowes, British Government Finance*, London:Phillip Allan, Columbia University Press, 1932.

40. Jose Harris, *Unemployment and Politics:A Study in English Social Policy, 1886-1914*, Oxford: Oxford University Press, 1972.

41. Julian Amery, *The Life of Joseph Chamberlain*, Volume five(1901-1903)and six(1903-1968):Joseph Chamberlain and the Tariff Reform Campaign, London:Macmillan Press, 1969.

42. Kenneth O.Morgan, *The Oxford Illustrated History of Britain, Oxford*, New York:Oxford University Press, 1984.

43. Kenneth O.Morgan, *The Oxford Illustrated Histroy of Britain*, Oxford:Oxford University Press, 1984.

44. Leo George Chiozza Money, Riches and Poverty, London:Metheun & Co., 1908.

45. M.J.Braddick, *The Nerves of the State:Taxation and the Financing of the English State, 1558- 1714*, Manchester University Press, 1996.

46. Marin Daunton, *Trusting Leviathan-The Politics of Taxation in Britain, 1799-1914*, Cambridge: Cambridge University Press, 2001.

47. Mark Dincecco, *Political Transformations and Public Finances*, Europe, *1650-1913*, Cambridge: Cambridge University Press, 2011.

48. Martin Daunton, *Just Taxes-The Politics of Taxation in Britain, 1914-1979*, Cambridge:Cambridge University Press, 2002.

49. Morton Peto, *Taxation:Its Levy and Expenditure, Past and Future*, New York:D.Appleton & Co., 1866.

50. P.Ford and G.Ford, *A Breviate of Parliamentary Papers, 1917-1939*, Basil Blackwell, 1951.

51. Pete Alcock, *Social Policy in Britain, third edition*, New York:Palgrave Macmillan, 2008.

52. Richard Bonney, *The Rise of the Fiscal State in Europe, 1200-1815*, New York:Oxford University Press, 1999.

53. Roderick Floud and Paul Johnson, *The Cambridge Economic History of Modern Britain*, Volume I:Indutsrialisation, *1700-1860*, Cambridge:Cambridge University Press, 2004.

54. Roy Douglas, *Taxation in Britain since 1660*, London:Macmillan Press Ltd, 1990.

55. Ruddock F.Mackay, *Balfour:Intellectual Statesman*, NewYork:Oxford University Press, 1985.

56. S.L.Case and D.J.Hall, *A Social and Economic History of Britain, 1700-1976*, Second Edition, London: Edward Arnlod, 1977.

57. Sabine, B.E.V, *A Short History of Taxation*, London:Butterworths & Co (Publishers) Ltd, 1980.

58. Stephen Dowell, *A History of Taxation and Taxes in England, Vol. 2*, London: Frank Cass & Co.Ltd., 1965.

59. J.H.Ramsay, *A History of the Revenues of the Kings of England 1066-1399*, Vol.1, Oxford:Clarendon Press, 1925.

60. Sydney Buxton, *Finance and Politics-An Historical Study, 1783-1885*, Vol.1, 2, London:Bradbcry, Agnew, & Co., 1888.

61. T.F.Lindsay and Michael Harrington, *The Conservative Party, 1918-1979*, Second Edtion, The Macmillan Press Ltd., 1979.

（三）英文期刊

1. Patrick K.O'Brien, "The Political Economy of British Taxation, 1660-1815", *The Economic History Review*, Vol.41, No.1(February , 1988).

2. Patrick K.O'Brien, "Britain's Economy between the Wars:A Survey of a Counter-Revolution in Economic History", *Past & Present*, No.115(May, 1987).

3. A.R.Prest "National Income of the United Kingdom, 1870-1946", *The Economic Journal*, Vol.58, No.229(Mar, 1948).

4. A.W.Coats, "Political Economy and the Tariff Reform Campaign of 1903", *Journal of Law and Economics*, Vol.11, No.1(Apr, 1968).

5. Alzada Comstock, "British Income Tax Reform", *The American Economic*

Review, Vol. 10, No.3, (Sep., 1920).

6. Betty Behrens, "Nobles, Privileges and Taxes in France at the End of the Ancient Regime", *The Economic Hisotry Review,* New Series, Vol.15, No.3(1963).

7. Bruce K.Murray, "The Politics of the People's Budget", *The Historical Journal*, Vol.16, No.3, (1973).

8. Doreen Collins, "The Introduction of Old Age Pensions in Great Britain", *The Historical Journal,* Vol.8, No.2(1965).

9. Douglas A.Irwin, "The Political Economy of Free Rrade:Voting in the British General Election of 1906", *Journal of Law and Economics*, Vol.37, No.1(Apr., 1994).

10. E.P.Hennock, "Finance and Politics in Urban Local Government in England, 1835-1900", *The Historical Journal*, Vol.6, No.2(1963).

11. E.R.A.Seligman, "Recent Tax Reforms Abroad", *Political Science Quarterly*, Vol.27, No.3(Sep., 1912).

12. Edgar Crammond, "The Cost of the War", *Journal of the Royal Statistical Society*, Vol.78, No.3, (May., 1915).

13. Edward Hughes, "The English Stamp Duties, 1664-1764", *The English Historical Review*, Vol.56, No.222 (Apr., 1941).

14. Edward Porritt, "The British National Insurance Act", *Political Science Quarterly*, Vol.27, No.2 (Jun., 1912).

15. Francis Neilson, "The Corn Law Rhymes", *American Journal of Economics and Sociology*, Vol.10, No.4(Jul., 1951).

16. George O.May, "The Administration of the British Income Tax Law", *The Academy of Political Science*, Vol.2, No.1, (May, 1924).

17. H.M.Boot, "Unemployment and poor law relief in Manchester, 1845-1850, " *Social History*, Vol.15, No.2 (1990).

18. H.Parker Willis, "Discussion on Reciprocity and Preferencial Tariffs", *Publications of the American Enonomic Association*, 3rd series, Vol.6, No.2(May., 1905).

19. Hay, "Employers and Social Policy in Britain:the Evolution of Welfare Legislation, 1905-1914", *Social History*, Vol.2, No.4(Jan., 1977).

20. Helen Leland Witmer, "Unemployment Insurance in England today", *SocialForces*, Vol.8, No.3(Mar., 1930).

21. Henry J.Harris, "British National Health Insurance Act of May 20, 1920", *Monthly Labor Review*, Vol.11, No.3, (Sep., 1920).

22. J.A.Schumpeter, "The Crisis of Tax State", *International Economic Papers*, Vol.4, 1954; P.K. O' Brien and P.A.Hurt, "The Rise of a Fiscal State in England:1485-1815", *Historical Research*, Vol.68, (1993).

23. J.V.Beckett & Michael Turner, "Taxation and Economic Growth in Eighteenth-century England", *Economic History Review*, Vol.43, No.3(1990).

24. J.W.Grice, "Recent developments in taxation in England", *The American Economic Review*, Vol.1, No.3(Sep., 1911).

25. Karran, "The Determinants of Taxation in Britain:An Empirical Test", *Journal of Public Policy*, Vol.5, No.3, (Aug., 1985).

26. M.J.Daunton, "How to Pay for the War:State, Society and Taxation in Britain, 1917-1924", *The English Historical Review*, Vol.3, No.443, (Sep., 1996).

27. Martin Pugh, "Working-class Experience and State Social Welfare, 1908-1914:Old Age Pensions Reconsidered", *The Historical Journal*, Vol.45, No.4(2002).

28. Mary Mackinnon, "English Poor Law Policy and the Crusade Against Outrelief, " *The Journal of Economic History* , Volume Vol.47, No.3(1987).

29. Max Handman, Abbott P.Usher, "Economic History—the Decline of Laissez Faire", *The American Economic Review*, Vol.21, No.1(Mar., 1931).

30. N.F.R.Crafts, "Long-term Unemployment in Britain in the 1930s", *Economic History Review*, 2nd series, Vol.40, No.3(Aug., 1987), p.419.

31. N.R.Gullifer, "Opposition to the 1902 Education Act", *Oxford Review of Education*, Vol.8, No.1 (1982).

32. Patrick K.O'Brien, "The Political Economy of British Taxation, 1660-1815", *Econmic History Review*, VoL.41, No.1(1988).

33. Raymond Turner, "The Excise Scheme of 1733", *The English Historical Review*, Vol.42, No.1659 (Jan., 1927).

34. Robert F.Foerster, "The British National Insurance Act", *The Quarterly Journal of Economics*, Vol.26, No.2(Feb., 1912).

35. Robert Millward and Sally Sheard，"The Urban Fiscal Problem, 1870-1914:Government Expenditure and Finance in England and Wales"，*Economic History Review*, New Series, Vol.48, No.3(Aug., 1995).

36. Ronald V.Sires, "The Beginnings of British Legislation for Old-Age Pensions"，*The Journal of Economic History*, Vol.14, No.3(Summer, 1954).

37. Sydney H.Zebel, "Joseph Chamberlain and the Genesis of Tariff Reform"，*Journal of British Studies*, Vol.7, No.1(Nov., 1967).

38. Terence Karran, "The Determinants of Taxation in Britain:an Empirical Test"，*Journal of Public Policy*, Vol.5, No.3, (Aug., 1985).

39. W.G.Runciman, "Has British Capitalism Changed since the First World War?"，*The British Journal of Sociology*, Vol.44, No.1(Mar., 1993).

40. Wallace Notestein, "Joseph Chamberlain and Tariff Reform"，*The Sewanee Review*, Vol.25, No.1 (Jan., 1917).

二、中文文献

（一）马恩经典著作

1.《马克思恩格斯全集》第 1 卷，人民出版社 1956 年版。

2.《马克思恩格斯全集》第 3 卷，人民出版社 1960 年版。

3.《马克思恩格斯全集》第 4 卷，人民出版社 1958 年版。

4.《马克思恩格斯全集》第 9 卷，人民出版社 1982 年版。

5.《马克思恩格斯全集》第 21 卷，人民出版社 1958 年版。

6.《马克思恩格斯全集》第 23 卷，人民出版社 1972 年版。

7.《马克思恩格斯文集》第 1 卷，人民出版社 2009 年版。

8.《马克思恩格斯文集》第 1 卷，人民出版社 2009 年版。

9.《马克思恩格斯选集》第 1 卷，人民出版社 1995 年版。

10.《马克思恩格斯选集》第 3 卷，人民出版社 1995 年版。

（二）中文专著

1.（后晋）刘昫:《旧唐书·杨炎传》，第 118 卷，中华书局 1975 年版。

2.（明）宋濂:《元史》（卷 94），中华书局 1976 年版。

3.（唐）陆贽:《翰苑集》，卷 22，上海古籍出版社 1993 年版。

4.《管子·权修》。

5.《光绪朝东华录》（一），总 784 页。

6.《汉书·食货志》。

7.《旧唐书·食货志》。

8.《礼记·王制》，十三经注疏本。

9.《毛泽东选集》，第二卷，人民出版社 1991 年版。

10.《毛泽东选集》，第四卷，人民出版社 1991 年版。

11.《秘笈录存》，知识产权出版社 2013 年版。

12.《明史纪本末·开国规模》。

13.《清朝续文献通考》，卷 49。

14.《清朝续文献通考》卷 67。

15.《清朝续文献通考》卷 68。

16.《清朝续文献通考》卷 72，《国用十·会计》。

17.《清代财政史》，湖南人民出版社 2015 年版。

18.《清代档案史料丛编》，中华书局陆续出版。

19.《清德宗实录》卷二三二。

20.《清德宗实录》卷五二三，中华书局，影印本，1987 年版。

21.《清末筹备立宪档案史料》，中华书局 1979 年版。

22.《清实录》，中华书局，1986 年影印本。

23.《清史稿》，中华书局，1977 年点校本。

24.《清史稿》，中华书局标点本，第 13 册。

25.《清文宗实录》卷九七，中华书局，影印本，1986 年版。

26.《诗·北山》，十三经注疏本。

27.《王临川集·上仁宗皇帝言事书》。

28.《文宗显皇帝实录》，卷八十九，《清实录》，第四一册。

29.《文宗显皇帝实录》卷一一〇，《清实录》，第四一册。

30.《中共中央文件选集》，第十八册，中共中央党校出版社 1989 年版。

31.《中共中央文件选集》，第一册，中共中央党校出版社 1989 年版。

32.《朱批奏折》，中国第一历史档案馆。

33. 包世臣：《安吴四种·答族子孟开书》卷 26。

34. 北京经济学院财政教研室编：《中国近代税制概述》，北京经济学院出版社 1988 年版。

35. 财政部税收制度国际比较课题组:《英国税制》,中国财政经济出版社2000年版。

36. 财政金融研究所:《英国战时财政金融》,中华书局1940年版。

37. 蔡渭洲:《中国海关简史》,中国展望出版社1989年版。

38. 曾国藩:《备陈民间疾苦疏》,《曾文正公全集》奏稿一。

39. 曾国藩:《挺经·廪实》,中央编译出版社2007年版。

40. 曾仰丰:《中国盐政史》,商务印书馆1937年版。

41. 陈沧来:《中国盐业》,商务印书馆1929年版。

42. 陈锋、蔡国斌:《中国财政通史》,第七卷《清代财政史》下,湖南人民出版社2015年版。

43. 陈锋:《清代盐政与盐税》,第2版,武汉大学出版社2013年版。

44. 陈锋:《清代盐政与盐税》,中州古籍出版社1988年版。

45. 陈锋《中国财政经济史论》,武汉大学出版社2013年版。

46. 陈共:《财政学》,中国人民大学出版社2008年版。

47. 陈诗启:《中国近代海关史》,人民出版社2002年版。

48. 陈诗启:《中国近代海关史·晚清部分》,人民出版社1993年版。

49. 陈诗启:《中国近代海关史问题初探》,中国展望出版社1987年版。

50. 陈向元:《中国关税史》,世界书局1926年版。

51. 陈晓律、陈祖洲:《当代英国》,贵州人民出版社2000年版。

52. 陈晓律:《以社会福利促社会控制——英国的经验》,载《经济—社会史评论》,第四辑,生活·读书·新知三联书店2008年版。

53. 陈秀夔:《中国财政史》(增订本)下册,台湾正中书局1983年版。

54. 陈旭麓:《近代中国社会的新陈代谢》,中国人民大学出版社2015年版。

55. 陈越光、陈小雅:《摇篮与墓地——严复的思想和道路》,四川人民出版社1985年版。

56. 陈支平:《清代赋税制度演变新探》,厦门大学出版社1988年版。

57. 崔士鑫:《历史的风向标:英国政党宣言研究》,北京大学出版社2013年版。

58. 戴一峰:《近代中国海关与中国财政》,厦门大学出版社1993年版。

59. 丁建定、杨凤娟:《英国社会保障制度的发展》,中国劳动社会保障出版社2004年版。

60. 丁建定:《从济贫到社会保险:英国现代社会保障制度的建立 1870—1914》,中国社会科学出版社 2000 年版。

61. 杜树章:《中国皇权社会的赋税研究》,中国财政经济出版社 2009 年版。

62. 方之光等编:《林则徐使粤两厂奏稿》,南京大学出版社 1988 年版。

63. 费正清、刘广京:《剑桥中国晚清史》,中国社会科学出版社 1985 年版。

64. 付志宇:《近代中国税收现代化进程的思想史考察》,西南财经大学出版社 2010 年版。

65. 付志宇:《中国税收思想发展论纲》,贵州人民出版社 2002 年版。

66. 顾銮斋:《西欧农业税现代化之旅》,《经济—社会史评论》,第二辑,天津师范大学出版社 2006 年版。

67. 顾銮斋:《中西中古税制比较研究》,社会科学文献出版社 2016 年版。

68. 广东省社会科学院历史研究所、中国社会科学编:《孙中山全集》,第 1 卷,中华书局 1981 年版。

69. 郭嵩焘:《郭嵩焘日记:第三卷》,湖南人民出版社 1982 年版。

70. 郭嵩焘:《郭嵩焘奏稿》,岳麓书社 1983 年版。

71. 国家税务总局:《中华民国工商税收史:盐税卷》,中国财政经济出版社 1999 年版。

72. 何炳松:《英国财务论》,商务印书馆 1936 年版。

73. 何烈:《清咸同时期的财政》,台湾“国立编译馆”1981 年版。

74. 何平:《清代赋税政策研究》,中国社会科学出版社 1998 年版。

75. 贺长龄:《皇朝经世文编》卷二六,文海出版社 1972 年版。

76. 洪钧培:《国民政府外交史》,上海华通书局 1930 年版。

77. 侯厚培:《中国近代经济发展史》,上海大东书局 1929 年版。

78. 侯建新:《社会转型时期的西欧与中国》,济南出版社 2001 年版。

79. 胡公启:《晚清关税制度与对外贸易的关系研究》,中国财政经济出版社 2020 年版。

80. 胡寄窗、谈敏:《中国财政思想史》,中国财政经济出版社 1989 年版。

81. 胡钧:《中国财政史》,商务印书馆 1920 年版。

82. 蒋劲松:《议会之母》,中国民主法制出版社 1998 年版。

83. 康有为撰,姜义华、吴根梁编:《康有为全集》(第 2 集),上海古籍出版社 1990 年版。

84. 赖建诚:《亚当·斯密与严复:〈国富论〉与中国》,浙江大学出版社 2009 年版。

85. 李琮:《西欧社会保障制度》,中国社会科学出版社 1989 年版。

86. 李强:《自由主义》,第三版,北京:东方出版社 2015 年版。

87. 李权时:《中国经济思想小史》,世界书局 1927 年版。

88. 刘秉麟:《近代中国外债史稿》,武汉大学出版社 2007 年版。

89. 刘秉麟:《中国财政小史》,商务印书馆 1931 年版。

90. 刘锦藻:《清朝续文献通考·国用考·用额》,浙江古籍出版社 2000 年版。

91. 刘增合:《嬗变之境:晚清经济与社会研究疏稿》,中国社会科学出版社 2017 年版。

92. 罗玉东:《中国厘金史》,商务印书馆 2010 年版。

93. 马建忠:《复李伯相札议中外官交涉仪式洋货入内地免厘禀 // 适可斋记言》,卷 4,中华书局 1960 年版。

94. 马建忠:《马建忠集》,辽宁出版社 1994 年版。

95 马寅初:《中国关税问题》,商务印书馆 1930 年版。

96. 闵凡祥:《国家与社会:英国社会福利观念的变迁与撒切尔政府社会福利改革研究》,重庆出版社 2009 年版。

97. 倪玉平:《出入与异同:清代经济史论稿》,科学出版社 2019 年版。

98. 倪玉平:《从国家财政到财政国家——清朝咸同年间的财政与社会》,科学出版社 2017 年版。

99. 倪玉平:《清朝嘉道关税研究》,北京师范大学出版社 2010 年版。

100. 倪玉平:《清代关税:1644—1911 年》,科学出版社 2017 年版。

101. 倪玉平:《晚清史》,人民出版社 2020 年版。

102. 彭雨新:《清代关税制度》,湖北人民出版社 1956 年版。

103. 彭泽益:《十九世纪后半期的中国财政与经济》,人民出版社 1983 年版。

104. 彭泽益:《中国近代手工业史资料》,第一卷,生活·读书·新知三联书店 1957 年版。

105. 钱乘旦、陈晓律、陈祖洲:《日落斜阳——20 世纪英国》,华东师范大学出版社 1999 年版。

106. 钱乘旦、陈晓律:《英国文化模式溯源》,四川人民出版社 2004 年版。

107. 钱乘旦、许洁明:《英国通史》,上海社会科学出版社 2012 年版。

108. 钱乘旦:《英国通史》,第五卷,江苏人民出版社 2016 年版。

109. 乔宝云、刘乐峥:《公共财政研究报告:中国税收收入和税收收入能力研究》,中国财政经济出版社 2009 年版。

110. 申学锋:《晚清财政支出政策研究》,中国人民大学出版社 2006 年版。

111. 施诚:《中世纪英国财政史》,商务印书馆 2010 年版。

(二)中文译著

1. [美]巴林顿·摩尔著,拓夫等译:《民主和专制的社会起源》,华夏出版社 1987 年版。

2. [西]佩德罗·莱恩著,徐静、黄文鑫、曹璐译:《为自由国家而纳税——19 世纪欧洲公共财政的兴起》,上海财经大学出版社 2018 年版。

3. [英]马丁·唐顿著,魏陆译:《信任利维坦:英国的税收政治学》(1799—1914),上海:上海财经大学出版社 2018 年版。

4. [英]马丁·唐顿著,范泽思、李欣译:《公平税赋:1914—1979 年英国税收政治》,经济科学出版社 2017 年版。

5. [英]克里斯多夫·胡德、罗扎娜·西玛兹著,沈国华译:《英国百年财政挤压政治——财政紧缩·施政纲领·官僚政治》,上海财经大学出版社 2019 年版。

6. [美]理查德·A. 马斯格雷夫、艾伦·T. 皮考克著,刘守刚、王晓丹译:《财政理论史上的经典文献》,上海财经大学出版社 2015 年版。

7. [美]哈罗德·M. 格罗夫斯、唐纳德·J. 柯伦著,刘守刚、刘雪梅译:《税收哲人:英美税收思想史二百年》,上海财经大学出版社 2018 年版。

8. [美]理查德·邦尼著,沈国华译:《经济系统与国家财政——现代欧洲财政国家的起源:13—18 世纪》,上海财经大学出版社 2018 年版。

9. [英]劳伦斯·詹姆斯著,张子悦、谢永春译:《大英帝国的崛起与衰落》,中国友谊出版公司 2018 年版。

10. [英]克拉潘著,姚曾廙译:《现代英国经济史》上下卷,商务印书馆 2014 年版。

11. [美]道格拉斯·诺思著,陈郁、罗华平译:《经济史中的结构与变迁》,上海三联书店,上海人民出版社,1994 年版。

12. [美]道格拉斯·诺思、罗伯特·托马斯著,厉以平、蔡磊译:《西方世界的兴起》,华夏出版社 1999 年版。

13. [英] 威廉·配第著，马妍译:《赋税论》，中国社会科学出版社 2010 年版。

14. [英] 亚当·斯密著，郭大力、王亚南译:《国民财富的性质和原因的研究》(上、下卷)，商务印书馆 2009 年版。

15. [英] 阿弗里德·马歇尔著，廉运杰译:《经济学原理》，华夏出版社 2010 年版。

16. [美] 亨利·乔治著，吴良健、王翼龙译:《进步与贫困》，商务印书馆 2010 年版。

17. [英] 肯尼斯·O.摩根著，王觉非等译:《牛津英国通史》，商务印书馆 1993 年版。

18. [美] 约瑟夫·熊彼特著，朱泱译:《经济分析史》，第 3 卷，商务印书馆 1994 年版。

19. [英] 莱特著，姚曾廙译:《中国关税沿革史》，商务印书馆 1963 年版。

20. [日] 日野勉著:《清国盐政考》，东亚同文会 1905 年版。

21. [日] 吉田虎雄著:《中国关税及厘金制度》，东京北文馆 1915 年版。

22. [日] 高柳松一郎著，李达译:《中国关税制度论》，上下，山西人民出版社 2015 年版。

23. [日] 木村增太郎著:《中国厘金制度》，东京东亚事情研究会 1926 年版。

24. [日] 冈本隆司著:《近代中国与海关》，名古屋大学出版会 1999 年版。

25. [日] 重田德著:《清代社会经济史研究》，岩波书店 1975 年版。

26. [日] 滨下武志著，高淑娟、孙彬译:《中国近代经济史研究——清末海关财政与通商口岸市场圈》(上)，江苏人民出版社 2008 年版。

27. [美] 汤普逊著，耿淡如译:《中世纪经济社会史》(下册)，商务印书馆 1963 年版。

28. [英] 托马斯·孟著，袁南宇译:《英国得自对外贸易的财富》，商务印书馆 2014 年版。

29. [英] 约翰·斯图亚特·穆勒著，金镝、金熠译:《政治经济学原理》，上下卷，华夏出版社 2009 年版。

30. [美] 伊曼纽尔·沃勒斯坦著，吴英译:《现代世界体系》，第四卷，社会科学文献出版社 2013 年版。

31. [英] 肯尼斯·O.摩根著，方光荣译:《牛津英国史》，人民日报出版社

2020 年版。

32. [日] 坂入长太郎著, 张淳译:《欧美财政思想史》, 中国财政经济出版社 1987 年版。

33. [英] 庇古著, 谨斋译:《社会主义与资本主义的比较》, 商务印书馆 1963 年版。

34. [英] 阿萨·勃里格斯著, 陈叔平译:《英国社会史》, 中国人民大学出版社 1991 年版。

35. [英] 亚当·斯密著, 严复译:《原富》, 下册, 商务印书馆 1981 年版。

36. [英] 约翰·雷著, 胡企林, 陈应年译:《亚当·斯密传》, 商务印书馆 1992 年版。

37. [英] 坎南著, 陈福生、陈振骅译:《亚当·斯密关于法律、警察、岁入及军备的演讲》, 商务印书馆 1997 年版。

38. [美] 本杰明·史华兹著, 叶凤美译:《寻求富强: 严复与西方》, 江苏人民出版社 2010 年版。

39. [法] 孟德斯鸠著, 彭盛译:《论法的精神》, 当代世界出版社 2008 年版。

40. [英] 凯恩斯著, 徐毓枬译:《就业利息和货币通论》, 商务印书馆 1983 年版。

41. [美] 列奥·斯特劳斯、约瑟夫·克罗波西著, 李天然等译:《政治哲学史》, 下册, 河北人民出版社 1993 年版。

42. [美] 小罗伯特·B.埃克伦德、罗伯特·F.赫伯特著, 杨玉生等译:《经济理论和方法史》, 第四版, 中国人民大学出版社 2001 年版。

43. [美] 约翰·巴克勒贝内特·希尔约翰·麦凯著, 霍文利等译:《西方社会史》, 第三卷, 广西师范大学出版社 2005 年版。

44. [美] 克莱顿·罗伯茨、戴维·罗伯茨、道格拉斯·R.比松著, 潘兴明等译:《英国史: 1688 年—现在》, 下册, 商务印书馆 2013 年版。

45. [德] 弗里德里希·李斯特著, 陈万煦译:《政治经济学的国民体系》, 商务印书馆 1961 年版。

（三）中文期刊等

1. 蔡国斌:《论晚清的财政搜刮》,《武汉大学学报》（人文科学版）2009 年第 1 期。

2. 陈锋:《20 世纪的清代财政史研究》,《史学月刊》2004 年第 1 期。

3. 戴一峰：《论晚清的子口税与厘金》，《中国社会经济史研究》1993 年第 4 期。

4. 戴一峰：《晚清中央与地方财政关系：以近代海关为中心》，《中国经济史研究》2000 年第 4 期。

5. 邓绍辉：《晚清赋税结构的演变》，《四川师范大学学报》（社会科学版）1997 年第 4 期。

6. 邓小章：《近代中国国家转型为什么不能成功——以晚清财政为分析视角》，《安徽行政学院学报》2019 年第 3 期。

7. 丁建定：《英国新济贫法的出现及反新济贫法运动》，《东岳论丛》2011 年第 5 期。

8. 丁英顺：《赫德与晚清复进口税》，《税收经济研究》2011 年第 5 期。

9. 范立新：《从税收专制主义到税收宪政主义——税收法治的经济学分析》，厦门大学博士学位论文 2003 年。

10. 高岱：《20 世纪初英国的社会改革及其影响》，《史学集刊》2008 年第 3 期。

11. 顾銮斋：《从比较中探寻中国中古社会赋税基本理论》，《史学理论研究》2005 年第 4 期。

12. 顾銮斋：《由所有权形态看中英中古赋税基本理论的差异》，《文史哲》2005 年第 5 期。

13. 顾銮斋：《中西中古赋税理论中的一些概念及其界定》，《华东师范大学学报》（哲学社会科学版）2007 年第 1 期。

14. 顾銮斋：《中西中古社会赋税结构演变的比较研究》，《世界历史》2003 年第 4 期。

15. 郭家宏、唐艳：《19 世纪英国济贫院制度评析》，《史学月刊》2007 年第 2 期。

16. 郭家宏、王广坤：《论 19 世纪下半期英国的财税政策》，《史学月刊》2011 年第 8 期。

17. 郭家宏：《19 世纪上半期英国的贫富差距问题及其化解策略》，《学海》2007 年第 6 期。

18. 郭家宏：《工业革命与英国贫困观念的变化》，《史学月刊》2009 年第 7 期。

19. 郭军芳:《从清末清理财政看近代财政体制的萌芽》,浙江大学硕士学位论文 2005 年。

20. 韩玲慧:《英国财政税收制度的演变:1597 年至今》,《经济研究参考》2009 年第 40 期。

21. 韩祥:《晚清财政规模估算问题初探》,《中国经济史研究》2014 年第 3 期。

22. 侯彦伯:《从财政透明化评价清末海关兼管常关》,《中山大学学报(社会科学版)》2018 年第 3 期。

23. 蒋大鸣:《"量出为入"与"量出制入"考辨》,《财政》1987 年第 1 期。

24. 李永斌:《论二战时期英国的战时财政政策》,湖南师范大学硕士学位论文 2009 年。

25. 梁义群:《庚子赔款与晚清财政的崩溃》,《社会科学辑刊》1992 年第 3 期。

26. 刘成:《英国衰落的标志——自由放任政策的终结》,《历史教学》2005 年第 5 期。

27. 倪玉平:《晚清财政税收的近代化转型——以同治朝的关税财政为例》,《武汉大学学报》(哲学社会科学版)2018 年第 4 期。

28. 彭立峰:《晚清财政思想史研究》,西北大学博士学位论文 2009 年。

29. 钱乘旦:《寻求社会的"公正"——20 世纪英国贫富问题及福利制度演进》,《求是学刊》1996 年第 4 期。

30. 申建民:《试论厘金制对晚清财政的影响》,《齐鲁学刊》2012 年第 4 期。

31. 申学锋、张小莉:《近十年晚清财政史研究综述》,《史学月刊》2002 年第 9 期。

32. 施诚:《论中古英国"国王靠自己过活的原则"》,《世界历史》2003 年第 1 期。

33. 宋丙涛:《财政制度变迁与现代经济发展——英国之谜的财政效率解释》,河南大学博士学位论文 2007 年。

34. 宋华:《中国盐税、盐专卖制度的历史演变及财政意义》,《时代金融》2014 年第 6 期。

35. 滕淑娜、顾銮斋:《论 19 世纪末 20 世纪初英国"建设性税制"改革》,《史学集刊》2016 年第 6 期。

36.滕淑娜、顾銮斋:《由课征到补贴——英国惠农政策的由来与现状》,《史学理论研究》2010 年第 2 期。

37.滕淑娜:《从赋税来源与用途看英国近代议会与税收》,《史学理论研究》2011 年第 2 期。

38.滕淑娜:《近代以来中英盐税功能变迁比较及启示》,《盐业史研究》2015 年第 2 期。

39.滕淑娜:《近代早期英法税制比较及启示》,《贵州社会科学》2017 年第 3 期。

40.滕淑娜:《论 20 世纪初英国关税改革与自由贸易之争》,《历史教学》(下半月刊)2016 年第 8 期。

41.滕淑娜:《英国近代赋税的来源与用途》,《经济社会史评论》2012 年第 6 辑。

42.王翔:《从"裁厘认捐"到"裁厘加税"》,《近代史研究》1988 年第 3 期。

43.王仲:《袁世凯统治时期的盐务和盐务改革》,《近代史研究》1987 年第 4 期。

44.徐红:《机构整合与程序简化:20 世纪后期英国议会财政权的改革举措》,《理论界》2006 年第 11 期。

45.严中平:《英国资产阶级纺织利益集团与两次鸦片战争的史料》(下),《经济研究》1955 年第 2 期。

46.叶供发:《财政权与历史视野中的英国议会》,《历史教学问题》1997 年第 6 期。

47.尹建龙、陈雅珺:《工业化时期英国企业家群体与自由贸易转向——以"反谷物法同盟"为例》,《江西社会科学》2019 年第 2 期。

48.于民:《论 16—17 世纪英国关税性质的演变》,《苏州科技学院学报》(社会科学版)2007 年第 1 期。

49.张殿清:《国王财政自理原则与英国赋税基本理论——都铎王朝末期突破国王财政自理原则的实证考察》,《华东师范大学学报》(哲学社会科学版)2007 年第 1 期。

50.张晋武:《"量出为入"辩正》,《河北学刊》1995 年第 2 期。

51.张神根:《清末国家财政、地方财政划分评析》,《史学月刊》1996 年第

1 期。

52. 张宇:《马克思主义的全球化理论及其从经典到现代的发展》,《政治经济学评论》2004 年第 3 期。

53. 赵梦涵:《两次鸦片战争与中国财政》,《山东大学学报》1998 年第 3 期。

54. 周育民:《19 世纪 60—90 年代清朝财政结构的变化》,《上海师范大学学报》2000 年第 4 期。